本专著系2022年度浙江省哲学社会科学规划后期资助课题

"中韩英语数字教材编制比较研究"（项目编号：22HQZZ39YB）的研究成果

A Comparative Study of English Digital Textbooks
in China and Korea

中韩英语数字教材
编制比较研究

廖晓丹 ◎ 著

by Liao Xiaodan

ZHEJIANG UNIVERSITY PRESS
浙江大学出版社
·杭州·

图书在版编目（CIP）数据

中韩英语数字教材编制比较研究 / 廖晓丹著. — 杭
州：浙江大学出版社，2023.6
ISBN 978-7-308-23884-7

Ⅰ．①中… Ⅱ．①廖… Ⅲ．①英语－教材－对比研究
－中国、韩国 Ⅳ．①H319.39

中国国家版本馆CIP数据核字(2023)第099395号

中韩英语数字教材编制比较研究

廖晓丹　著

策划编辑	包灵灵
责任编辑	陆雅娟
责任校对	杨诗怡　曾　庆
封面设计	项梦怡
出版发行	浙江大学出版社
	（杭州市天目山路148号　　邮政编码　310007）
	（网址：http://www.zjupress.com）
排　　版	杭州林智广告有限公司
印　　刷	广东虎彩云印刷有限公司绍兴分公司
开　　本	710mm×1000mm　1/16
印　　张	16.75
字　　数	275千
版 印 次	2023年6月第1版　2023年6月第1次印刷
书　　号	ISBN 978-7-308-23884-7
定　　价	68.00元

前　言

本研究聚焦初中英语数字教材，通过在课程一致性视角下对中韩初中英语数字教材的比较研究，为数字教材编写提供建议。课程标准是教材编写的重要依据，本研究以课程标准一致性理论为主，辅以信息系统工件理论，对中韩初中英语数字教材进行分析，旨在回答三个研究问题：（1）中韩初中英语数字教材在总体结构上具有什么特征？（2）中韩初中英语数字教材在纸质教材内容上的课程一致性水平如何？（3）中韩初中英语数字教材在内嵌资源、工具维度、技术维度上的课程一致性水平、共性水平如何？本书采用的研究方法为内容分析法、个案研究法、比较研究法。研究者首先根据课程标准和数字教材建设标准搭建了数字教材分析框架，总共3个一级维度、6个二级维度、19个三级维度、131项指标。数据来自中韩15个版本的初中英语数字教材，采用编码方式提取数据。总体结构进行的是描述性比较分析，纸质教材内容进行的是 Webb 一致性分析，内嵌资源、工具维度和技术维度进行的是技术实现程度的一致性比较和共性比较分析。主要研究结论如下。

第一，中国各版本初中英语数字教材之间总体结构差异较大，韩国各版本初中英语数字教材之间的总体结构相对统一。

在框架结构方面，中韩数字教材都由前页、目录、主体内容和附录4个部分组成。中国数字教材设置了前言和目录，附录主要包括分课词汇表、总词汇索引、课文注释和语法运用。韩国数字教材设置了前言、版权页、教材

1

结构与特点、两个目录，附录以听力文本、参考答案、活动材料和参考资料版权来源为主。

在单元结构方面，中国数字教材以"模块＋单元"的嵌套模式进行组合，部分教材设置了衔接小学与初中的预备单元；各版本教材设置的栏目数量不等，以语言知识和语言技能为主，情感态度、学习策略和文化意识略显不足。韩国数字教材采用独立的单元结构；各版本设置的栏目数量基本相同，每个单元约 11 个，针对课程标准中语言知识、语言技能、文化意识、学习策略、公民品格等目标要求都设置了相应的栏目。

在结构布局方面，中国数字教材内容布局与纸质教材完全保持一致；各版本教材的功能布局因平台不同而各不相同。韩国数字教材内容布局与纸质教材基本保持一致，部分教材做了调整；各版本教材的功能布局因使用统一平台而完全相同。

第二，中韩初中英语数字教材的纸质教材内容在知识种类、知识深度、知识广度和分布平衡性方面均有待提高。

在知识种类一致性上，中国教材的"看""学习策略""信息素养""跨学科内容"和韩国的"跨学科内容"没有达到知识种类一致性可接受水平。整体而言，韩国教材的知识种类数量高于中国。

在知识深度一致性方面，韩国教材的"语法"知识深度一致性水平较低。从深度水平分布来看，作为初中第一册英语教材，中韩 6 个版本教材的大部分内容聚集在听的一级水平"识别"、说的二级水平"对话交流"、读的一级水平"识别"、写的一级水平"仿写复述"、词汇的一级水平"常用词汇"上。

在知识广度方面，仅中国教材的"学习策略"和"信息素养"没有达到广度一致性水平。在语言技能和非语言知识方面，韩国教材的知识广度一致性高于中国教材；在语言知识方面，中国教材的知识广度一致性略高于韩国。

在知识分布平衡性方面，中国教材的"语音""学习策略"和韩国教材的"听""写"没有达到分布平衡性的可接受水平。中韩两国"语言技能"水平的分布平衡性指数整体略低，潜在的解释是教材为初中第一册，所以大部分内容分布在一级和二级水平上。

第三，韩国初中英语数字教材的内嵌资源、工具维度和技术维度的实现程度整体高于中国，但两国各具特色。

在中国初中英语数字教材的一致性水平方面，一级维度的"内嵌资源""工具属性""界面技术"一致性水平分别为 30.0%、35.1% 和 50.0%。二级维度的"内嵌资源"的一致性水平为 30.0%，"教学工具"为 47.7%，"学习工具"为 30.8%，"评价工具"为 36.8% 和"界面技术"为 50.0%。中国数字教材的一致性水平整体不高，其中"内嵌资源"和"学习工具"一致性水平最低，说明数字教材在补充学习资源和支持学生自主学习、合作学习和探究学习方面有待加强。中国部分数字教材在支持教师备授课和管理、支持语音训练和测评、支持笔记管理和笔记流转方面具有优势。

在韩国初中英语数字教材的一致性水平方面，一级维度的"内嵌资源""工具属性""界面技术"的一致性分别为 53.5%、46.8% 和 90.3%。二级维度的"内嵌资源"一致性水平为 53.5%，"学习工具"为 59.7%，"评价工具"为 47.6%，"界面技术"为 90.3%。韩国数字教材平台没有显示教学工具功能，在支持教师教学方面有待加强。韩国数字教材的功能实现程度整体高于中国，"界面技术"一致性水平更高，数字教材的平台建设方面相对完善。另外，韩国数字教材在提供多种差异化资源、定制化学习过程、支持学生学习和评价方面更具优势。

在中韩初中英语数字教材的共性方面，中国数字教材之间共性不足。从具体指标来看，中国数字教材共性的指标仅有 28 项，占比 24.1%，韩国数字教材的共性指标为 58 项指标，占比 50.0%。韩国数字教材因有统一的数字教材制作指南、统一的数字教材平台，有相应的数字教材评价标准和主要科目的数字教材原型，因此韩国数字教材在功能特征方面共性较多。中韩两国在 116 个指标中有 25 项指标存在共性，即中韩数字教材在这 25 个方面实现了相同功能，占比 21.6%，说明中韩数字教材仍有较多可互相借鉴的空间。建议依据中国 2022 年首批发布的中小学数字教材国家标准编写相对统一的数字教材，建立统一的数字教材平台，以保证各版本数字教材的兼容性和可靠性，降低师生跨平台操作带来的不必要的认知负荷。

通过一致性分析发现，中韩初中英语数字教材各具特色，各有优点。可在经验共享、取长补短的基础上为中国英语数字教材建设和课程标准研制提供参考建议。

本研究旨在探讨英语数字教材编制的普遍规律和适合我国课程目标的英语数字教材编制的特殊规律，这对促进我国教育现代化，建构英语数字教材编制理论以及通用数字教材研究理论具有重要的理论意义。本研究通过对中韩初中英语数字教材编制特征的深入分析，呈现数字教材编制的优势与特色，为我国中小学英语数字教材编制实践提供指导性建议。另外，为师生提供优质的数字教材可改善教师课堂教学、促进学生自主学习、服务农村教育提高教学质量，全面提高基础教育质量。

目 录 CONTENTS

第一章

绪　论

第一节　研究背景

近年来，各国在教育信息化和教材建设方面出台了一系列政策，学生阅读方式和学习方式也在逐渐发生变化，这些都为数字教材的发展提出了新的要求。各国开始尝试数字教材的开发与应用，甚至在部分地区进行大规模应用，数字教材对教育教学的影响日益突显。

一、教育现代化的有序推进

党的十九大以来，我国开启了加快教育现代化、建设教育强国的新征程。教育信息化作为教育现代化的基本内涵和显著特征，是引领教育现代化、实现教育改革发展的战略选择。通过教育信息化，推动教育理念更新、教学模式变革、教育体系重构，从而实现教育强国和人力资源强国的目标。

据此，2018 年 4 月，教育部为推动教育信息化转型升级，发布了《教育信息化 2.0 行动计划》，提出"构建网络化、数字化、智能化、个性化、终身化的教育体系，建设人人皆学、处处能学、时时可学的学习型社会，实现更加开放、更加适合、更加人本、更加平等、更加可持续的教育"的愿景。这一行动计划中的第一条实施行动便是"数字资源服务普及行动"，主要从完善数字教育资源公共服务体系、优化"平台＋教育"服务模式与能力、实施教育大资源共享计划等方面进行。《教育信息化 2.0 行动计划》为信息化教与学的变革提供了方向指引，也提出了新的挑战。

2019 年 2 月，中共中央、国务院印发《中国教育现代化 2035》，提出 2035 年主要发展目标之一是建成服务全民终身学习的现代教育体系，并重点部署面向教育现代化的十大战略任务。其中第八大战略任务是加快信息化时代教育变革，要求"统筹建设一体化智能化教学、管理与服务平台，利用现代技术加快推动人才培养模式改革，实现规模化教育与个性化培养的有机结合，创新教育服务业态，建立数字教育资源共建共享机制"。总体目标是到 2035 年，总体实现教育现代化，迈入教育强国行列，推动我国成为学习大国、人力资源强国和人才强国。

2020 年 2 月，教育部印发《2020 年教育信息化和网络安全工作要点》，提出继续做好义务教育和普通高中统编"三科"及其他"人教数字教材"的开发和优化更新，打造学科典型应用示范区、示范校，推进中小学数字教材在学校的普遍化、常态化应用。

2021 年 1 月，《教育部等五部门关于大力加强中小学线上教育教学资源建设与应用的意见》提出，应根据国家课程方案和各学科课程标准，系统化体系化建设课程教学资源，覆盖中小学各年级各学科，包括微课视频、在线学习任务单与课后练习等，以服务教师课堂教学、学生自主学习、农村教育质量和师生互动交流。

教育信息化是我国教育改革和发展的目标，也是实现教育现代化的途径，因此主要教育政策都对教育信息化提出了要求，一方面，把提高信息素养纳入教育目标，旨在培养适应信息社会的人才；另一方面，把信息技术应用于教育教学，推动教育教学资源的开发和应用。目前，我国在教育信息化推进教育资源建设中已经取得一定的进展，但当前优质教育资源依然偏少，无法满足人们的需求，从长远来看，这种"供需矛盾"还将长期存在（任友群等，2016：22）。中小学数字教材作为基础教育现代化的核心资源，其核心价值在于落实国家教育战略、促进信息化环境下的教育公平、引领课程教学发展变革三个方面（王志刚，2019：14），因此数字教材的开发与应用得到了各方的重视。

二、教材建设和教材研究的重视

近年来，国家在教材建设方面采取了一系列行动，标志着我国教材建设工作步入一个新的历史阶段。2016 年，中办、国办印发新中国成立以来第一个关于教材建设的中央文件《关于加强和改进新形势下大中小学教材建设的意见》，以健全国家教材制度，做好国家教材建设工作。2017 年 7 月，国务院成立了由 200 余名专家委员会委员组成的国家教材委员会，由教育部教材局承担办公室工作，以贯彻落实《关于加强和改进新形势下大中小学教材建设的意见》，做好教材规划、建设和管理等工作，从制度层面上明确教材建设是国家事权。2018 年 5 月，教育部在北京召开课程教材研究所成立大会，我国第一个国家级课程教材研究专业机构正式成立，这是我国加强和改进大中小学教材建设的重大举措。课程教材研究所的主要职责是组织开展课程教材建设重大理论和实践问题研究，为国家课程教材建设决策提供咨询服务等，为推进教材建设提供有力的组织保障。

2021 年，教育部及国家教材委员会印发一系列课程建材建设通知，例如 1 月印发的《革命传统进中小学课程教材指南》《中华优秀传统文化进中小学课程教材指南》，7 月印发的《习近平新时代中国特色社会主义思想进课程教材指南》，9 月印发的《"党的领导"相关内容进大中小学课程教材指南》等，为教材建设的主题内容提供了指南。可见，教育部将新时代教材建设摆在极其重要的位置，并进行了全面部署。

在数字教材的建设方面，数字公司和出版集团也采取了诸多实际行动。2018 年 3 月，人民教育出版社（简称人教社）发布了第三代人教数字教材和人教智慧教学平台，为基础教育信息化教学提供支持。2018 年 7 月，人教社成立了人教数字教育研究院学术委员会，并召开第一次会议，旨在通过数字教材建设和数字化教学研究来促进课堂教学的变革。2019 年 3 月，广东省教育厅正式出台《国家课程数字教材规模化应用全覆盖实施方案》，开始推广使用数字教材。2020 年 10 月，中小学数字教材国家标准起草工作启动会暨国家重点研发计划课题"数字教材与数字版权保护标准研究"课题研讨会在北京召开。2021 年 11 月，国家新闻出版署数字教育出版技术与标准重点实验室揭牌仪式在人民教育出版社举行，旨在助力解决数字教育出版"深水区"问题。2022 年，国家市场监督管理总局、国家标准化管理委员会发布《数字教材　中小学数字教材出版基本流程》《数字教材　中小学数字教材元数据》《数字教材　中小学数字教材质量要求和检测方法》3 项国家标准，对中小学数字教材的出版流程、质量要素、检测流程与方法进行了规定，并提出了能够兼容教育领域和出版领域的整体方案。首批 3 项中小学数字教材国家标准于 2022 年 11 月 1 日起实施，要求数字教材遵循"凡编必审"的基本原则。这些成果的问世意味着我国数字教育出版迈入标准化阶段。

三、阅读方式和学习方式的变化

随着信息技术的快速发展、移动终端技术逐渐成熟，电子阅读方式开始在社会生活中迅速普及开来。中国新闻出版研究院组织实施的"第十九次全国国民阅读"调查显示，2021 年我国成年国民的数字化阅读方式（网络在线阅读、手机阅读、电子阅读器阅读、iPad 阅读等）的接触率为 79.6%，较 2020 年的 79.4% 增长了 0.2 个百分点，远高于图书阅读率的 59.7%、报纸阅读率的 24.6% 和期刊阅读率的 18.4%。从出版物的阅读量来看，2021 年我国成年国民人均电子书阅读量为 3.30 本，高于 2020 年的 3.29 本，数字化阅读方式接触率呈逐年上升趋势。从数字化阅读方式的人群分布特征来看，越来越多的中青年群体成为数字化阅读的主力，其中 18—59 周岁的人群占 92.8%。随着互联网的快速发展和数字技术在图书领域的广泛应用，数字化阅读方式越来越成为一种发展趋势。阅读方式的变革将不可避免地渗透和影响教育领域。

2022 年 2 月 25 日，中国互联网络信息中心发布了第 49 次《中国互联网络发展状况统计报告》。报告显示，截止到 2021 年 12 月，我国互联网普及率达 73.0%。网民规模达 10.32 亿，其中农村网民规模为 2.84 亿，占网民总数的 27.6%，城镇网民规模为 7.48 亿，占网民总数 72.4%。在上网时长方面，截止到 2021 年 12 月，我国网民人均每周上网时长为 28.5 个小时，较 2020 年 12 月提升 2.3 个小时。从年龄结构来看，30—39 岁网民最多，占 19.9%；青少年群体中，10 岁以下网民占 4.3%，10—19 岁网民占 13.3%。从上网设备来看，使用手机上网的比例达 99.7%，使用台式电脑、笔记本电脑、平板电脑上网的比例分别为 35.0%、33.0% 和 27.4%。由此可见，互联网在城乡间的普及率越来越高，青少年对网络的使用越来越广泛，加上近年来在线教育的蓬勃发展，使得数字化学习方式成为可能，也成为必需。

随着网络信息技术的发展，新技术和新媒体逐渐向教育领域渗透，并潜移默化地改变着学习者的学习方式。过去的学生习惯"以教师为中心"的课堂学习，知识和信息由教师单向传递给学生。而在数字技术产生后出生的、伴随着数字技术一起成长的新一代，越来越希望成为能设定自己学习目标的自主学习者、问题解决者和知识生产者，喜欢在学习环境中分享知识。他们在学习过程中呈现出如下特征：（1）同一时间内承担多重任务；（2）感官式学习和快速反馈的诉求；（3）柔性化和选择性的需要；（4）体验互动式的学习活动（Oxford，2009；鲍敏、李霄翔，2017：81）。21世纪生活方式、学习方式以及教学范式的变化，呼吁适用于"以学生为中心"的课堂教学模式、能实现人机或人人多向交互的教材。数字教材因能满足学生对情景化、体验化、问题化、项目化学习的需求成为首选。

四、国内外数字教材的推广应用

2019年10月，培生教育集团发布的《全球学习者调查报告》（*The Global Learner Survey*）显示，在全球范围内近七成受访者认为，到2025年，纸质教材将被淘汰，52%的中国受访者认同这一转变趋势（Pearson，2019），各个年龄段的人们都乐于接受新技术带来的学习体验并享受学习材料可及性带来的便利。越来越多的教育出版社开始数字化转型，数字教材的发展趋势无可阻挡。美国、法国、德国、澳大利亚、瑞典、中国、韩国、日本、马来西亚、新加坡、印度等诸多国家开始陆续出台相应的政策，在基础教育领域进行数字教材的试点和推广应用。

（一）中国数字教材的推广应用

中国数字出版公司于2000年左右开始进行数字教材的研发与试点。经过20余年的发展，数字教材技术初显成果，现将部分成果介绍如下。

（1）人教数字出版有限公司的"人教数字教材"

2002年，人民教育出版社推出了我国最早的手持式电子阅读器"人教电子教科书"，并在100多所学校进行实验。这是我国第一代电子教材，适用于文本阅读，功能相对单一。该电子教材被描述为：采用液晶显示，大小与中小学生使用的32开教材大小相近，重约300克，一张3厘米见方的存储卡容纳了初中或高中全部教材和辅导读物，具有易操作、低能耗、便携、环保等优点（高路，2002：40）。2009年，人教社发布了人教（新目标）英语网络教材，具有课文朗读、点读、动画等功能，当时只开发了英语学科教材。该网络教材定义了数字教材的基本形态，奠定了现代数字教材的基础。《2013年教育信息化工作要点》提出全面启动第二代"人教数字教材"等数字产品的研发，2013年秋季推出部分学科试用性产品。据此，2013年，人教社发布了第二代人教数字教材，覆盖全学段、全学科，应用于PC客户端。2018年，人教社发布第三代人教数字教材，支持教师、学生等多用户使用，可应用于PC、IOS、安卓客户端。第三代人教数字教材覆盖全学段、全学科、全版本，具有富媒体性、交互性、关联性、平台化和数据化等特征。据人教社新闻显示，第三代人教数字教材已在天津、北京、广东、云南、河南等20余个省、自治区、直辖市落地。

除了建设数字教材，人教社还围绕数字教材做了一系列工作。2017年，人教社主持研究的《中国基础教育数字教材与电子书包发展研究报告》出版。2017年7月，人教社创办《中小学数字化教学》期刊，办刊理念为"面向教育现代化，引领数字化教学"。2017年11月，国家新闻出版广电总局发布《中小学数字教材出版基本流程规范》等行业标准。2018年7月，人民教育出版社人教数字教育研究院学术委员会成立暨第一次会议在人民教育出版社召开。2019年3月，人教数字公司发布数字教材垂直服务平台，旨在打造中小学国家课程教材专属数字服务平台，兼容国内各版中小学数字教材于一体，包括国家统编教材、人教版教材、粤版教材、凤凰版教材、沪版教材等，对接各省各类教育教学平台，服务全国师生。

在人教智慧平台上，小学数字教材有58册，涉及语文、英语和数学3个学科；初中数字教材有47册，涉及语文、英语、数学、历史、地理、物理和化学7个学科；高中数字教材有42册，涉及语文、英语、数学、思想政治、历史、地理、物理和化学8个学科。教材分为人教版和统编版两种。其中，小学英语教材16册，初中英语教材5册，高中英语教材8册。

（2）上海市教育委员会教学研究室的"上海数字教材"

"上海数字教材"实验项目于2012年启动，由上海市教育委员会教学研究室主持，对应的纸质教材版本有沪教版、沪科版。2013年3月，项目组开始进行数字教材调研，开展数字教材的编制技术与平台技术的研究，建设数字教材系统平台。2013年9月起，实施数字教材实验一期项目。2014年9月起，启动中小学数字教材应用研究，以探讨数字教材推广的可行性、对教学改革的支持效果以及数字教材编制技术的适切性等（徐淀芳等，2016）。2015年1月，开始编制五门学科的配套练习。2016年6月，实施数字教材实验二期项目。2016年9月，扩大数字教材应用实践范围，增加普陀区为第2个整体试验区。2017年6月，完成复合型教材标引研究与样章编制。2018年4月，数字教材应用实践范围进一步扩大到闵行区、杨浦区、金山区、松江区4个整体试验区。2018年9月，推进项目任务结项工作。项目实施过程中重点解决机制建设（规范＋标准）、数字教材建设、系统平台建设、配套资源建设、学习分析技术、应用模式、应用培训7个关键问题。从2014年在16所中小学试验起，到2019年春季学期，数字教材试验范围已经涉及上海市11个区（8个整体试验区，静安、黄埔、浦东新区3个点上学校所在区）、156所学校、41381位学生。在基础型、增强型与原生型数字教材建设方面，共完成1093册数字教材（其中增强型教材663册）、8册原生型教材的建设工作，完成了复合型教材建设研究。数字教材将纸质教材内容数字化，配以笔记、流转、练习等核心功能，并建立了学习内容、学习资源与学习成果间的联系（张新宇、刘嘉秋，2018：76），可以在Windows、IOS、安卓等客户端使用。

（3）其他版本的数字教材

"外研版数字教材"是外语教学与研究出版社依据纸质教材的内容和框架开发的数字教材，供小学、初中和高中各年级师生使用。该套教材以外研社新版义务教育英语教科书（2011版新课程标准）和高中英语教科书为蓝本，共开发小学英语（一年级起点）、小学英语（三年级起点）、初中英语和高中英语四个系列。数字教材分为教师版和学生版，具有网络交互功能和富媒体特征。该教材以全国教育科学"十二五"教育部专项重点课题"中国中小学英语网络教学模式"在北京、宁夏、辽宁、广东、广西、山东、江西、四川等地进行实验推广（数字教材与电子书包发展研究项目组，2017：74）。

北京京师讯飞教育科技有限公司的"北师版数字教材"于2017年正式在国内主要的安卓市场上线，该套数字教材以北京师范大学出版社基础教育教材为蓝本，目前包括小学语文、数学、英语，初中数学、英语、物理、生物，高中英语、数学共62册（肖晓羽等，2020），其中英语数字教材结合科大讯飞股份有限公司的语音识别和评测技术，为学生提供教材点读、连读、复读、口语评测、单词背诵等交互功能。

北京出版集团的"京版云数字教材"项目于2011年启动，由北京教育科学研究院基础教育课程教材发展研究中心负责。2013年，北京市教委开展电子教材专项研究，完成了京版纸质教材的电子化开发，并在部分学校试点推广。同年，北京市拨出300万资金用于教材的数字资源开发试验，100万元用于推进学习方式改革（新华网，2013）。北京出版集团开始尝试研发基于整册教材的、网络化的高端数字教材。目前，京版云数字教材共有三种类型：一是转换型，即纸质教材数字化，共116册；二是媒体型，即转换型嵌入多媒体资源，共34册；三是交互型，追求技术融合，突出交互，该类教材共51册。京版云数字教材平台上有小学英语数字教材12册，中小学数学数字教材18册，中学化学数字教材2册，中学生物学数字教材4册。其中小学英语数字教材由北京出版社出版，属于交互型教材，其中加入了音频、动画视频、角色扮演、在线练习交互和游戏，提供正常语速和缓慢语速两种语音模式，具有画笔、目录跳转和背景色自定义等简单功能，已初具简单交互功能。

广东省出版集团数字出版有限公司自主研发和运营的"粤教翔云数字教材应用平台"上的"粤版数字教材"涉及小学和初中学段，对应的纸质教材版本有粤人民版、粤科版、粤教版、岭南版。粤教翔云数字教材应用平台中，数字教材超过400册，具有"强互动，多媒体"等特点，目前已覆盖广东省1300多万名师生，基本实现了数字教材的普及化和常态化应用（肖晓羽、李佳、赵晓嬿，2020）。

另外，江苏凤凰电子音像出版社的"凤凰数字教材"涉及小学、初中、高中三个学段，对应的纸质教材有苏教版、苏科版、苏少版、译林版。

（4）河南省数字教材的推广应用

河南省中小学数字教材服务平台于2017年3月正式上线，作为河南省基础教育资源公共服务平台的重要组成部分，为河南省中小学数字教材应用提供服务。2017年12月15日，河南省教育厅印发《河南省中小学数字教材建设规范（试行）》，该规范指出"数字教材建设是提高教学质量、促进教学改革、加快实现教育现代化的重要途径和手段"，并对数字教材的建设目标、内容建设规范、平台建设规范、审定管理规范给出了详细的指导意见。

2018年7月16日，河南省电教教材审定委员会发布《关于河南省中小学"教师用数字教材"建设意见的通知》，将数字教育资源纳入中小学教材配备要求范围。数字教材分为学生用数字教材和教师用数字教材。学生用数字教材与国家课程标准的文字教材（原版）同步，采用"光盘+PC端+移动端"的形式。教师用数字教材按照《河南省中小学数字教材服务平台技术规范》建设，拥有独立的版权，提供微课、教案、素材、试题、专题五类交互配套资源，支持"光盘+PC端+移动端"多种载体形式。

2018年11月，河南省教育厅发布《河南省教育厅公布河南省中小学数字教材应用样本校名单的通知》，通过验收的数字教材应用样本学校有202所，涉及20多个市县。河南省教育厅希望通过样本学校的数字教材应用经验来引领和带动全省数字教材的可持续发展，促进信息技术与教育教学的深度融合。

目前，河南省中小学数字教材服务平台为河南省基础教育阶段的师生提供全学科、全学段、全版本的数字教材，共计上线300余册，涵盖全省实际使用的95%以上教材版本。数字教材支持PC端、移动端、光盘等多种载体，新增数字教参，方便教师教学、学生自学、家长助学。

（5）广东省数字教材的推广应用

2018年9月，粤教翔云数字教材应用平台正式上线，为广东省数字教材应用提供服务。2019年3月，广东省教育厅发布《广东省教育厅关于印发国家课程数字教材规模化应用全覆盖实施方案的通知》，对数字教材规模化应用的目标任务做出规定："到2019年底，各地分批分步完成数字教材应用全员培训工作，整体提升学校教师实施数字教材应用的能力，进一步增强教研和电教队伍的专业支撑能力。到2020年，全省各学校教师均开展数字教材普遍应用，相关工作推进机制和保障机制进一步健全，涌现一批示范区、示范校和应用成果。到2021年，绝大多数师生能将数字教材应用的理念、内容和要求全面落实到学科教学的各个环节。"

2019年3月，广东省教育厅发布《广东省教育厅关于做好国家课程数字教材规模化应用全覆盖项目试点县（市、区）遴选工作的通知》，决定在2019—2021年每年遴选一批义务教育阶段国家课程数字教材的试点县（市、区）。通知的附件《国家课程数字教材规模化应用全覆盖项目试点工作方案》规定了五项试点任务：（1）加速数字教材应用全覆盖；（2）探索创建"新课程、新课堂"的有效途径；（3）全面培养"新教师、新学生"；（4）构建教学智慧共享共赢新模式；（5）探索跨学科项目式学习新模式。试点工作方案计划：2019年9月份前区域内数字教材应用培训覆盖100%教师，2019年底数字教材常态化应用的学校、学科、教师、学生覆盖率均达到 50% 以上，2020 年底数字教材常态化应用的学校、学科、教师、学生覆盖率达到 100%。

为顺利推进数字教材规模化应用，2019 年 1 月广东省教育厅召开"广东省义务教育阶段国家课程数字教材及应用服务培训班"，之后陆续进行了多期专题培训班，包括电教技术人员专题培训、教研人员专题培训班、学科教研员和骨干教师培训班、中心校专题培训班等。

（6）香港数字教材的推广应用

2012 年，中国香港教育局（Education Bureau of Hong Kong）推出电子教材市场发展计划（E-Textbook Market Development Scheme，EMADS），以加快香港中小学电子教材的发展，鼓励电子教材开发商参与开发符合地方课程需求的各科电子教材。智慧教育（Smart Education）被指定为英语学科电子教材的开发商，负责开发小学一年级至初中三年级的英语电子教材，并在香港 8 所试点学校完成了电子教材的首次试用。2015—2016 学年，香港教育局推出"第四个教育信息化战略"（Fourth Strategy on Information Technology in Education，ITE4），以改善包括硬件、资源及教师培训等在内的信息教学环境；通过教师专业发展课程和在学校之间建立学习社区，提升教师使用电子教材的能力。2014 年起，香港教育局官员访问了英国、美国、加拿大、新加坡和芬兰等地，以便开发出优质的电子教材（Kwok-kwan & Kevin，2019）。

2014 年，香港教育局增设"电子教材适用书目表"，列出首批为本地课程而编写的电子教材，给学校及家长提供纸质教材以外的另一种选择。"2019—2020 年香港电子教科书适用书目"中，小初英语电子教材（1—3 年级）共有 7 套共 39 册，高小英语电子教材（4—6 年级）共有 6 套共 33 册，初中英语电子教材共有 2 套共 9 册。参与电子书开发与出版的有智能教育慈善基金会有限公司、牛津大学出版社（中国）有限公司、教育出版社有限公司、培生香港公司等。

由于电子教材开发商之间竞争激烈、学校没有足够的动力去选择使用电子教材、父母对新技术没有足够信心等原因，香港的电子教材发展状况似乎远不如预期，该计划于 2016 年被放弃。2016—2017 学年，小学和初中分别只有 24% 和 8% 的班级使用电子教材，其中 65% 和 66% 的班级使用的是电子学习资源。截至 2018 年 4 月，香港教育局推荐的教科书适用书目中只有 49 套电子教材，数目远远低于纸质教材的 479 套（Kwok-kwan & Kevin，

2019）。香港教育局担心香港年轻一代错过最新的教育技术，或许将尝试第二次开启数字教材推广工作。

（二）韩国数字教材的推广应用

韩国教育信息化主要经历了五个阶段（KERIS，2016c）：1970—1995年发展阶段，1996—2000年起步阶段，2001—2005年扩展阶段，2006—2010年建立阶段，2011—2015年转型阶段。在此期间，韩国政府颁布了六个阶段的教育信息通信技术总体规划（Master Plan for ICT in Education），以推进教育信息化进程。教育信息通信技术总体规划第一阶段（1996—2000年），在中小学建立世界一流的信息通信技术基础设施，为实施信息通信技术教育奠定坚实的基础。第二阶段（2001—2005年），通过提供教师培训建立一支创新的员工队伍，实施信息通信技术教育，普及电子学习（网络家庭教育等）。第三阶段（2006—2010年），开发电子学习和电子终身学习系统，建立电子教育安全网和知识管理系统，实现电子学习和泛在学习的全球化。第四阶段（2010—2014年），实施智慧教育行动计划，进行数字教材的开发和应用工作，加强教师实践智慧教育的能力，建立云教育服务基地。第五阶段（2014—2018年），开发信息通信技术服务系统，改善基础设施，并将信息服务扩展到整个教育领域，建立量身定制的学习支持系统。第六阶段（2019—2023年），实施以人为本的、实现梦想和希望的未来智能教育环境，在中小学和高等教育阶段开展信息通信技术教育创新，建设数字基础设施以促进教育信息的交流（KERIS，2018：32-37）。

Kim和Jeong（2014：251）指出，1997—2000年是数字教材概念形成时期，2001—2005年是数字教材发展研究时期，2006—2010年是数字教材研究课题多样化时期。

（1）"数字教材商业化推广计划"与数字教材开发应用

韩国"数字教材计划"最早可追溯到1997年，数字教材当时也被称为"电子教材"，该计划主要是通过扫描传统的纸质教材以数字化的方式向学习者展示学习材料（白倩、沈书生，2019：64），可减少纸质教材的成本，减轻儿童书包的重量，但随着数字教材研究的发展，电子教材研究项目变得没有实际意义（KERIS，2016e：230）。

2000年，基于对未来教育的预测，韩国开始实施"数字教材计划"，计划在 2002—2006 年建立全新的教科书模型，并在试点学校试用（金贞淑，2015：62）。2002 年，韩国修订《教科用图书审定、认可规定》，将数字教材纳入教科书范畴（姜英敏，2009：70）。2007 年，韩国将"电子教材"正式更名为"数字教材"。2007 年 3 月，韩国教育部（Korean Ministry of Education, KMOE）宣布实施中长期"数字教材商业化推广计划（2007—2011）"（The Plan for Commercializing the Digital Textbook），在学校推广数字教材，"初期投资 24 亿美元，目标是对小学、初中和高中教材进行数字化，以便到 2015 年所有学校都可以使用数字教材"（Reguiera & Rodriguez，2015：19）。为此，韩国教育部和人力资源发展部（Human Resource Development Service of Korea，HRD）委托韩国教育学术信息院（Korea Education and Research Information Service，KERIS）"开发适合未来教育环境的数字教材，以培养创造性的人力资源"（KERIS，2007：6），并将此商业计划分为六大阶段共 16 个任务要点（KERIS，2007：17），如表 1-1 所示。

表 1-1　韩国数字教材商业化推广计划（2007—2011）（KERIS，2016e：227）

阶段	任务要点
1. 开发数字教材	− 开发数字教材和研究基础技术 − 编制 / 制定评估数字教材 / 数字作品的指南 − 资助数字教材的开发和利用
2. 培训教师和教辅人员	− 为教师制订培训计划并提供线上 / 线下培训 − 培训系统管理员 / 顾问以获得课堂支持
3. 构建教育环境	− 建设未来教室 / 未来学校环境（100 所学校） − 建设网络及网络管理系统 − 开发和提供学习设备 − 建立用于教学的国家知识数据库
4. 建立分销和质量保证体系	− 建立数字教材的分发系统 − 建立数字教材的质量保证体系 − 开展数字教材组件技术标准化研究
5. 修订法律制度并提高认识	− 完善开发、分销和管理系统的法律制度 − 建立解决民意和提高认识的制度
6. 分析数字教材影响力和有效性	− 对数字教材影响力和有效性的研究进行分析 − 研究解决采用数字教材的功能障碍 / 不良影响的方案

第一阶段：开发数字教材。开发小学 5—6 年级 20 门课程的数字教材，包括文学、伦理、社会学、数学、科学、体育、音乐、艺术、实践课程和英语等；初中 1 年级数学、科学和英语 3 门课程；高中 1 年级数学和英语 2 门课程。选择 100 所试点学校测试数字教材在课堂教学中的有效性。第二阶

段：培训教师和教辅人员。培训分为在线培训和面对面培训两种，以帮助教师等在课堂教学中有效使用数字教材。第三阶段：构建教育环境，完善基础设施以支持使用数字教材。韩国政府为试点学校的每一位学生配备一台平板电脑，为每个教室安装数字教学板、有线互联网和无线互联网，以改进数字化教学环境，让学生随时可以访问互联网进行数字化学习。第四阶段：建立数字教材的分销和质量保证体系，以推广标准化项目。第五阶段：修订法律制度并提高认识。关注数字教材的法律实施方面，如版权、反黑客等，旨在通过完善法律法规，保护创作者，使其开发出让广大人民满意的数字教材（KERIS，2007：17）。另外，为了鼓励学校和教师使用数字教材，政府设立制度对示范实施数字教材的教师予以奖励（Kim & Jung，2010：252）。第六阶段：分析数字教材影响力和有效性，建立评价系统来评估数字教材使用有效性，探寻数字教材的优缺点，提出使用建议。

根据 2007 年修订的国家课程，截止到 2009 年，韩国开发了 18 本数字教材，如表 1-2 所示。

表1-2　2007 年国家课程的数字教材开发情况（KERIS，2016c：163）

年份	年级	科目	数量 / 本
2008	小学 5 年级	韩语、社会学、科学、数学、音乐、英语	6
	小学 6 年级	韩语、社会学、科学、数学	4
2009	小学 3—6 年级	英语（四个水平的内容）	4
	小学 4 年级	科学、社会学	2
	初中 1 年级	英语、科学	2

这一批开发的数字教材于 2008 年起供试点学校使用。试点学校由 2007 年的 14 所逐年增加，于 2011 年达 100 所。

（2）《促进智慧教育的行动计划》与数字教材开发应用

2009 年，韩国进一步修订国家课程。2011 年 7 月，韩国教育部和国家信息化战略委员会发布《智慧教育促进战略：人才之路》（Promotion Strategy of Smart Education: Path to Talented Manpower）。2011 年 10 月，韩国教育部发布《促进智慧教育的行动计划（2011—2015）》（Action Plan on Promoting Smart Education），其愿景是通过对教育内容、教学方法、教学评估和教学环境等的"课堂革命"来培养具有创造力的人才，实现新的教育范式。该行动计划的主要任务包括开发和应用数字教材、提高教师的智慧教育能力、确保高质量的教育内容和开发智慧教育教学模式，以应对电子学习的不利影响。

其中开发和应用数字教材是促进智慧教育行动计划的主要任务。该行动计划将数字教材设想为未来智慧学习环境的合适工具，能够指导学生进行自主学习并显著提升课堂体验和提高教学质量。数字教材在纸质教材内容的基础上增加各种参考资料和教育支持系统，并可应用于个人电脑、智能平板和智能电视等设备。考虑到便利性和实用性，计划同时使用数字教材和纸质教材。此外，还围绕数字教材设计了一系列的配套措施，例如教学模式的开发和应用、教师智慧教学能力的提高、数字教材法律地位的保障、官方审核制度的变更、传播方法以及《版权法》维护等（KERIS，2016e：232-235）。此阶段强调智慧教育中信息通信技术的建设，试图通过技术改变学习环境，进而提高学生的学习能力。

（3）"数字教材的开发和激活计划"与数字教材的计划调整

为了实现"梦想和才能的快乐教育"（Happy Education for Dreams and Talents）这一目标，2013 年 5 月，韩国政府开始实施"数字教材的开发和激活计划"（Development and Activation Plan of Digital Textbooks），开发数字教材完整系统，打造无须参考其他辅助资料就可进行自主学习的"基于教材的掌握学习系统"（Textbook-Based Mastery Learning），建立纸质教材和数字教材相结合的教育环境以促进学生自主学习，建立可以将课堂学习和家庭学习联系起来的数字教材体系。该计划由三大目标 9 项任务组成，其中三大目标为支持自主学习、建立值得信赖的公共教育环境和最小化副作用，如表 1-3 所示。

表 1-3 "数字教材的开发和激活计划"的目标与任务（KERIS，2016e：241）

目标	任务
支持自主学习	– 开发数字教材（社会学／科学／英语） – 开发数字教学资源（其他科目） – 建立教与学支持系统 – 支持在线课程（错过课程的解决方案）
建立值得信赖的公共教育环境	– 加强老师的能力 – 一流教学环境的建立（支持研究学校的运作）
最小化副作用	– 最小化和管理副作用 – 加强信息通信技术道德教育 – 收集、评估和反馈意见

该计划取得了一定的成绩。2013 年，韩国政府开设了 144 所研究学校，

2014 年，263 所研究学校投入运营，开发了数字教材查看器，建立了在线教育社区 Wedorang 用于连接课堂学习和家庭学习，制订了数字教材培训计划并对教师进行培训，同时开展了对数字教材不良影响的研究并提出有效的解决方法，例如数字教材如何影响大脑功能的研究（2014 年 3 月）、数字教材有效性验证工具的开发（2013 年 8 月）、数字教材和智能设备的使用手册（2014 年 8 月）等。

虽然当前政府继承了先前政府关注数字教材计划的政策，但决定放慢步伐，主张对数字教材进行彻底的审查。2013 年 8 月发布的《数字教材开发和应用计划》重新审视了先前试图引入社会学、科学和英语的数字教材计划。新计划缩小了学科范围，2013 年仅开发小学 3—4 年级和初中 1 年级的社会学和科学数字教材，如表 1-4 所示。韩国政府开始更加理性地推行数字教材计划，确保在可行和适当的条件下应用数字技术。这一时期，虽然韩国政府开始关注数字教材本身的开发与建设，但更多的精力和资源仍然集中在开发数字教材所需的软件组件（例如平台、查看器等）上，而不是重新设计教材的内容（Joo et al.，2014：5-6）。

表 1-4　2013 年韩国国家课程的数字教材开发计划
（Jang, Yi, & Shin, 2016：59；KERIS, 2016c：176）

年份	年级	科目	教科书数量（本）
2010	小学 5—6 年级	社会学、科学	4
2011	小学 5—6 年级	阅读、数学	4
2013	小学 3—4 年级	社会学、科学	8
	初中 1 年级	社会学、科学	13
2014	小学 5 年级	社会学、科学	8

2014 年 7 月，韩国教育部提出强制性的《中小学软件教育推广计划》（Promotion Plan of Elementary and Secondary Software Education），旨在通过打造适合学生能力和才智的公共软件教育，对所有学生进行系统的教育，促进数字教材的有效运用，培养创新型人才（KERIS，2016e：245）。软件教育的内容包括：软件的利用和重要性、信息通信技术伦理、信息类型、寻找解决问题的方法、设计算法、程序设计等。

根据 2009 年国家课程和 2011 年促进智慧教育行动计划开发的数字教材计划于 2014 年开始实施。此时的数字教材与纸质教材的地位持平，两者并行使用。数字教材支持系统包括内容、查看器和使用支持系统三个组件。

（4）2015 年修订课程与数字教材的全面开发应用

2016 年 8 月，韩国教育部公布《基于 2015 年修订课程方案的国家指定 /
授权中小学数字教材分类（提案）》，制订了开发和应用数字教材的新计划，
主要开发小学 3 年级至初中 3 年级的社会学、科学和英语数字教材以及高中
英语数字教材，如表 1-5 所示。

表 1-5　基于 2015 年修订课程方案的国家指定 / 授权中小学数字教材开发计划
（KERIS，2017：51）

学段	数字教材	数量	分类
小学	社会学（3-1，3-2，4-1，4-2，5-1，5-2，6-1，6-2）	8	国家指定
	科学（3-1，3-2，4-1，4-2，5-1，5-2，6-1，6-2）	8	
	英语（3，4，5，6）	4	国家授权
初中	社会学（1，2）	2	国家授权
	科学（1，2，3）	3	
	英语（1，2，3）	3	
高中	英语，英语会话，英语 I，英语读写，英语 II	5	国家授权

经过研究开发、系统调整、试点应用和有效性验证后，新开发的数字教
材从 2018 年开始在普通学校全面推广和应用。2018 年首先应用于小学 3—4
年级及初、高中 1 年级，随后逐年级推广，数字教材与纸质教材同时使用。

在 2015 年修订课程中，还新开发了一种"现实数字教材"（Realistic
Digital Textbooks），融入虚拟现实（VR）、增强现实（AR）和操纵性交互技
术等新技术，创设出一个更具体验感和沉浸感的学习环境。现实数字教材首
先在小学 3—4 年级应用，2019 年扩展到小学 5—6 年级以及中学 1—2 年级。

（5）数字教材其他相关情况

韩国数字教材开发应用采用政府主导、学校响应参与、自上而下的统一
运行模式。数字教材的管理、分发和更新，数字教材政策的制定，平台和阅
读器的开发等都由韩国教育部委托的韩国教育学术信息院负责。韩国教育学
术信息院提供统一的数字教材使用平台，数字教材在 PC、IOS、安卓等客
户端上均可使用。学生无须专门的学校服务器也可下载数字教材，可以离线
使用数字教材，但联网学习会便利更多。韩国教材呈现一纲多本的多元化格
局，采取审定制，政府指定教材、授权教材和批准教材采取不同的开发和审

定程序（KICE，2013：80）。根据2019年8月韩国教育网站EDUNET公布的"2015年修订课程数字化教科书：2019年第二学期服务指南"显示，韩国目前正在使用的数字教材共117册，其中小学数字教材有36册，涉及3—6年级的社会学、科学、英语；初中52册，涉及1—2年级的社会学、科学、英语；高中29册，涉及英语、英语I、英语会话、英语阅读写作。如图1-1所示，在KERIS数字教材平台中，目前总共有112本教材可供下载使用，其中英语71本，小学英语数字教材第三—六册分别为5本，初中第一——二册分别为12本，高中及拓展英语有27本。

图1-1 韩国 KERIS 数字教材平台

从2007年试行数字教材以来，韩国教育学术信息院就选择研究学校，进行数字教材有效性研究。研究学校在试点数字教材时须考虑五个目标：（1）增强自主学习能力；（2）审查现场应用的有效性和适当性；（3）提高学业成绩和能力；（4）开发教学模式；（5）提高解决问题的能力（KERIS，2016b：174）。这些研究学校均参与了数字教材标准项目，研究内容包括分析数字教材应用效果、撰写数字环境构成的研究报告、开展教学活动、针对每个学科的数字教材教学模式提供建议。韩国进行的数字教材效能测评研究显示，数字教材对成就测试、学习态度、自主学习、解决问题能力及师生满意度等方面均有不同程度的正向影响（KERIS，2016c：179-184），但也存在许多有待改进的地方，例如技术与内容的深度融合不足、教学便利性不够等。

专注数字教材应用的 Wedorang 学习社区可以支持数字教材的有效运用。Wedorang 学习社区直接连接数字教材平台，提供多种支持数字教材授课的教学功能，提供学生学习活动所必需的功能，例如讨论活动、资料下载、评价反馈、班级交流、小组活动等。2018 年 4 月，Wedorang 在 "2018 年度韩国移动大奖" 中获得了公共服务领域的大奖（KERIS，2018：73）。

韩国教育学术信息院还为数字教材的有效应用开发了系列指南。2014 年，发布了《小学数字教材活用指南（教师版）》《小学数字教材活用指南（学生版）》《中学数字教材活用指南（教师版）》《中学数字教材活用指南（学生版）》，2017 年 5 月将其再次修订出版；2016 年 5 月，发行了《数字教材活用指南（家长版）》。系列指南帮助教师、学生、家长做好数字教材使用的准备。

韩国从 2007 年开始试行数字教材计划，在数字教材开发和应用方面做出了许多努力，积累了一定的经验。

（三）其他国家的数字教材发展

除中国和韩国外，许多其他国家也在推广应用数字教材，其中推广力度较大、技术较为先进的有美国、日本等国家。

（1）美　国

依据美国宪法，美国各州保留实施和管理教育的权力。各州可根据本州的法令法规，就本州的教材问题独立做出规定。联邦政府统一管辖的教育部为各州提供教育事务参考。

2009 年，加利福尼亚州州长阿诺德·施瓦辛格（Arnold Schwarzenegger）发起 "免费数字教材计划"（Free Digital Textbook Initiative），用免费的数字教材取代一些高中科学和数学纸质教材，以节省数亿美元的教材采购费。该计划使加利福尼亚州成为全美第一个由州政府推动，为全州学生提供免费数字教材的州（Levin，2009；刘翠航，2011）。

2009 年 5 月，加利福尼亚州开始实施第一阶段免费数字教材计划。9 家教材出版商提供了 20 种数学和科学数字教材备审，其中包括全美最大的教科书出版集团之一培生教育集团（Pearson Education）提供的数字教材和非营利组织 CK-12 Foundation 提供的数字教材 "flexbooks"。如表 1-6 所示，2009 年 8 月 11 日，第一阶段免费数字教材审查结果显示 16 种数字教材通过审核，其中 4 种 100% 符合加利福尼亚州的内容标准。2010 年 4 月，开始实施第二阶段免费数字教材计划，为所有年级提供免费数字教材；2010 年 4 月，第二阶段免费数字教材审查结果显示 17 种数字教材通过审查。2010 年 12 月，第三阶段数字教材审查结果显示 15 种数字教材通过审查（Levin，2009，2011；刘翠航，2011）。另外，加利福尼亚州还通过立法，鼓励在所有公立学校使用数字教材（Mardis & Everhart，2015：154）。

表 1-6　加利福尼亚州免费数字教材计划（陈桄、黄荣怀，2013：7）

阶段	计划	审核通过的教材
第一阶段（2009 年 8 月 11 日）	开源，可下载的电子教材	科学 3，数学 7，化学 2，地球科学 3，物理 1
第二阶段（2010 年 4 月 26 日）	开源，可下载的电子教材	历史 1，数学 10，生物 2，化学 1，地球科 ,1，物理 2
第三阶段（2010 年 12 月 29 日）	在线、可交互的电子教材，商业公司与开源教材并存	历史社会科学 5，数学 4，生物 4，化学 1，地球科学 1

2011 年 6 月，佛罗里达州签署了一项法案，要求该州所有公立学校在 2015 年前全部使用数字教材和数字评估。同年，该法案被纳入教育法规，即"立即数字学习法"（Digital Learning Now Act）。此举动意义重大，该法案在美国尚属首例（Mardis & Everhart，2015：154）。

2012 年，美国教育部第九任部长阿恩·邓肯（Arne Duncan）和联邦通信委员会主席朱利叶斯·格纳考斯基（Julius Genachowski）公布了一项雄心勃勃的计划，旨在让美国学校于 2017 年前从使用纸质教材转向使用数字教材。联邦政府认为数字教材能改革教学方法、提高成绩和节省教育资金。为此，佛罗里达州通过立法要求各地区在 2015—2016 学年之前将一半的教学资源预算用于提供数字内容；亚拉巴马州计划通过立法使用 1 亿美元的债券向学生提供数字教材和平板电脑；加利福尼亚州、印第安纳州、犹他州和华盛顿州也都通过了促进数字教育发展的法案。教材出版行业和技术行业也做出了回应，例如苹果公司向教育机构出售了 150 万台 iPad；美国出版商"三巨头"——培生、麦格劳-希尔和霍顿·米夫林·哈考特出版集团宣布与苹果公司达成协议，专门为 iPad 提供一系列电子教材（Tomassini，2012）。

2019 年全美教育技术理事会（State Educational Technology Directors Association，SETDA）的数据显示，全美 32 个州有数字学习计划，32 个州在使用数字教学资源，29 个州设有学生数字学习标准，26 个州拥有州数字资源库，13 个州允许地方使用州政府资金开发数字教学资源，12 个州允许地方使用州政府资金购买电子设备。（SETDA，2019）州政府和地方领导向各地区和学校做出了推广数字化学习的承诺，大力支持学习者的个性化学习需求。各类政策都是促进纸质教材向数字教材转变的催化剂。

（2）日　本

近年来，日本学生在国际学生评估项目（Programme for International Student Assessment，PISA）中的表现不尽如人意，为了增强日本学生在21 世纪的竞争力，日本政府决定运用信息通信技术来创建适合 21 世纪的学习系统。2010 年 4 月，日本文部科学省（Ministry of Education, Culture, Sports, Science and Technology, MEXT）举办了中小学信息通信技术应用会议（Conference on the Use of ICT in Primary and Secondary Education），会议下设三个工作组：教师支持工作组（Working Group on Support for Teachers），信息素养工作组（Working Group on Information Literacy）和数字教材、教学资料及信息终端工作组（Working Group on Digital Textbooks and Teaching Materials, and Information Terminals）。政府还在共同审议论坛（Jukugi Kakeai）网站上，针对 21 世纪充分利用信息通信技术的理想学校和学习形式是什么（2010 年 5 月）以及建立教育中的信息通信技术愿景（2011 年 2 月）向各界教育工作者征求意见。2010 年 6 月，推进先进信息和电信网络协会战略总部（Strategic Headquarters for the Promotion of an Advanced Information and Telecommunications Network Society）确定了信息通信技术新战略（New Strategy in Information and Communications Technology）的路线图。路线图分为三个阶段：短期计划（2010—2011 年），中期计划（2012—2013 年）和长期计划（2014 年）。基于政府的整体举措，2011 年 4 月，日本文部科学省编制了《教育信息通信技术的愿景》（The Vision for ICT in Education），计划到 2020 年在全国范围内引入数字教材（MEXT，2011：2）。2011—2013年，日本文部科学省和内政部及通信部（Ministry of Internal Affairs and Communication, MIC）实施联合项目，旨在向选定的 20 所学校介绍数字设备、学习材料、网络环境（MEXT，2014）。

2010 年 10 月，日本通信部开始在日本 10 所小学试点数字教材，并计划到 2011 年将试点学校增加到 50 所，到 2015 年为全国每位中小学生配备数字教材（陈桄、黄荣怀，2013：19）。数字教材涉及的科目有日本语、科学、社会学和数学等（Taizan et al.，2012：85）。2012年6月到7月间，日本中央教育研究所进行了名为"教师和学生对于电子教材的意见"的调查研究。71.8%的小学教师和60.2%的初中教师希望能并用电子教材和纸质传统教材；有将近九成的小学生和八成的初中生认为使用电子教材能够提高学习兴趣（王保中，2015：19）。2013年，数字教材的实验项目开始实施（Tamura & Nakajima，2015）。从2019年起，有视力障碍和发育障碍的学生可以在所有课程中使用数字教材。

2019年12月，日本文部科学省提出"GIGA学校构想"，以加速中小学信息化教学进程、建设高速大容量通信网络、整顿学校信息与通信技术教学环境。该计划的最大亮点是全国中小学校实施"1人1台终端"的政策，实现"每个学生都用电脑终端上课"的课堂教学愿景（玖拾伍，2021），已有超过90%的地方政府完成了此项工作。2021年2月，日本文部科学省通过中期方案，撤销原有的在每门课程中使用数字教材时间不得超过授课时间二分之一的规定。日本政府还在2021年度原始预算案中拨付22亿日元，用于支持研究数字教材的使用感受、学习效果以及对学生身心健康影响等的实证实验（李芒等，2021）。2022年4月，日本启动数字教材实证实验，免费为全国小学五、六年级和初中学生发放数字教材，让学生并行使用数字教材和纸质教材，以验证两种教材各自的角色作用以及数字教材的效果，力争在2024年将数字教材全面引入课堂。此实验以英语学科为主，将英语学科的数字教材发放到所有采用平板终端授课的学校，通过使用能示范发音的数字教材，有望发挥与纸质教材不同的作用，检验数字教材能在多大程度上提高学生的听力等（Jiji，2021）。

（3）法 国

根据2013年国家监察员的报告（Report from National Inspectors），法国从2008年起开发数字产品，现已成功开发了三代数字教材：（1）简单数字教材（Simple Digital Textbook），从2008年（甚至更早）开始推出，是纸质教材的PDF版本；（2）丰富的数字教材（Enriched Digital Textbook），2009年开始推出，内容更丰富，包含音频、视频和动画等增强功能；（3）第三代数字教材（3rd Generation Digital Textbook），2011年开始推出，为教师提供混合使用教材资源和个人资源的机会，包含互动练习功能。2009年，法国教育部决定启动一项名为"通过数字工作平台的数字教材"（Digital Textbooks through Digital Working Platforms）的国家实验。2009—2010 学年，实验区 65 所学校的所有六年级学生共 8000 名和教师 890 名可以通过 Extranet 随时在教室、资源中心、家中在线访问数字教材，并拥有相应的纸质手册。实验结果不是十分乐观，数字教材存在技术故障多、学生使用率不高、交互性和个性化不足等问题（Bruillard，2015）。

2014 年 9 月，法国宣布实施"大型数字计划"（Le grand plan numérique），旨在搭建一个覆盖内容、服务和设备的全国性电子教育生态系统，以填补社会不平等的鸿沟。2015 年 5 月，出台"数字化教育"计划（Le plan numérique），投资总额超过 10 亿欧元，主要用于培训教职员工、开发无障碍教育资源、购买计算机及平板电脑等硬件，以及协助各地进行创新性行动。在国家宏观政策的支持下，数字教材取得了快速发展。2011 年，法国的数字教材共有约 950 种，2016 年增长到 3000 多种。2010—2014 年，使用数字教材的教师数量增长了 13%（刘敏、周政，2021）。

（4）德　国

德国中小学教材的出版发行采取市场化运作模式。多数出版商对数字出版持谨慎态度，试图与新的数字技术保持一定的距离。但面临数字出版大潮的冲击，德国的教育出版也开始谨慎转型（王安琳、毕海滨，2012：67）。2011 年底，德国教育出版商协会曾商讨建立统一数字教材平台。2012 年 2 月 14 日，德国教育出版商联盟在汉诺威的德国国际教育展上正式发布了统一数字教材平台，这是德国唯一的官方数字教材平台。平台启动时，提供了 500 余种数字教材，覆盖 40 门课程和 3000 多个教学计划。纸质教材用户可在 5 年内免费使用数字教材。数字教材具有笔记、插入阅读书签、标记课文等功能。由于存在硬件设施不足、教师的操作能力欠缺、数字教材尚未突破传统纸质教材的结构等问题，数字教材在德国并不普及（毛小红，2014：60）。

（5）马来西亚

2009 年，马来西亚开始实施"电子书计划"（Electronic Book Program），向五年级学生分发 23000 个电子教材，以解决书包沉重的问题（Gu et al.，2015）。2014 年 2 月，马来西亚推出数字教材计划，该计划是"马来西亚教育发展规划 2013—2025"（Malaysian Education Development Plan 2013—2025，MEDP）的一部分，时间跨度为 2013—2025 年，分三个阶段逐步推行数字教材（Yan，2014；Hamedi & Ezaleila，2015；Chin，2018）。第一阶段

为 2013 年至 2015 年，这一阶段纸质教材和数字教材并用，教育部通过门户网站 1BestariNet 上传 313 本数字教材，师生和家长可以通过 1BestariNet 平台免费获取、使用。第二阶段为 2016 年至 2020 年，计划为部分科目制作交互式教科书，其中包含文本、图形、音频、视频和动画等元素，以促进学生学习。到 2018 年，已开发 495 本 PDF 格式（可移植文档格式）的数字教材，并计划到 2022 年为所有高中学校提供交互式数字教材（Ismail，2018）。第三阶段为 2020 年至 2025 年，计划将所有科目纸质教材转换为数字教材，包括特殊需要学生的数字教材，学生将携带自己的平板电脑进行学习。教育学家 Datuk N. Siva Subramaniam 认为，此举为改善国家教育体系迈出了及时的一步。在马来西亚，并不是所有家长都有能力将孩子送到更先进的私立学校，所以数字教材是解决教育资源分配不平等问题的开始（Chin，2018）。

综上，为了培养具备 21 世纪技能的人才，通过教育信息化增强国际竞争力，各国纷纷制定相关政策，推广应用数字教材。在此过程中，数字教材发挥出其特有的优势，得到了师生的肯定，但也遇到了许多问题。解决数字教材在应用中遇到的问题，对于突破数字教材建设的瓶颈至关重要。

第二节　研究目的

教材是课堂教学的物质载体，是对课堂教学影响最大的媒介。在某种程度上，教材对教学及师生的影响比课程标准本身更大。作为教育现代化核心资源的数字教材，对深化课堂革命和落实核心素养起着至关重要的作用。因此，结合理论与实践，深化数字教材的编制研究，将有助于推动教育改革与发展。尽管许多国家已经开始对数字教材进行研究和试验，但从整体上看，数字教材研究仍处于初步阶段，对英语数字教材编制的研究更是少见。对数字教材开发应用也需更多的试验探索。

本书将在课程一致性理论的基础上，通过内容分析法、个案研究法和比较研究法对中韩英语数字教材的编制进行比较研究，了解中韩英语数字教材编制的现状、共性、特性、与课程标准的一致性，最终探讨如何从内容、工具、技术 3 个维度编制促进自主、合作、探究学习的英语数字教材，促进课程目标的实现。

　　本研究旨在探讨英语数字教材编制的普遍规律和适合我国课程目标的英语数字教材编制的特殊规律，这对促进我国教育现代化，建构英语数字教材编制理论以及通用数字教材研究理论具有重要的理论意义。对现有英语数字教材个案进行分析，取长补短，对中小学英语数字教材编制实践具有重要的现实意义。此外，为师生提供优质的数字教材，可改善教师课堂教学、促进学生自主学习、服务农村提高教育质量，全面提高基础教育质量。

第三节　研究范围

　　目前，在国内外数字教材研究领域中，由于研究视角和发展阶段不同，数字教材的概念名目繁多，经常混用，例如电子教材、电子教科书、电子课本、电子书包、数字化教材、数字教材、数字教科书等。各概念虽略有不同，但基本都指利用多媒体技术将传统纸质教材进行数字化处理，转化而成的适用于各类电子终端的教材。在众多术语之中，本研究拟采用"数字教材"这一概念，原因有三：第一，随着信息技术的发展，概念也随之迭代升级，"电子"逐渐被"数字"所取代；第二，在我国，官方文件都使用"数字教材"这一概念，例如人教社第三代数字教材、数字教材垂直服务平台、上海市中小学数字教材等；第三，以数字教材等相关概念为主题词在中国知网数据库的 CSSCI 期刊论文中进行检索，主题词为"数字教材"的有 135 篇，"数字化教材"的有 33 篇，"数字教科书"的有 31 篇，"数字化教科书"的有 3 篇，"数字课本"的有 3 篇，"数字化课本"的有 2 篇，由此发现使用"数字教材"这个概念的文献占绝对优势。本书研究采用的"数字教材"这一概念的英语表述为"Digital Textbook"，其中的"教材"为狭义的概念，仅指课堂所用的教科书，有别于更广层面的数字教育资源、教育软件、开源教科书、智能辅导系统等。

　　教材研究主要包括教材的设计编写、使用、评估等方面，数字教材作为新兴事物，其研究还包括推广研究。在国内外数字教材的开发应用过程中，数字教材在支持课堂教学和课外自主学习方面具有潜在优势，但也遇到了许多问题。在推广方面，数字教材在师生及家长接受度、设备建设、教师培训资金、潜在健康风险等方面遇到了问题；在设计编写方面，则存在技术和内容融合不够、交互性不足的问题；在使用方面，存在教学模式欠缺、师生信息能力不足的问题；在评估方面，数字教材是否有效以及多大程度上有效仍需进一步研究确认。虽然数字教材在起步阶段遇到的问题较多，但它具有不可替代的优势。解决这些问题对于数字教材在教学领域发挥其潜在优势至关重要。本研究聚焦数字教材的编制研究，旨在研究如何编制更好的数字教材以促进教育目标实现。选择编制研究的原因在于，数字教材建设在各国仍处于起步阶段，数字教材编制的研究与实践还不够成熟，从源头上解决数字教材编制存在的问题是数字教材提高教学效果、发展学生核心素养的前提。

第四节　研究方法

本书在课程一致性理论框架下探讨中韩英语数字教材编制的共性和特性、影响编制的主要因素以及如何编制英语数字教材以实现课程标准中的教学目标。研究主要采取文献研究、个案研究、比较研究等方法。

（1）文献研究法

首先采用文献研究法对国内外已有的数字教材研究成果，尤其是对数字教材编制的理论、方法与分析框架等进行梳理，以便准确掌握前人已取得的研究成果、当下的研究现状和未来的发展趋势，找到本研究的切入点。

（2）内容分析法

基于研究目的和研究需求，本书采用了内容分析法。研究过程中，首先对中韩初中英语数字教材的静态文本内容进行整体的介绍，然后采取内容分析法对选定的英语数字教材进行编码、数据提取和一致性分析，探讨中韩英语数字教材编制的一致性水平、共性和特性，接着从课程一致性理论角度进行质性解读。通过对中韩初中英语数字教材的分析，探讨如何编制英语数字教材以更好地促进课程标准中教育目标的实现。

（3）个案研究法

为了更好地了解中韩初中英语数字教材中"纸质教材内容"的特征，本

第二章

数字教材的研究现状

本章对数字教材研究进行文献回顾和述评。首先，梳理数字教材的概念演变，在此基础上对本研究所指的数字教材进行界定。其次，对数字教材的研究现状进行梳理，包括数字教材的研究概况、编制研究、评估研究和推广使用研究。最后，在文献梳理的基础上初步确定研究问题。

第一节　数字教材的概念演变和界定

随着技术的发展，教材经历了纸质教材、电子教材到数字教材三个发展阶段。在发展过程中，教材的形态发生了变化，教材的概念也随之演变。期间出现了许多与教材相关的概念，例如教材、教科书、课本、电子书、电子教材、电子教科书、电子课本、电子书包、数字化教材、数字教材、数字教科书。这些概念之间有区别也有联系。了解数字教材概念的演变，有助于确定研究范围。

一、教材的概念演变

（一）纸质教材的出现

公元前 16 世纪到公元前 11 世纪，随着文字的出现，最初形式的文字教材开始出现（南国农，2000：200）。教材主要以龟甲、竹简、布帛为载体，但这些载体有诸多不便，不利普及。随着科学技术不断发展，我国在西汉时期已出现了造纸术，东汉蔡伦改进造纸术，北宋毕昇发明活字印刷术。造纸术和印刷术的出现，使纸质教材在教学中得到广泛运用，成为知识传播的重要载体。

（二）纸质教材的相关概念界定

1877年，在华基督教传教士成立"学校教科书委员会"（School and Textbook Series Committee），负责编辑教科书，供教会学校应用，也赠送各地传教区私塾应用，"教科书"概念开始出现（石鸥、刘学利，2013：28）。赵志明（2014：28）认为教科书包含"教""科""书"三层意思。"教"即教育、教化、教授、教学，是教科书的第一要义；"科"即学科、科学，教科书以现代科学分类为基础进行分科设置，揭示教科书的内容属性；"书"即书本，揭示教科书的形式特征。石鸥（2007：5）提出现代意义的教科书应该满足三个条件：第一，根据学制、学年、学期编写出版；第二，有配套的教授书（教授法、教学法）或教学参考书，教授书内容要包括分课教学建议和每课教学时间建议等；第三，依据教学计划规定的学科分门别类地编写和出版。

关于教材的概念，顾明远（1998：695）将"教材"界定为教师和学生据以进行教学活动的材料，教学的主要媒体；通常按照课程标准（或教学大纲）的规定，分学科门类和年级顺序编辑；包括文字教材（含教科书、讲义、讲授提纲、图表和教学参考书）和视听教材。

从上述概念可以看出，教科书和教材都包括教学内容和教学方法两部分，都依据课程标准，按学科、学制、分课进行编制，是具有教育教学功能的教学材料。广义的教材指课堂内外使用的所有教学材料，包括教科书和其他教学资源；狭义的教材仅指教科书，即教育部门规定使用的课堂教学用书。"课本"指在学校使用的书籍，即教科书，等价于狭义的教材。教科书、课本、教材概念相似，经常互指，各概念之间有重叠之处或近义关系。

（三）纸质教材的局限性

纸质教材的出现大大提高了知识传播的速度，扩大了知识传播的广度，使跨越时间和空间的知识传播成为可能。纸质教材已经形成了相当成熟稳定的开发应用模式，因此无论何种技术的出现，纸质教材至今一直肩负着教育教学的重要职责，但纸质教材也呈现出一些无法与时俱进的局限性：（1）传统纸质教材更倾向于"以教师为中心"的教学方式，不利于学生自主学习能力的培养；（2）纸质教材不适合信息时代知识的获取与传播；（3）纸质教材不能满足"数字原住民"的学习需求；（4）纸质教材沉重，携带不便，且影响学生身体发育；（5）纸质教材耗费大量资源，不利于低碳环保。由于纸质教材的局限性以及人们对技术的不断探索，电子教材开始出现。

二、电子教材的概念演变

（一）电子教材的出现

20 世纪末，计算机技术和网络通信技术的飞速发展极大地影响了教育领域。1971 年 7 月，世界上第一本电子书诞生，这是古登堡计划（Project Gutenberg）发布的第一个电子文本，该计划旨在建立一座用户可以获得公共领域图书资源的数字图书馆。1994 年，美国国家学术出版社（National Academics Press，NAP）率先经过作者同意将部分图书的完整电子版在网络上免费发行。1997 年，电子出版成为主流，数字化加快了出版界的进程。2005 年，谷歌涉足电子书行业。2007 年 11 月，亚马逊推出自己的阅读器——Kindle，目录中包含亚马逊网站上的 80000 本电子书。2009 年 2 月，新版本 Kindle 2 发布，目录包含 230000 本电子书（勒伯特，2013）。纸质书籍开始规模化地转化成电子书，成为知识传播的新方式。

在此期间，电子传媒技术也取得了长足的进展。1993 年 6 月，Adobe 发行 PDF 的 Acrobat 阅读器和 Adobe Acrobat。为统一电子书格式，1999 年 9 月，数字出版产业发行开放电子书（Open Electronic Book，OEB）格式的第一个版本。2001 年 1 月，开放电子书论坛（Open Electronic Book Forum，OEBF）成立，旨在发展开放电子书格式和规范开放电子书出版结构。2005 年 4 月，开放电子书论坛成为国际数字出版论坛（International Digital Publishing Forum，IDPF），EPUB 格式取代 OEB 格式，成为全球标准与 PDF 格式的电子书。2007 年，实现在各种不同电子阅读器上进行阅读。2012 年，苹果公司发布用于教科书制作的工具 iBooks Author（龚朝花、陈桄，2012：90）。

电子书行业的蓬勃发展促使电子书向教育领域渗透，催生了电子教材。

电子教材首先用于高等教育，以大学课本和配套资源形式存在，然后逐渐进入基础教育领域（龚朝花、陈桄，2012：90）。

（二）电子教材的相关概念

随着新事物的出现，许多新概念也涌现出来，例如电子书、电子教材、电子教科书、电子课本、电子书包。在这些概念中，电子书是一个独立的、不同的概念。电子教材、电子教科书、电子课本是基本相同的概念，因此本研究采用"电子教材"统一指称电子教材、电子课本和电子教科书。电子书包是一个上义概念，包括电子教材、电子教科书、电子课本。

新闻出版总署将电子书（e-book）定义为：将文字、图片、声音、影像等讯息内容数字化的出版物以及植入或下载数字化文字、图片、声音、影像等讯息内容的集存储介质和显示终端于一体的手持阅读器。电子书由三要素构成，一是以特殊格式制成的数字化内容；二是电子书阅读器；三是电子书的阅读软件。电子教材（e-textbook）是电子书技术与教材相结合的产物，是电子书的子集（赵志明，2014：11）。中国国家标准化管理委员会（2018）将电子书包终端界定为一种用于教学和学习的数字终端产品，包括数字终端硬件、终端操作系统以及数字终端所标配的教学功能。根据全国信息技术标准化技术委员会"电子课本与电子书包"标准专题组对"电子书包"的定义，电子书包是一种信息化环境的集成体，它整合了电子课本的内容（资源）、电子课本阅读器（设施）、虚拟学具（工具），并联通无缝学习服务（平台）（吴永和等，2011）。电子书包是一个"教学云平台、教学资源、智能学习终端"一体化的系统。

总的来说，各个概念之间既相互关联，又略有区别。电子教材、电子教科书、电子课本这三个概念基本相同，意义上各有侧重，类似于教材、教科书、课本之间的关系。本研究用"电子教材"作为电子教材、电子教科书、电子课本等概念的统称。电子教材的出现源于电子书的发展，电子书与电子教材的区别在于：在内容方面，电子书强调"阅读性"，电子教材除"阅读性"外，还强调"教育性"；在平台功能方面，电子书强调阅读工具对阅读的支撑，而电子教材还强调对教学的全面辅助。电子教材继承了电子书的主要特性，但电子书没有电子教材所包含的教育属性。

（三）电子教材的优缺点

与纸质教材相比，电子教材具有许多优势。电子教材表现形式丰富多样，除了提供纸质教材的静态文本和图片外，还尝试添加交互资源和多媒体资源等；电子教材提供线性和非线性的两种组织编排方式；电子教材携带便捷、内容丰富更新快、信息检索方便、阅读体验多模态化、具有支持教与学的功能等。但作为一个新兴的领域，电子技术还未能与教材较好融合：在技术方面，由于缺乏统一的标准，电子教材大多注重数字化阅读功能；在教育应用方面，由于缺乏对数字化学习的充分认识，电子教材存在着从数字化阅读到数字化学习的鸿沟，不能有效满足教育领域的专业需求（顾小清、傅伟、齐贵超，2012：83）。

三、数字教材的概念演变

（一）数字教材的概念

随着信息技术与教材建设的不断深入融合，新的概念开始被使用，例如数字教材、数字教科书、数字课本、网络教材等。

在众多的概念中，数字教材、数字教科书、数字化教材这三个概念的所指基本相同。"数字教材"和"数字教科书"概念的细微区别类似于"教材"与"教科书"的概念区别。"数字化教材"被看作是略低于"数字教材"的产品形态，"数字化教材"仍处于 SAMR 模型的替代层（substitution）和增强层（augmentation），评价任务聚焦于教材本身内容的读写活动，没有提供培养创造性和批判性思维的学习；而"数字教材"的设计处于修改层（redefinition）和重塑层（modification），评价任务以交互性任务为主，注重反思以及观点的形成与表达，提供真实性的项目学习（Railean，2017：9）。

在这些概念中，政府文件和国内外研究文献中广泛使用的是"数字教材"这个概念，因此本研究也使用"数字教材"这个概念对数字教材、数字教科书、数字化教材等进行统称，英语表达为"Digital Textbook"。

从课程与教学社会学角度出发，赵志明（2014：10）将数字教材定义为一种发展中的后现代教材形态，认为数字教材更大意义上是对传统的学习方式和教学方式的改变，通过"国家定义"和"个人定义"的博弈与互补，趋向学习的开放、自由、个性与创新。该界定包括两个方面：课程内容设计、教与学的方式。从课程内容设计方面，将数字教材分为"国家定义"和"个人定义"两种形态。"国家定义"的数字教材指标准化的国家课程数字教材，"个人定义"的数字教材指教师、学生等为教学需求而编制出来的数字讲义、数字学案等。从支持教与学的方式来看，数字教材支持学生的自组织学习和互动学习，支持教师的整体化教学和翻转课堂教学。

从国家标准和教材出版角度出发，中国国家市场监督管理总局、国家标准化管理委员会（2022）发布的首批中小学数字教材国家标准将中小学数字教材界定为"依据中小学课程规划或课程标准、教学大纲系统编写、开发，适用于信息化环境下教学活动的电子图书。"数字教材以纸质教科书为编写、开发依据，亦可能不以纸质教科书为编写、开发依据。人教数字出版有限公司（2018）将数字教材定义为："面向中小学师生，依据国家课程标准，以传统纸质教材为蓝本，针对信息化环境中教与学的新需求，以提高教学和学习效果，发展学生核心素养为目标，利用互联网、数字媒体、大数据等技术手段，融教材、数字资源、学科工具、应用数据于一体的立体化教材。"该定义强调数字教材是依据国家课程标准和纸质教材进行编写的，包括教材、资源、工具、数据四个方面，如图 2-1 所示。

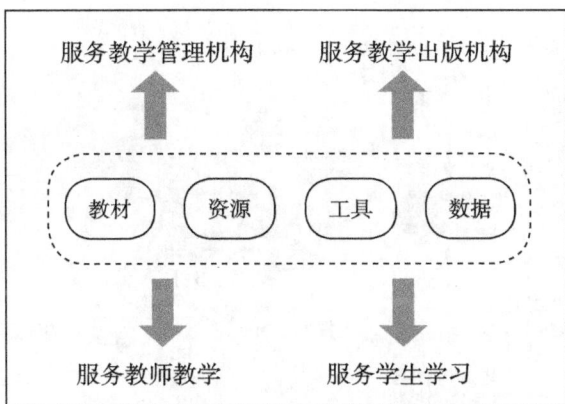

图 2-1　人教数字教材的概念（人教数字出版有限公司，2018：10）

上海市中小学数字教材建设与教学应用实验项目（2020）将数字教材界

定为：以二进制数字代码形式存在，记录在以光、电、磁为介质的设备中，需要借助于特定的设备来读取、复制、传输、展现的教材；是以内容（资源）为中心，以阅读与学习软件（工具）、学习终端（设施）及网络服务（平台）为应用支持，并将内容与应用进行有效整合的学习系统（上海市教育委员会教学研究室，2020）。该界定将资源、工具、设施、平台等整合进入数字教材概念中，主张数字教材为教学提供全课程资源服务。

韩国教育学术信息院（KERIS，2016e：224）将数字教材界定为：一种为了不受时间和空间限制、能在教室和家中进行学习而设计的学习材料，其中包括现有教材、参考书、练习册、词汇表等内容，同时还能为学生提供集成的多媒体，例如视频剪辑、动画和虚拟现实，并允许进行各种交互。因此，数字教材是学生的学习材料，可让每个学习者根据自己的个性和能力水平进行学习。在数字教材的概念图中，纸质教材通过各种技术手段进行数字化后形成数字教材，数字教材由教育资源（教材、字典、参考书、练习册、数据搜索、超链接、多媒体等）和支持教—学—评的工具（评价工具、学习管理工具、创作工具）组成，外部可连接各种知识内容数据库，如图 2-2 所示。

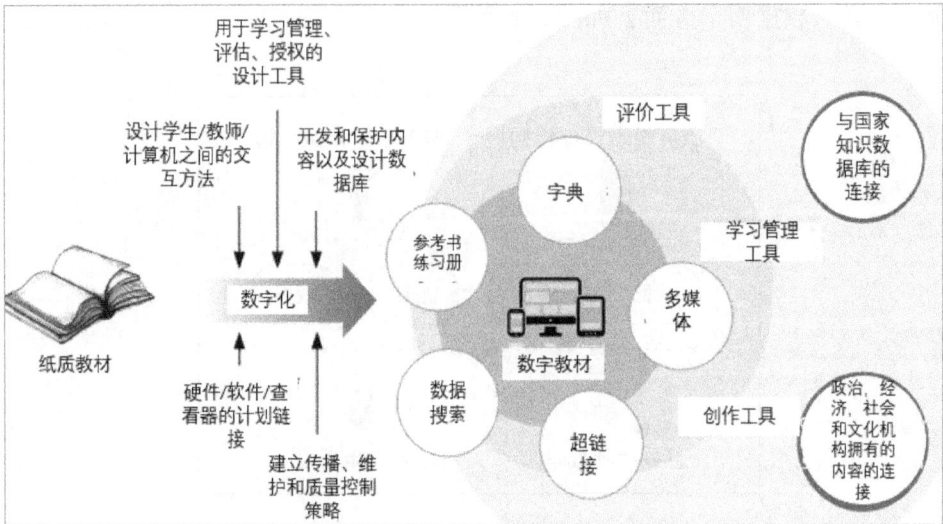

图 2-2　韩国数字教材的概念（KERIS，2016e：225）

Railean（2015：56）将数字教材定义为以课程标准（教学大纲）为依据，集学生用书、参考用书、练习册、案例书以及基于静态超文本和多模态文本的指导手册为一体的教学资源，同时也是一种替代性的学习工具。学习工具位于数字图书馆，由教学平台引导控制，师生通过连接到互联网的个人电脑或者移动数字设备登录数字图书馆。该定义认为数字教材既是一种教育资源（pedagogical resource），也是一种学习工具（learning tool）。从教育资源的角度来看，数字教材包括学生用书、参考用书、练习册、案例书、教学手册等；从学习工具的角度来看，数字教材支持自主学习等功能，如图 2-3 所示。

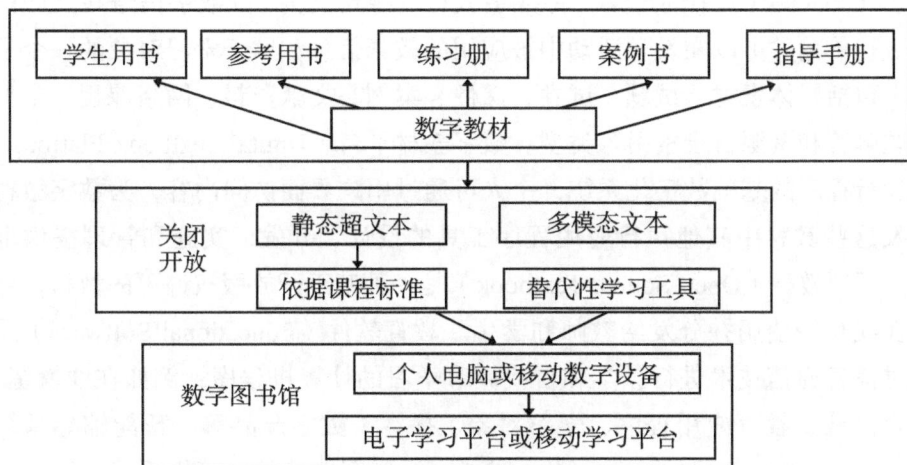

图 2-3　Railean 的数字教材概念（Railean, 2015：56）

美国佛罗里达州数字教材的概念更为宽泛，认为数字教材有多种形式，（1）专为亚马逊的 Kindle DX 或苹果的 iPad 等阅读器创建的电子教材；（2）按需阅读的基于计算机的教材，例如 Google 图书和 NetLibrary 的教材；（3）按需印刷的电子教材；（4）通过 iTunesU，Wiki 和数字应用程序提供的音频、视觉、交互式和文本资源的模块化组合（Mardis et al., 2010：3）。

从上述多个数字教材概念来看，不同概念侧重点略有不同，但大多数概念都涉及了国家课程标准、与纸质教材的关系、作为教学资源、作为教学工具、技术平台等方面。

（二）其他相关概念

由于数字教材纳入了许多数字化学习特征，导致数字教材与教学网站等概念在内容和结构方面界限不明。这些概念包括数字教育资源、数字教材平台、开源教材、教育软件、智能辅导系统、学习管理系统。在此，本书也对这些相关概念进行厘清。

数字教育资源（Digital Education Resources），指经过数字化处理，可以在计算机或网络上使用的教育教学资源。数字教材与电子书包发展研究报告项目组（2017：89）借鉴我国教育信息化技术标准《教育资源建设技术规范》（CELTS-41）中的定义，将数字教育资源定义为：以数字信号在互联网上进行传输并可以在教学活动中被应用的教育信息，属于学习对象的一个子集，包括媒体素材、试题、试卷、课件、案例、文献资料、网络课程、常见问题解答和资源目录索引等类型。数字教材平台（Digital Textbook Platform）指运行程序的基础数字化系统，个人可通过用户界面访问内容，为数字教材以及这些教材中其他执行应用程序工具的设计、开发、实施和管理提供框架。开源教材（Open Source Textbook）是一种基于开放版权许可的教材，可以在线免费使用并分发给教师和学生。教育软件（Educational Software）是通过信息通信技术进行教学和自我调节学习的计算机程序，例如在线操练、教育游戏、教育应用程序、学习对象、播客、数字产品等。智能辅导系统（Intelligent Tutoring Systems）是一种具有一定智能性的计算机系统，能为学习者提供即时的、定制化的指导或反馈（Railean，2015：46-65）。学习管理系统（Learning Management System）是一种以提高数字化学习中的管理和技术支持过程为目标的软件系统（中国国家标准化管理委员会，2012）。

这些概念与数字教材之间有交集，但彼此并不完全重合。数字教材的开发应用会利用教育软件、智能辅导系统、学习管理系统等所具有的功能，但除此之外，数字教材必须是教科书，必须反映课程标准或教学大纲，具有核心的课程内容。

（三）数字教材的优缺点

数字教材既继承了纸质教材在内容结构、学科逻辑等方面的长处，又发挥了信息技术在知识呈现、教学交互、在线评价、即时反馈等方面的优势。

与电子教材比较，数字教材是对电子教材的继承和发展，在交互功能方面更胜一筹。数字教材具有许多显而易见的优势：数字教材小巧轻便，易于携带和存储；适合培养具有自主学习能力和终身学习能力的学习者；促进技术与教育教学的融合，实现课堂革命；降低教材成本，节省政府开支；减少纸张利用，保护环境等。作为新生事物，数字教材也存在一些不足：数字教材的维护和更新费用昂贵；教育中存在社会经济鸿沟，经济差的学生无法购买设备；教师没有做好充分利用数字教材的准备；数字教材还无法解决传统课程中的缺陷等（Mardis et al.，2010）。

四、本研究数字教材的概念界定

目前，信息化环境下的教材还没形成统一的概念界定（钟岑岑，2016：12）。电子教材、电子教科书、电子课本、电子书包、数字教材、数字教科书、数字课本等概念经常被混用。对这些概念关系的看法目前有三种，第一种是将电子教材、电子教科书、电子课本、电子书包、数字教材、数字教科书、数字课本等概念看作是等同的概念，将其都看作是电子书包的核心部分，用数字教材进行统称，例如王连照（2017：42）、赵志明（2014：11）。第二种是将数字教材、数字教科书看作是电子教材、电子教科书、电子课本的发展和更高阶段，数字教材更突出信息的交互。数字化侧重数字技术，电子化侧重于计算机和通信技术的应用，例如乐进军（2017：65）。第三种是将数字教材看作是有别于电子教材的概念。例如数字教材与电子书包发展研究项目组（2017：29）认为，从内容角度看，数字教材的内容对应狭义的教材（即教科书），电子教材的内容对应广义的教材（即教学材料）；从技术角度看，数字教材只要以数字化形态存在即可，而电子教材则具有较高的技术要求，例如关联性、富媒体性、网络访问、数字版权管理等。

本研究将电子教科书、电子课本、电子教材的概念视为相同概念，用"电子教材"进行统称；将数字教科书、数字课本、数字教材的概念视为相同概念，用"数字教材"进行统称，英语表述为"Digital Textbook"。因此，在非引用状态下，本研究所指"电子教材"包括电子教科书、电子课本、电子教材、电子书包等概念，"数字教材"包括数字教科书、数字课本、数字教材等概念。

对于电子教材系列概念和数字教材系列概念，本研究综合第二种和第三种看法，将电子教材和数字教材的概念进行了区分。本研究认为从时间来看，文献统计显示电子教材概念始于 20 世纪末，数字教材概念始于 21 世纪初，两者是信息技术在不同发展阶段的产物。从命名来看，电子教材指电子书技术最初应用到纸质教材时所使用的名称；数字教材是电子教材发展到较高阶段而使用或改用的名称。从内涵来看，电子教材是数字教材的雏形，数字教材是电子教材的发展；电子教材是纸质教材的简单翻版，数字教材是纸质教材的增强版或拓展版。从内容来看，数字教材专注于教科书内容，而电子教材包括教科书内容和其他数字资源。从技术来看，数字教材能在不同平台和系统上使用，而电子教材只在专用设备上使用。

关于数字教材的概念，从前面所探讨的各个概念界定可知，数字教材的核心内涵涉及是否依照国家课程标准，与纸质教材的关系，作为教育资源、教学工具和技术应用等属性。依据研究目的和需求，本研究参照人教数字出版有限公司的概念，将数字教材的操作概念界定如下：数字教材指面向中小学师生，依据国家课程标准，以传统纸质教材为蓝本，针对信息化环境中教与学的新需求，以提高教学和学习效果，发展学生核心素养为目标，利用互联网、数字媒体、大数据等技术手段，融数字教学内容、教学评工具、技术应用于一体的立体化教材。

本研究中对数字教材的定位如下：数字教材作为基础的教育资源和教学工具，在教育场景中与纸质教材互相补充、共同使用，以充分利用数字教材和纸质教材在阅读和教学方面不同的功能与体验，共同服务于教育教学，促进教育目标的实现。正如钟启泉（2019：7）所主张的，数字教材的出现并不意味着纸质教材的离场和消亡，也不意味着教材要全盘数字化。

第二节　数字教材的研究概况

本节将对中国、韩国和其他国家的数字教材研究现状进行整体概述，包括研究现状、研究主题、研究前沿、演进轨迹等方面。为了对数字教材的研究有一个更清晰的了解，研究概述包括电子教材和数字教材，原因有二：

一是因为部分研究所采用的电子教材概念实则为数字教材；二是因为电子教材与数字教材一脉相传，数字教材是在电子教材基础上发展起来的较高级形式。

一、中国数字教材的研究概况

中国数字教材研究概述采用中国知网 CNKI 数据库作为基础数据源，以主题词进行检索，主题词包括"电子教材""电子化教材""电子教科书""电子化教科书""电子课本""电子化课本""电子书包""数字教材""数字化教材""数字教科书""数字化教科书""数字课本""数字化课本"。资源类型选择学位论文（博士、硕士）、学术期刊（来源类别勾选 CSSCI），检索年限不限，数据下载日期为 2022 年 8 月 10 日。分别对电子教材、数字教材进行单独检索显示，如表 2-1 所示，以电子教材为主题的期刊论文有 418 篇，硕士论文 480 篇，博士论文 23 篇；以数字教材为主题的期刊论文有 285 篇，硕士论文 77 篇，博士论文 7 篇。因个别文献既涉及电子教材，又涉及数字教材，因此检索系统计数时既进行了电子教材计数，又进行了数字教材计数。因此本研究又对电子教材和数字教材进行了合并检索，结果显示，涉及电子教材和数字教材主题的期刊论文有 670 篇，涉及电子教材和数字教材主题的硕、博士学位论文有 562 篇。

表 2-1　以电子教材和数字教材为主题的研究文献记录

文献类型	数量 / 篇	文献类型	数量 / 篇
电子教材期刊论文	418	数字教材期刊论文	285
电子教材硕士论文	480	数字教材硕士论文	77
电子教材博士论文	23	数字教材博士论文	7

考察电子教材的研究，笔者发现研究于 1998—2009 年呈缓慢发展趋势，文献数量维持在 11 篇以内；2010—2015 年呈现快速增长趋势，于 2013—2014 年达到顶峰，文献数量高达 110 篇左右；2015—2022 年呈现明显下降趋势，文献数量降至 50 篇以内。

如图 2-4 所示，数字教材研究起步于 2000 年前后，2000—2010 年为萌芽起步阶段，数字教材的文献数量为 2 篇左右，长时间保持低位。2011—

2014 年数字教材研究开始增长，2014 年出现第一个小高峰，文献数量达到
40 篇左右。可能的原因是 2010 年的《新闻出版总署关于加快我国数字出版
产业发展的若干意见》和 2012 年的《教育信息化十年发展规划（2011—2020
年)》等政策文件大大促进了教育信息化和数字出版的发展。另外，2013 年教
育部办公厅印发的《2013 年教育信息化工作要点》第一次对 "数字教材" 的研
发做了明确的规定，进一步激发教材编写和出版机构进行数字教材的研发。
2015—2021 年数字教材研究在短暂的冷静期后再次攀升，2021 年出现了第二
个小高峰，文献数量达到 59 篇。可能的原因是 2017 年教育部教材局、国家
教材委员会成立；2018 年国家有关数字教材系列措施的出台，例如人教社第
三代数字教材发行、人教数字教育研究院学术委员会的成立、部分省市数字
教材规模化应用等；2020 年教育部印发《中小学教材管理办法》等。从整体
来看，我国数字教材研究呈稳定的上升趋势，并向纵深推进。

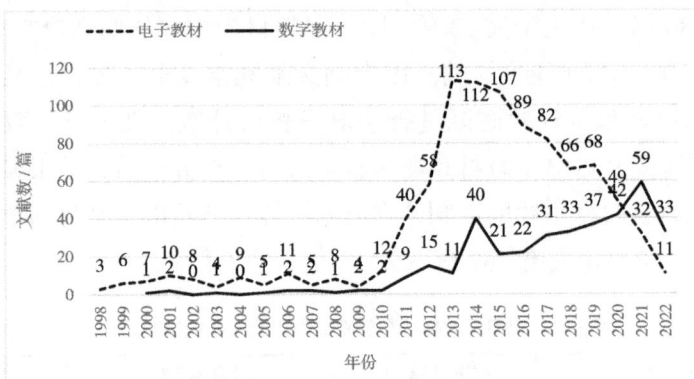

图 2-4　国内电子教材和数字教材研究总体趋势分析

电子教材研究的主题词分布如图 2-5 所示，"电子书包" 的文献数量占绝
对优势。从电子教材的概念来看，"电子教材" 的概念使用频率高于 "电子课
本" 和 "电子教科书"。"数字教材" 和 "数字化学习" 也出现在电子教材研究
的主题词内，说明电子教材和数字教材之间是一脉相承的发展关系。从电子
教材的学段看，国内对电子教材的研究主要集中在 "中小学"，中小学教育是
民族立足之本，大力发展中小学基础教育是重中之重，这在电子教材的研究
领域也得到体现。另外，由于中小学教材市场规模相对较大，使用的学生较
多，值得各教育出版集团投入人力物力进行开发应用。从电子教材的教学来

看，关于教学的主题词有四个："教学模式""教学改革""智慧课堂""翻转课堂"，关于学习的主题词有两个："智慧学习环境"和"数字化学习"，这说明电子教材研究更关注教师教学。最后，以"教育信息化"为主题词的文献数量排第七，电子教材是在教育信息化的大背景下发展起来的，同时又是实现教育信息化的途径之一。

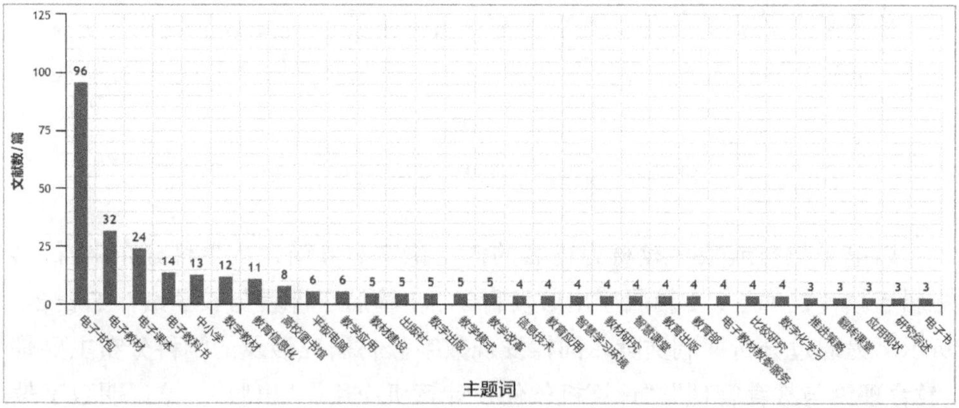

图 2-5　国内电子教材研究的主题词分布

关于数字教材研究的主题词分布，如图 2-6 所示，从数字教材的概念来看，"数字教材"的文献数量最多，其次为"数字教科书"，此外还出现了"数字化教材""中小学数字教材""电子课本""新形态教材"等概念。其中"纸质教材"位居第十一，说明数字教材的研究应用与纸质教材关系紧密。从数字教材的学段来看，"中小学"和"中小学数字教材"的文献数量远高于"高校教材"，说明对数字教材的研究主要集中在中小学阶段。从数字教材研究的主题词来看，目前我国数字教材研究主要集中在出版、建设、转型三个方面，例如出版方面涉及"教材出版""数字出版""教育出版""数字化出版""出版转型""数字教育出版"和"出版融合"，建设方面涉及"教材建设""教材编辑""教材编写""数字教科书研制"和"教材编制"，转型方面涉及"数字化转型"和"出版转型"。数字教材也开始探索推广与应用，例如"技术接受度"，可见数字教材仍处于建设阶段。最后，"外语教材"反映了数字教材在英语学科中的优势应用。总体来说，数字教材研究仍处于起步阶段，推广、应用、评估等多元化研究仍比较缺乏。

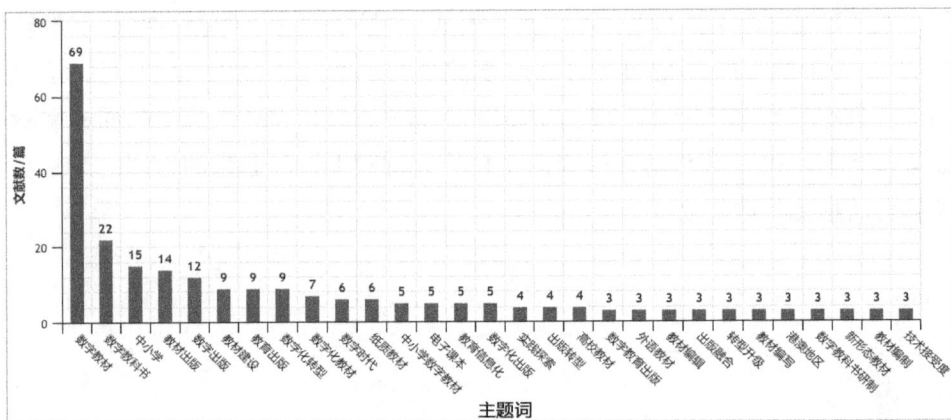

图 2-6　国内数字教材研究的主题词分布

　　以电子教材或数字教材为篇名的博士论文有 6 篇，从学科分布来看，4篇属于教育技术学，1 篇属于出版发行学，1 篇属于课程与教学论，如表 2-2所示。另通过分析期刊文献，同样发现数字教材研究涉及的学科分布主要是"教育理论与教育管理""计算机软件及计算机应用""出版"。这说明数字教材的研究仍以技术为主，而将技术融入教学教育的研究还有待加强。

表 2-2　国内研究电子教材或数字教材的博士论文

年份	论文题目	作者	单位
2012	教育资源云服务本体与技术规范研究——以电子书包资源服务技术规范的构建为例	杨志和	华东师范大学
2013	电子课本模型构建与技术验证	傅伟	华东师范大学
2014	重新定义教科书——数字教科书研究	赵志明	湖南师范大学
2016	基于电子书包的小学数学智慧课堂构建方法及支撑工具研究	李祎	东北师范大学
2017	电子书包环境下中小学生的数字化学习力研究	管珏琪	华东师范大学
2019	基于认知负荷理论的数字教材内容组织研究	王钰	武汉大学

　　从电子教材和数字教材的综述研究来看，王佑镁、陈慧斌（2014）以中国知网数据库 2003—2013 年收录的 292 篇有关电子书包的学术论文为研究对象，采用可视化知识图谱描绘近 10 年我国电子书包领域的研究现状和发展趋势。电子书包研究主要聚焦 5 类主题：第一类涉及电子书包的利益相关者系统，包括教科书、媒体、中小学生、学生家长 4 个关键词；第二类涉及电子书包的技术开发，包括新闻出版、终端产品、中小学校、电子产品、

软件、电子阅读器、电子课本 7 个关键词；第三类涉及电子书包的应用与试点，包括电子教材、教学资源、数字化、平板电脑、学生学习、学生、中小学、上海市、虹口区、电子书、书包、教学方式、笔记本电脑、移动终端、学校、家长 16 个关键词；第四类涉及电子书包的支撑产业，包括出版集团、教育出版社、英特尔、教育信息化、教育现代化、信息技术 6 个关键词；第五类涉及电子书包的应用环境与模式，包括对学生学习和教师课堂教学进行研究，并对电子书包的未来发展做出展望，包括学习环境、阅读器、课堂教学、终端设备、数字化学习、一对一、教师、学习方式、电子书包、发展 10 个关键词。

将研究热点进行整合后，可以得出五大研究领域。领域一：多个领域利益相关者中的电子书包角色研究；领域二：电子书包的技术支持研究和标准研制；领域三：电子书包的发展现状和推广研究；领域四：电子书包的产业链研究；领域五：电子书包的应用模式研究和资源建设模式。钟岑岑、余宏亮（2021）以中国知网数据库、中国国家图书馆文津搜索系统 2001—2020 年发表的近 600 篇中小学数字教材（包括电子教材）文献为研究对象，将我国 20 年来中小学数字教材研究的发展历程分为三个阶段：2001—2009 年萌芽起步阶段，2010—2016 年迅速发展阶段，2017—2020 年回归冷静阶段，并将我国中小学数字教材研究的特点概括为：研究视角和方法趋于多样，研究范围和主题不断扩展，研究力量相对稳定且集中。

通过以上梳理比较发现，从文献数量来看，电子教材研究的文献数量丰富，数字教材研究的文献数量略少。从研究总体趋势来看，电子教材研究始于 1998 年，从 2015 年起呈明显下降趋势；而数字教材研究始于 2000 年，从 2014 年后呈明显上升趋势。电子教材和数字教材研究存在长期重合，两者一定程度上存在概念互用。从主题词分布来看，两者都关注"中小学""纸质教材""教材建设""数字化学习"等主题词。两者也有各自的特点，电子教材研究的主题词更多元化一点，对电子教材的建设出版、推进策略、教学应用、比较研究、应用现状均有研究；数字教材研究的主题词更集中一点，目前主要集中在出版转型、教材建设等方面，研究者所属机构主要集中在出版单位和师范院校两类主体。

二、韩国数字教材的研究概况

韩国数字教材研究概述同样包括电子教材和数字教材，采用 Web of Science 科研数据库平台中的韩国期刊数据库（KCI-Korean Journal Database）[①] 作为基础数据源，以主题词 "digital textbook(s)" "digitalized textbook(s)" "e-textbook(s)" "electronic textbook(s)" "e-schoolbag(s)" "electronic schoolbag(s)" 进行检索。检索时间跨度为 "所有年份（1980—2022）"，数据下载日期为 2022 年 8 月 10 日。从文献语种来看，有韩语文献 604 篇，英语文献 36 篇，德语文献 1 篇，基本能说明这些文献反映的是韩国的数字教材研究现状。从文献数量来看，数字教材研究的文献数量为 401 篇，电子教材研究的文献数量为 93 篇，经过去重处理后，电子教材和数字教材研究共得到文献 469 篇。与中国数字教材研究不同的是，韩国数字教材研究的文献数量远多于电子教材研究的文献数量，数字教材研究一直保持较蓬勃发展的态势，而电子教材研究始终只有零星数量。原因在于韩国政府自 2007 年起将电子教材正式更名为数字教材，文献开始使用数字教材的名称。从文献统计结果来看，最早的数字教材文献出现在 2007 年，也与此相互印证。

从研究总体趋势来看，2002—2007 年是以电子教材为名称进行的探索时期。2007 年出现了最早的数字教材研究文献。2007—2009 年为数字教材研究的萌芽起步阶段。2007 年韩国将电子教材更名为数字教材，同年韩国宣布实施中长期 "数字教材商业化推广计划"，数字教材研究逐渐进入视野。2010—2013 年为韩国数字教材研究的迅速发展阶段。2010 年，韩国教育部宣布数字教材改进计划，2011 年发布《促进智慧教育的行动计划（2011—2015）》，更多的数字教材政策推动了韩国数字教材研究的发展。2014—2015 年为韩国数字教材研究的冷静回归阶段。2013 年数字教材研究达到一个最高峰，之后呈现下降趋势。这可能与韩国 2013 年数字教材政策调整有关。2013 年，时任政府明确继承先前政府对数字教材计划的关注点，但决定放慢开发和应用数字教材的步伐，主张更彻底的审查（Joo et al., 2014：5）。2016—2022 年为韩国数字教材研究的稳定发展阶段。2016 年韩国教育部公布 "基于 2015 年修订课程方案的国家指定/授权中小学数字教材分类（提案）"，制订开发和应

---

① KCI 数据库（1980 至今）由韩国国家研究基金会 (National Research Foundation of Korea) 管理，包含了在韩国出版的学术文献的题录信息；收录近 2 丁种韩国学术期刊，可用英文或韩文进行检索。

用数字教材新计划，数字教材研究在冷静之后得到了更为理性的发展。研究总体趋势如图 2-7 所示。

图 2-7　韩国电子教材和数字教材研究总体趋势

从研究方向来看，电子教材的前六个研究方向为教育教学研究（43），文学（8）、生理学（8）、艺术人文及其他（7）、计算机科学（5）、社会科学及其他（5）。数字教材的前七个研究方向为教育（225）、韩国语言文学（28）、跨学科研究（18）、计算机科学（17）、设计（14）、通用艺术（8）、英语语言文学（8）。数字教材研究方向更多涉及教育、语言学科与跨学科。

Lee 和 Chang（2015）对韩国 2000—2013 年的数字教材研究进行元分析指出，自 2000 年以来，数字教材研究范围不断扩大；2007 年起，数字教材研究数量开始增加。在所有的主题词中，"数字教材的教育与预测"是一个高频词。此外，"用户需求分析"和"适用于特殊教育"这两个主题词也得到了极大关注。研究比例最高的是"效果分析"，其次是"教材发展战略"。研究主要集中在性能导向上，主要研究对象是学生群体用户，其次是教科书内容评估和基于 PC 的内容组件。

Chae 和 Hwan（2018）以韩国 RISS 数据库[①]为基础数据，对韩国 1998—2017 年的 411 项数字教材研究进行研究趋势分析和网络文本分析，结果显

————————
[①]　RISS 数据库由隶属于韩国教育部的政府机构——韩国教育学术信息院 KERIS 运营服务，收录了硕博士学位论文、韩国及海外学术期刊论文、图书、公开讲义、研究报告等资料，是目前韩国国内信息量最大的文献信息数据库。

示：（1）研究数量不断增加，然而最近有所减少。（2）理论研究占比 59.9%，实证研究占比 40.1%。（3）研究对象从学习者、教师拓展至家长，其中小学占比 22.6%，中学 5.6%，高中 1.9%，大学 2.7%，教师 8.8%，家长 0.5%，未明确对象和其他等占 57.9%。研究科目范围也从主干科目扩大到其他科目。（4）在初始阶段，研究课题侧重于设计、开发和原则问题；在现阶段，大部分研究都集中在媒体的有效性上。（5）从研究主题词来看，设计研究占 48.7%，应用研究 9.0%，开发案例 14.6%，效果研究 27.7%。网络文本分析的结果显示：（1）第一阶段 1998—2005 年，文献占比 2.2%，多数研究关注技术问题。（2）第二阶段 2006—2009 年，文献占比 12.7%，研究问题从技术转移到了实施和战略。（3）第三阶段 2010—2013 年，文献占比 45.5%，研究关键词是"教育""智慧"和"内容"。（4）第四阶段 2014—2017 年，文献占比 39.7%，研究关注与教学、学习、设计和功能等相关的"改进"。

三、国际数字教材的研究概况

国际数字教材研究概况同样包括电子教材和数字教材，采用 Web of Science 科研数据库平台作为基础数据源，以主题词进行检索，主题词包括"digital textbook(s)""digitalized textbook(s)""e-textbook(s)""electronic textbook(s)""e-schoolbag(s)""electronic schoolbag(s)"。检索时间跨度为"所有年份（2005—2022）"，数据下载日期为 2022 年 8 月 10 日，资源类型选择"Web of Science 核心合集"。共检索到文献 157 篇，其中期刊论文 148 篇。

其中电子教材为主题词的文献有 117 篇，数字教材为主题词的文献有 46 篇。文献数量不大，一是因为检索的数据库仅为"Web of Science 核心合集"；二是检索日期只能从 2005 年开始；三是部分国家并没有统一的或者严格意义上的教材，仅使用电子资源或数字资源，相应地使用电子教材或数字教材概念的研究较少，但电子资源和数字资源不属于本研究范围，因此文献检索没有纳入。

Web of Science 数据库核心合集的检索时间最早可到 2005 年。从 2005 年起，电子教材研究一直保持稳定趋势。数字教材研究文献始于 2008 年，虽然文献量不多，但整体呈现上升趋势，如图 2-8 所示。

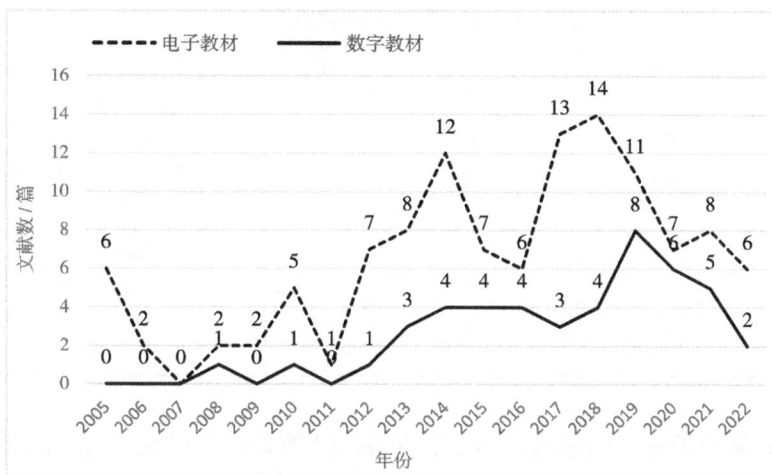

图 2-8　国际电子教材和数字教材研究总体趋势

　　从外文文献的地区分布来看，电子教材研究的文献来自 30 个国家，美国高居榜首，中国排第二，英国排第三，文献数量前十的国家如表 2-3 所示。

表 2-3　国际电子教材研究的地区分布

序号	国家	篇数	序号	国家	篇数
1	美国	52	6	德国	4
2	中国	27	7	荷兰	4
3	英国	6	8	西班牙	4
4	加拿大	4	9	爱沙尼亚	3
5	法国	4	10	伊朗	3

　　数字教材研究的文献来自 15 个国家，其中依然是美国最多，韩国第二，以绝对优势领先；德国、瑞典、中国、日本也对数字教材进行了较为积极的探索，如表 2-4 所示。部分文献由不同国家的多名作者撰写，所以国家数量多于文献数量。这些数据在一定的程度上反映出越来越多的国家和地区开始进行数字教材的研究与实践。

表2-4　国际数字教材研究的国家分布

序号	国家	篇数	序号	国家	篇数
1	美国	24	9	意大利	1
2	韩国	10	10	挪威	1
3	德国	3	11	葡萄牙	1
4	瑞典	3	12	塞尔维亚	1
5	中国	2	13	斯洛文尼亚	1
6	日本	2	14	南非	1
7	法国	1	15	土耳其	1
8	以色列	1			

从文献的研究方向来看，前五位分别是"教育教学研究""信息科学图书馆学""计算机科学""心理学""工程学"。"教育教学研究"主要探讨数字教材支持学生学习、教师技术接受度、教育数据挖掘、教材功能特征开发等方面；"信息科学图书馆学"探讨图书馆对富含媒体数字资源的建设以及在推广图书馆数字资源和数字教材过程中的潜在角色；"计算机科学"探讨数字教材的技术应用方面；"心理学"主要从技术接受模型视角探讨学习的持续意图、学习行为、学习态度、学习满意度等，使用眼动仪探讨文本处理和交互处理等心理过程；"工程学"主要探讨技术支持学习系统、交互式学习环境、增强现实等，减轻数字教材带来的认知负荷和对身体健康的影响以及视障学生的数字学习可访问性等。

通过比较研究发现，中国、韩国、其他国家或地区在数字教材研究方面既有共性又有各自的特征。相较于电子教材研究，数字教材研究起步较晚，但整体呈现上升趋势。中国数字教材的研究与实践取得了一定的成果，但整体仍处于起步阶段；较多研究关注宏观理论层面，以理论介绍、内涵解读、研究综述居多；数字教材在课堂中的应用、对教师教学和学生学习支持等研究不多；研究方法相对偏向于理论思辨。在韩国，一部分是政府部门主导的、为推进数字教材所进行的多维研究，另一部分是研究者个人所做的探索研究，例如教师在教学过程中应用数字教材、数字教材对学生学习成绩的影响、研究者对数字教材的设计开发等研究。在研究方法中，实证研究法占有一定的比例。而其他国家的数字教材研究，更多地从资源的角度来进行，研究视域也更为宽广。

第三节　数字教材的编制研究

数字教材的编辑制作，指在教材编制原则指导下，依据课程标准和技术标准进行内容和功能设计、素材准备、合成与封装、内容审查、内容修改等创作过程。不同发展阶段的数字教材体现不同的编制理念，拥有不同的编制水平。不同研究者通过理论思辨提出数字教材的编制原则，通过调查研究进行数字教材内容与功能的需求分析。

一、数字教材的发展阶段

随着技术的进步，数字教材的编制水平不断提高，媒体资源不断丰富，交互式教学功能不断增强。一些研究者依据技术应用水平和教材数字化程度对数字教材进行阶段划分，不同阶段呈现出不同的编制水平。

胡畔等（2014）将数字教材的发展阶段分为静态媒体数字教材、多媒体数字教材和富媒体数字教材三个阶段。（1）静态媒体数字教材是随着个人电脑的出现而发展的初级形式，以个人电脑作为主要的硬件载体，以文本、图形、图像等无交互特性的静态媒体作为主要的内容形式，强调纸质教材内容的数字化还原。媒体形式简单、缺乏交互性。与纸质教材相比，静态媒体数字教材在知识呈现、使用体验等方面并无明显优势。（2）多媒体数字教材基于互联网与多媒体技术开发，在静态媒体数字教材的基础上增加了视频、动画、音频、文字、图片等配套资源，并根据教学需求将媒体资源进行整合，体现了媒体资源的动态性和整合性，已不再是纸质教材的简单搬用。多媒体数字教材是国内目前实际发行和使用范围最大的一类数字教材（数字教材与电子书包发展研究项目组，2017：35）。（3）富媒体数字教材是在多媒体数字教材的基础上发展起来的，不仅具有多媒体数字教材丰富的媒体表现形式，例如，图片、音频、视频和动画等，更重要的是具有丰富多样的用户界面呈现、深度的用户交互、动态驱动及实时响应、便捷的部署、融合桌面应用与网络应用等特征。傅伟（2011：96）认为，富媒体与多媒体的区别在于，富媒体注重用户的交互体验和实时响应，而多媒体注重多种媒体形式和线性选择。由于强大的媒体表现能力和交互特性，富媒体数字教材在创设真实教学情景、支持课堂互动教学、促进自主学习、提高教学效果方面具有极大的优势。

杨德军（2016）将北京市数字教材分为三种类型：按规范进行数字化转档的转换型数字教材、通过多媒体资源提升教学效率的媒体型数字教材、强调人机交互的交互型数字教材。

《上海市中小学数字教材实验项目》将数字教材的发展阶段分为基础型数字教材、增强型数字教材、原生型数字教材三个阶段（徐淀芳等，2016）。（1）基础型数字教材，指将传统纸质教材内容进行原版原貌地数字化后形成的数字教材形态。（2）增强型数字教材，指添加富媒体内容，例如图片、文字、音视频和动画等，并通过对媒体内容的细粒度解析和深度标引，实现基础交互性的数字教材形态。（3）原生型数字教材，指专门针对信息化学习环境而开发的、关注用户体验与参与度、没有对应纸质教材的数字教材形态。原生型数字教材需要针对智能终端以及人机交互进行重新创作，是数字教材未来的发展趋势，也是"互联网＋教育"发展的必由之路。

韩国在数字教材的开发过程中将数字教材的编制形式分为固定内容的数字教材、转换内容的数字教材、优化内容的数字教材、现实数字教材四种。（1）固定内容的数字教材（Fixed Content Digital Textbook），指遵循印刷教材的固定文本和图像，在准确传达印刷教材含义的前提下，为提高阅读性改变了教材的编排的教材。（2）转换内容的数字教材（Transformative Content Digital Textbook），指遵循印刷教材的文本和图像，自由转换教材组件的教材。（3）优化内容的数字教材（Optimized Content for Digital Textbook），指在保留当前政府制定的教材组件之外，增加优化内容，例如多媒体材料、教学资源、信息通信技术工具等（KERIS，2016c：163）的教材。（4）现实数字教材（Realistic Digital Textbook），指依据2015年修订课程开发，融入虚拟现实（VR）、增强现实（AR）和操纵性交互等新数字技术，以增加学习沉浸感，带给学生在现实生活中难以体验的学习体验的教材（KERIS，2018：73）。

赵志明（2014：52）认为数字教材的发展将经历纸质教材"数字化"、数字化实验教材和国家标准数字教材三个阶段，最后实现完全"个人定义"数字教材形态，即教材教者和学者、生产者和使用者的界限都被打破，使用者可以是生产者，学者可以是教者。

一些研究者依据师生对教材创作权限进行阶段划分，不同类型代表不同的编制理念。Gueudet 等（2018：541）将数字教材分为三类。（1）集成型数字教材（Integrative e-textbook），指采用附加模型，传统纸质教材的数字版本与其他学习对象连通而形成的教材；（2）发展型数字教材（Evolving or Living e-textbook），指采用累积/发展模型，数字教材在核心成员（例如教师、IT 专家）的撰写下编制而成，在教师或其他执业成员的输入下不断发展形成的教材；（3）交互型数字教材（Interactive e-textbook），指采用工具包模型，由一组学习对象组成，例如链接和组合的任务和交互（图和工具），仅用作交互式教材的数字教材。

不同研究者对数字教材的发展阶段进行了不同的划分，虽然在各个阶段使用不同的名称，但整体上呈现出一定的共性，即数字教材的发展都经历从早期的纸质教材原版原式复制，到保持纸质教材教学内容的基础上添加多媒体资源，再到交互性、富媒体资源深度融合等阶段；从依据纸质教材课程标准编制教材，到依据数字教材课程标准和技术标准编制数字教材的阶段；从由教材编制者统一编制教材，到师生依据数字教材框架自定义教材内容的阶段。

二、数字教材的编制原则与标准

数字教材的编制原则为数字教材编制提供理论指导。总结国内外数字教材的编制经验，找出共性规律，创建数字教材编制理论，用以指导数字教材的编制实践，是提高数字教材质量的关键。

部分研究为数字教材编制提出了整体性原则，涉及数字教材编制的多个方面，例如内容、交互、技术等。孙众和骆力明（2013）在回顾数字教材的发展历程及国内外已有研究的基础上，提出数字教材设计与开发的"三层次五要素"。"三层次"指内容层、交流层和生成层；"五要素"是指与学习目标聚焦度高且可智能推送的学习资源、符合学科特色且实现离线使用和在线更新的学科工具、与资源实现多对多关联的学习活动、支持人际交往的社会认知网络、实现按需生成的个性化教材。人教社在开发第二代"人教数字教材"时提出富媒体数字教材的四个设计原则：以课程标准为依据、以纸质教科书为蓝本、基于适用技术、标准化（康合太、沙沙，2014）。乐进军（2017）指出设计电子教材时应注重系统性原则、教育性原则、科学性原则、简便性原则、定制性原则、前瞻性原则。《河南省中小学数字教材建设规范（试行）》（2019）从课程内容、结构设计、学科内容、界面设计、技术实现、素材技术六个方面为数字教材的建设规范提出具体要求。张治等（2021）依据文献研究法、实证研究法、软件工程法对智能型数字教材提出的核心概念包括知识结构图谱化、资源组织系统化、学习数据可视化、学习管理智能化4个维度。

Railean（2015：141）提出数字教材编制的五条交叉原则：心理学角度的清晰原则（principle of clarity）、教育学角度的动态原则和灵活性原则（principles of dynamics and flexibility）、知识管理角度的人体工程学原则（principles of ergonomics）、控制论角度的反馈原则（principles of feedback）、全球化认识论角度的自我调节原则和个性化原则（principles of self-regulation and personalization）。

也有一些研究者对数字教材的具体方面提出编制原则，例如课程内容与技术融合方面。康合太和沙沙（2014）认为数字教材编制应注意三个方面：课程内容与技术的融合、课程目标与技术的融合和课程结构与技术的融合。数字教材运用信息技术改变内容的呈现方式，支持课程目标的实现，以最优综合结构、最优知识结构和最优认知结构展现内容编排。

除了内容属性外，数字教材的另一个重要属性是技术。相关研究尝试为数字教材制定技术原则和技术标准。由英国联合信息系统委员会（Joint Information Systems Committee，JISC）资助的电子教材屏幕界面研究（Electronic Books ON-screen Interface，EBONI）为数字教材编制提供了17条屏幕设计准则和5条硬件设计准则（Wilson & Landoni，2002），其中屏幕设计准则对封面、目录、索引、检索工具、外部链接、超文本导航及交叉引用、印刷、页面、内容线索、位置线索、可读字体、颜色式样、文本项目、非文本项目、多媒体交互元素、书签注释功能、自定义等方面提供了55条具体原则。Lim等（2012）通过学生调查、日志文件和专家启发式评估，以自我指导、学习者控制和学习者活动理论为指导，提出数字教材用户界面的设计应考虑可学习性、有效性、效率和满意度四个方面。这四个方面又分为九条原则，其中"可学习性"分为符合用户期望和一致性两条原则，"效率"分为操作便利和通过屏幕设计将记忆负载最小化两条原则，"有效性"分为错误预防、建议帮助信息以及反馈三条原则，"满意度"分为美学设计和用户控制两条原则。Sulaiman 和 Mustafa（2020）通过对 Scopus 和 Web of Science 数据库中 213 篇期刊文章的 17 项相关研究进行系统评价和元分析的首选报告项目（Preferred Reporting Items for Systematic Reviews and Meta-Analysis，PRISMA）分析，总结出在以往研究中频率和百分比较高的 15 个数字教材可用性属性，并在此基础上提出数字教材界面设计需要考虑的 5 个可用性属性：有效性、效率高、满意度、可学性、可及性。可用性对数字教材的质量有着重要的影响，数字教材的编制出版者应该关注这些主要的可用性属性。

目前教材编制原则基本上都是通用原则，专门针对英语学科的编制原则很少。韩国教育课程评价院（Korea Institute Curriculum and Evaluation，KICE）在参考特殊技术应用中心（Center for Applied Special Technology，CAST）（2008）的学习通用设计原则（Universal Design for Learning，UDL）的基础上提出英语数字教材设计的三条原则：信息呈现方式的多样化原则、学习行为和表达方式的多样化原则、参与方式多样化原则。信息呈现方式的多样化原则指为学生提供多种信息呈现方式、多种语言选择、多种概念表征形式；学习行为和表达方式的多样化原则指为学生提供多种行为活动、表达交流方式和执行功能的选择；参与方式多样化原则指提供各种策略措施、学习材料以及界面功能，以增强学生的动机、情感、兴趣和自主学习能力（Joo et al.，2014）。

三、数字教材的功能需求

需求分析可以帮助教材编制者了解现实与需求之间的差距，从教学和技术方面为教材编制提供清晰的行动方向。需求分析从收集信息开始，例如师生观点、课堂教学中遇到的实际问题等。

部分研究从教师的角度出发，了解教师对数字教材的功能需求，部分研究显示教师比较关注数字教材提供的资源和题库。江丰光等（2013）通过对深圳市龙岗区 4 所学校参与电子书包实践课题的 28 名教师的调查发现，教师对测评中心和课后模块满意度最高，例如，测评中心能让教师在线分析学生的知识掌握情况、创建和发布作业，课后模块可以节省教师作业批改时间，帮助统计学生作答结果，体现了教师对支持课后学生自主学习功能的需求。彭雪庄（2018）通过网络问卷，对广东省各地区 590 所中小学的教师、学生和信息化主管进行了教学主体应用需求等方面的调查。该调查显示，教师对数字教材功能的需求中，"题库和资源平台支持（4.61 分）"得分最高。另外教师也很关注"本身嵌入多媒体资源（4.55 分）""可增加个性化教学资源（4.52 分）""添加个性化笔记并分享（4.44 分）"等功能。

　　部分教师认为，数字教材提供的内容重排和及时反馈等教学功能非常重要。吴永和、雷云鹤和马晓玲（2013）通过对上海虹口区中小学教师的调研发现，就电子课本的重要功能而言，95.7% 的教师认为教师能重新编排电子课本中的内容最重要，92.9% 的教师认为超链接、记录学习者动态学习路径等功能很重要。另外，电子课本中的其他功能也很重要，例如自动检查练习情况、虚拟实验环境、动态管理学习记录、符合人体工程的操作体验等。2014 年 9 月，美国研究院（American Institutes for Research，AIR）对洛杉矶联合学区（Los Angeles Unified School District，LAUSD）为期五年的通用核心技术项目（Common Core Technology Project，CCTP）进行的第一年外部评估显示，教师使用中最有前途的技术实践有：（1）学生作业提交、评分和即时反馈的技术；（2）加强与学生沟通的技术（例如针对学生问题的课堂聊天功能，随时随地与学生沟通的功能）；（3）由教师安排并推送到学生设备的带有数字工具（例如电影、问题集）的互动课程内容，结合形成性评估以实时检查学生的理解；（4）录课功能，供缺课学生学习或复习使用（Margolin et al.，2014：33）。Lin 等（2015）通过电子教材使用需求感量表，对 378 名中小学教师进行了问卷调查，其结果显示教师对电子教材的需求包括三个方面：支持教学活动、支持阅读和演示、支持学习活动和家长互动。

　　学生是数字教材使用的最大群体，数字教材对学生功能需求的满足是决定数字教材质量的关键因素，因此许多研究对学生对数字教材功能的需求进行了调查。Baek 和 Monaghan（2013）对加利福尼亚州五所州立大学数字教材试点项目的 662 名学生进行问卷调查显示，学生最喜欢的数字教材特征有：价格、阅读的可访问性 / 可用性、轻量级、关键字搜索功能、易用性、高亮功能和笔记功能。2014 年 9 月，美国研究院对洛杉矶联合学区的通用核心技术项目进行的第一年外部评估显示，学生使用中最有前途的技术实践有：（1）开发创新产品和构建知识的技术，例如使用电影、动画、故事写作、绘图等技术支持基于项目的学习;(2)增强沟通与协作的技术,例如与教师进行电子邮件交流、发布博客、同行合作;(3)自适应学习技术;(4)扩展至课堂以外学习的技术,例如虚拟实地考察:学生可以眼看世界并与世界各地的人交谈(Margolin et al.,2014:33)。Öngöz 和 Mollamehmetoğlu(2017)对 257 名中学生开展了一项历时 18 周的数字教材首选设计特征调查研究。该调查的结果显示,学生认为应该有一个做笔记和保存笔记的工具(88.7%),数字教材和用户之间应该有高水平的交互(87.9%),用户应该能够打印页面(81.3%),单词必须与图像一起显示(80.5%),每个页面都应该可以访问词汇表(77.8%),应该提供"简单搜索"和"高级搜索"选项(78.6%),链接到互联网网站(55.3%)等。乐进军(2017)对京版电子教材应用调研显示,在"希望电子教材尽量与纸质教材版本一致"的方面,49.59% 的学生认为"很符合",24.79% 的学生认为"符合",20.66% 的学生认为"一般";在"希望电子教材里有更多游戏化学习内容"方面,33.88% 的学生认为"很符合",23.97% 的学生认为"符合",29.75% 的学生认为"一般"。彭雪庄(2018)通过网络问卷,对广东省各地区 590 所中小学的教师、学生和信息化主管进行的调研显示,学生群体对数字教材功能需求中,"能做笔记和标注并能够与同学分享"得分最高(得分 4.37 分,总分 5 分);其他功能需求有:"有教师添加的个性化教学资源(4.36 分)""有图片、音视频、课文朗读等丰富的学习资源(4.22 分)""能在电脑、平板和手机上打开(4.14 分)""支持学生在学习过程中打开虚拟实验室、思维导图等学习工具(4.09 分)","与纸质教材的页面和内容一致(4.01 分)"。总体上,国内学生对数字教材的笔记功能及与教材的交互需求较高,而国外的学生对数字教材的成本以及技术深度应用需求较高。

龚朝花等(2012)采取深度访谈法和问卷调查法了解我国中小学教师、学生对电子教材的功能需求,结果显示功能需求最高的是"访问电子教材的网络途径应该安全有保障(63%)";师生和家长也非常重视"内容可及时更新(62%)"和"支持多媒体形式(61%)"两项功能;其他功能需求包括:使用依赖足够的宽带支持(51%)、支持学生作业管理(49%)、客观作业课实现实时自动反馈(48%)、满足使用者在课文中随时做笔记(48%)、阅读设备应即开即用(46%)、阅读设备可与其他设备同步(44%)、内容在任何时候不可被任意篡改(35%)、具有一种与纸质教材相同的呈现形态(34%)。袁华莉等（2020）通过对全国近 2 万名师生的调查发现，教师对数字教材的主要需求是"丰富的资源和素材"以及"多样化内容组织形式"；学生对数字教材的内容和交互同等需求，小学生最期望的功能是"进行学习分析和推送学习内容"和"能做笔记和标注"，中学生最期望的功能是"有图片、视频等丰富的资源""能打开学习工具"和"能做笔记和标注"。

另外，研究者也通过调查来了解目前数字教材使用过程中存在的一些实际问题。例如 Karsenti 和 Fievez（2013）通过对加拿大魁北克 6057 名学生和 302 名教师进行在线调查、半结构访谈和课堂录像观察发现，iPad 上的数字教材的功能有限，而且必须联网使用。Baek 和 Monaghan（2013）对加利福尼亚州五所州立大学数字教材试点项目的 662 名学生进行的问卷调查显示，学生最不喜欢数字教材的特征有：可读性低（与眼睛疲劳和计算机阅读有关）（25%）、可访问性有限（24%）、下载缓慢（17%）、转售价值缺乏（15%）、突出显示和记笔记功能有限（12%）、下载有限（6%）、购买过程繁琐（6%）。江丰光、郑娟和贺平（2013）通过对深圳市龙岗区 4 所学校参与电子书包实践课题的 28 名教师的调查发现，现有数字教材中题库中心的资源在丰富性和操作性方面不够完善，适应教材版本和知识点的资源不够。Koo（2018）指出，韩国数字教材的内容与现有纸质教材的内容没有太大区别，数字教材的定位模糊，多媒体资料和参考资料供量不足。王润和张增田（2018）认为，数字教材在实体形态、知识形态与经验形态等方面存在问题。石娟（2019）认为，数字教材的发展面临技术的无奈、知识的困局及主体的茫然等现实困境。

教师和学生从各自的角度对数字教材提出了不同的功能需求。学生更关注笔记工具和教师添加的个性化资源。一部分教师更关注题库和资料，一部分教师更关注内容重新编排的创作功能，不同的教师需求也反映了不同的教学理念。从国内外来看，国内师生更关注数学教材的教学功能，而国外师生对教材的价格及拓展功能提出了更多的要求。目前，虽然信息技术在教材编制领域得到高度重视，但技术与教材的融合还远远不够，数字教材与纸质教材的功能定位也不明确。

四、数字教材的编制比较

韩国教育课程评价院对韩国和美国正在使用的各学科数字教材进行了比较分析以开发英语数字教材原型（Joo et al., 2014）。2009 年的韩国实验数字教材中，英语数字教材供初中一年级实验学校使用。此时的数字教材与纸质教材页面布局不同，数字教材根据内容组件或语言功能对纸质教材的章节和单元进行划分。这种格式是早期电子出版物中英语教材经常采用的格式，不像真正的教材，更像是学习补充材料。从英语学科的语言属性出发，数字教材提供了许多语音、对话来支持听力、口语的学习。学生可以调节音视频的播放速度，进行限时阅读，进行单元测评并查看答案与解析，利用词汇学习功能进行单词学习或单词听写，还可以编制自己的单词列表等。2012 年开发商 FDesk 开发的韩国英语数字教材（原型）供初中三年级使用，可以在计算机和智能手机、iOS 系统和 Android 系统上使用，为韩国后来开发数字教材设定了技术标准。此英语数字教材保留了纸质教材的内容和结构，具有预览功能、跳转翻页功能，提供书签、文本搜索、备忘功能，具有书写、下画线、保存选定部分的功能，提供视频、动画、多媒体等英语学习必备功能。但它没有内容搜索或超链接功能，没有录音功能，没有公告栏或讨论板等功能，对学生给出的正确答案没有提供任何奖励或确定，没有提供词典和词汇表等。2014 年使用的英语数字教材（原型），根据 2009 年修订的课程标准于 2013 年编制，供小学五年级和初中一年级使用。与同时期的英语数字教材一样，该数字教材提供各种多媒体组件（例如配音文件、视频剪辑、动画、图片等），还提供了除纸质教材以外的补充学习材料（例如活页练习题），并在每章结尾提供了与纸质版相同的评估项目，但不提供词汇表，也不提供字典，学生与学生之间交互功能很少。这本教材不同于以往数字教材的主要优点是可以将学生引导到一个学习社区，在那里学生可以自己上传和下载学习材料。在美国使用的语言类数字教材，例如由非营利机构 CK-12 提供的语言数字教材"常识作文"（Commonsense Composition）以及免费数字教材"Flexbooks"，提供在电脑上使用的 PDF 版、Kindle 上使用的 MOBI 版以及 Android 系统上使用的 EPUB 版。这些数字教材作为非盈利性数字教材，仅仅提供文字和图片，少有交互性特征。美国盈利性数字教材，例如苹果公司的文学类数字教材提供各种评价和问题；霍顿·米夫林·哈考特公司开发的供

9—12 年级学生使用的文学数字教材，以活动为导向进行编排，提供各种的问题供学生自写作答，但不收集学生的反馈数据，没有为学生和老师提供系统反馈，它的设计仅为教学提供便利。

Taizan 等（2012）对韩国和日本数字教材的功能（功能类型、功能特征、功能使用）和数字教材使用效果验证进行了比较研究。在数字教材的功能方面，日韩两国数字教材有六个相同的课堂教学功能：显示教材（showing textbook）、编辑功能（editing functions）、显示教学材料（showing teaching materials）、分享信息（sharing information）、学生支持（student support）、创作教材（authoring teaching materials）。除六个课堂教学功能之外，韩国数字教材另有三个独特的功能：档案袋（portfolio）、自学（self learning）、教师支持（teacher support），这三个功能主要服务于学生学习。韩国数字教材倾向于为学生提供多种表达和参与方式，例如师生交互、生生交互、学生与资源的交互，甚至师生课外交流。日本数字教材更关注课堂教学，仅有的一个独特功能"培训基础"（training basics）以及前面的五个功能都帮助教师进行课堂教学，另具有备课功能的"创作教材"支持教师使用数字教材中的图形和影片制作教材，意味着教师可以根据个人课程风格自定义数字教材中的资源，从而实现个性化教学。总之，日本的数字教材重点关注课堂教学，而韩国数字教材支持所有课业；日本数字教材可以依据教师教学风格保证课堂的多样化，而韩国数字教材的功能可确保所有教师都上相同或相似的课程。

Gueudet 等（2018）以连接主义（connectivity）为理论视角对法国两种类型的数字教材进行分析比较。基于连接主义理论开发出来的数字教材网络分析框架包括宏观和微观两个方面：（1）宏观层面的连接，指数字教材能够连接到数字教材以外的主题、用户、资源或工具，具有创建虚拟社区的潜力，可以将用户与用户（包括教师和学生）以及用户与设计师连接起来，还可以通过网络链接或平台把数字教材与其他资源进行交互。具体来说，包括数字教材的跨年级连接，与国家课程的连接、与其他学科的连接、与评估系统的连接、与下载文件或其他网站上资源的连接、与教师资源系统之间的连接、在教师集体工作方面的连接、老师与学生之间的连接、教师与数字教材编者之间的连接等。（2）微观层面的连接，指数字教材内部的连接，包括教材内部不同主题领域之间的连接、不同符号表示（例如文本、图形、静态和动态）之间的连接、不同软件之间的连接、不同概念之间的连接、解决同一问题的不同策略之间的连接、不同时刻使用特定概念的连接（例如螺旋式逐步深化一个概念，而不是在同一章中提出一个完整的概念）、学习内容与评价之间的连接、与不同学生的需求的连接等。分析比较的对象是在两种不同类型的数字教材中各选一个个案，第一个个案是 Sesamath 数字教材，属于集成型数字教材（Integrative e-textbook），第二个个案是 Barbazo 数字教材，属于发展型数字教材（Evolving or Living e-textbook）。结果显示，在宏观连接层面，在 Barbazo 数字教材中，教师或学生都无法更改初始数字教材，但能在数字教材中创建个人空间，包括该数字教材的选定部分和个人资源。在 Sesamath 数字教材中，教师可以下载数字教材的任何部分进行修改，然后将内容集成到自己的资源系统中，还可以在共享资源平台上创建自己的内容，并与学生、同事共享。与集成型数字教材相比，发展型数字教材可能会在用户资源系统和资源网络之间建立更多的连接。在微观连接层面，两类数字教材都提供了概念之间的连接。在与其他学科或不同方法之间的连接方面，Barbazo 数字教材更具优势。在与动态表征的连接方面，Sesamath 数字教材更胜一筹。研究者认为，两个个案数字教材之间的差异跟编者有关，Barbazo 数字教材的编制团队是学科专业的专家，因此更关注学科之间和方法之间的连接，而 Sesamath 数字教材的编制团队是信息通信技术专家，因此有能力在动态表征方面做得更好。

Roy 等（2018）对 2015—2018 年加拿大四个出版社 7—11 年级的 138 本电子教材进行了分析比较。这 138 本电子教材涉及语言艺术、数学、科学、宗教文化和社会学五个科目。观测点为电子教材中技术的附加值：超文本化（互文性、超文本性和超文本），多模态（视频、图片、动画）和互动（反馈、活动、模拟）。结果表明，138 本电子教材中，52% 是数字电子教材（digital e-textbooks）（包括测验、视频、动画、超链接等），48% 是数字化教材（digitize textbook）（纸质教材的 PDF 版）；数学和科学科目拥有最多数字资源，约占 70%；语言艺术科目的数字化程度较低，约占 30%。研究者进一步分析了 72 本数字电子教材，结果显示：（1）在超文本化方面，所有教材都有交互目录和书签，学生通过超链接进行导航。55% 提供内部链接，60% 提供外部链接，社会学、宗教文化和科学科目提供 70% 以上的外部链接。网站来源差别大，50.5% 的网站由政府支持（机构网站、博物馆、政府资助），另一半来自外部资源（个人网站、YouTube），44.0% 的外部链接具有可靠性，但大部分是不可靠的链接；（2）在多模态方面，63%的数字教材提供视频（原创和互联网），视频未在正文中介绍，仅在正文旁插入图标。共有2254个视频，其中1503个视频是出版商原创视频，751个视频来自互联网。数学、社会学和科学三个学科提供了动画，数学用户可以操纵对象或练习，科学用户可以查看演示；（3）在交互方面，尽管所有电子教科书平台都提供与内容的通用交互（交互式目录、注释等），但只有30%具有原创交互式测验。35本电子教材中出现交互式图像和活动，共发生973次。在大多数情况下，电子教材没有考虑将特定内容转换为数字形式，而只是专注于出版商可以访问的工具。

Kempe和Grönlund（2019）以信息系统工件理论（Information System Artifact Theory）为理论基础对2017年瑞典市场上五个品牌合作型数字教材（collaborative digital textbooks）的设计特征进行了分析和比较。指导分析和比较的假设是，数字教材提供的不同课程内容、学习活动和工具代表着不同的教学理念；数字教材的不同设计对师生的角色和能动性具有不同影响。通过从信息维度和社会维度对五种数字教材的分析比较，研究者归纳出三种类型的合作型数字教材。第一种类型，类似于传统纸质教材，内容的多模态表征方式、内容处理工具、交流工具都非常有限。第二种类型，所有的这些方面都很丰富，但仍主要依赖预制内容（pre-fabricated content）。第三种类型，采用一种激进的内容制作方法，完全由教师来制作和共享内容。三种不同的合作型数字教材对用户产生不同的作用和影响。第一种类型提供完整的内容和传统的教学，师生具有传统的角色，学生是知识的接受者。第二种类型提供了一个交互式数字环境，教师和学生共同建构学习环境，选择学习内容和工具方法。第三种类型给教师留有更多空间去创造内容和学习环境，将内容的设计、制作和质量控制留给了教师，因此对教师的要求也更高。研究者认为不同类型的合作型数字教材并不是规模上不同或者水平上的差异，而是编制理念不同或专注于不同的事物。

比较研究依据不同的理论视角，从不同的方面对数字教材进行比较研究，但最终的目的都是为编制更理想的数字教材提供实证支持。

第四节　数字教材的评估研究

教材评估指根据特定的标准或原则对教材的编制和实施进行评议和估量。教材评估对教材的编制、选择、使用和研究既具有理论指导意义，又有实际应用价值。同样的，数字教材在编制出来之后，也会根据一定的标准对数字教材进行教材选用评估、审查评估和研究评估。评价目的不同，评价指标体系及侧重点亦有不同。

一、数字教材的选用评估

数字教材的选用评估为学校和教师甄选最优质、最合适的教材提供准则。随着数字教材的出现，许多学校开始思考是否需要选用数字教材以及如何选用数字教材的问题。Tomlinson（2011）借鉴 Bates（1995）的 ACTIONS 模型为教师是否适合尝试新技术提供建议，即可访问性（access）、成本（cost）、教与学（teaching and learning）、交互性和用户友好性（interactivity and user-friendliness）、组织问题（organisational issues）、新颖性（novelty）、速度（speed）。香港特别行政区政府教育局课本委员会在 2016 年 6 月公布的《优质课本基本原则》基础上拟定了《电子教科书选书原则》，从内容、学与教、组织编排、语文、运用电子功能于学与教、技术及功能要求 6 个维度为学校和教师选用数字教材提供评估原则。

二、数字教材的审查评估

审查评估指教育部门为数字教材评估制定审查标准，对数字教材进行审查和质量把控。

中国台湾地区教育主管机构于 2014 年通过《数位学习教材认证指标及评定规准》与《数位学习课程认证指标及评定规准》（中国台湾地区将"数字学习"称为"数位学习"），对数位教材和数位课程进行规范和审查。《数位学习教材认证指标及评定规准》包括教材内容与架构、教材设计、辅助设计、媒体与界面设计 4 个规范，每个规范再分为必选指标和自选指标，共计 28 项指标。

韩国数字教材的标准体制是通过"内容标准"和"技术标准"的二元体制来进行的。作为数字教材标准体制的开发机构，韩国教育课程评价院负责内容标准，韩国教育学术信息院负责技术标准，使内容和技术各领域的质量得到提高。"内容标准"由开发方向、结构框架、内容组织与设计、技术标准等项目组成。"开发方向"以纸质教材为基础进行开发，"结构框架"指以纸质教材内容框架为基础，以附加内容为一般配置。"内容组织与设计"要求遵循具体学科特点并发挥数字教材特有的功能。"技术标准"由内容组成要素、查看功能、标准采纳、开发标准及指南组成。技术标准提供具体要求，例如，数字教材应保证残疾人和低年龄学生都能使用，应保证能在多种终端和操作系统中使用；应采用通用标准，使编制者能够轻松开发数字教材或轻松利用现有的创作工具；应采用适合开发或插入文本、多媒体元素、补充和深化材料、评估项目和词汇表等元素的格式；应可重复利用已开发的数字教材，以确保与智慧教育平台相互运用；应保证是可持续发展的、技术支持和可扩展性的标准格式，以适应不断发展的信息通信技术；应采用易于在数字教材页面上进行修改、补充和更新的标准格式（Kim & Jeong，2014：238）。韩国教育课程评价院根据"智慧教育数字教材审查标准与程序开发（2012）"，采用文献阅读法、教材分析法、专家德尔菲法、专家小组会议等方法制定韩国数字教材评价标准，该评价标准包括国家课程的一致性、内容的准确性和适当性、教与学支持功能的有效性、界面的可用性4个维度17项指标（Joo & Ahn，2013；Joo et al.，2013）。韩国数字教材评价标准对接国家课程，强调与国家课程标准的一致性，同时关注数字教材的教学支持功能。

国际K-12在线学习协会（International Association for K-12 Online Learning，INACOL）开发的国家优质网络课程标准（National Standards for Quality Online Courses）从内容、教学设计、学生评价、技术、课程评价与支持5个一级维度对数字教材进行评估。其中，"内容"从学业内容标准和评估、课程概述与介绍、合法和可接受的使用策略、教师资源4个二级维度进行评估；"教学设计"从教学与受众分析、课程/单元设计、教学策略与活动、交流与互动、资源与材料5个二级维度进行评估；"学生评价"从评价策略、反馈、评价资源与材料3个二级维度进行评估；"技术"从课程体系结构、用户界面、技术要求和互操作性、可访问性、数据安全5个二级维度进行评估；"课程评价与支持"从评价课程有效性、课程更新、证书、教师与学生支持4个二级维度进行评估（iNOCAL，2011）。评估按照缺乏（0分）、不满意（1分）、一般（2分）、满意（3分）、非常满意（4分）5个等级进行评分，并进行相应修改。

从目前的评估标准来看，基本上都涉及数字教材内容、教、学、评、界面等方面的评估。

三、数字教材的研究评估

除了国家教育部门为数字教材审查制定的国家评估框架外，部分研究者也对数字教材的评估框架进行了探索。数字教材作为一项新兴技术，对其评估框架的研究可以为数字教材编制提供理论指导。

部分研究探讨数字教材的多维评价框架。Marczak（2013）通过对数字教材的功能、种类和设计原则的分析，开发出了数字教材的评估清单，认为数字教材应该从布局和设计、内容和功能、读取设备和文件格式三个方面进行评估。Bliss（2013）通过对189篇有关教材评估的文献进行分析发现，教材评估通常从成本、多样性、内容、可读性、教育影响、教学支持、交互七个方面进行。乐进军（2017）参照数字教材的教育价值和开发标准，认为数字教材应该从教育目标维度、知识设置维度、呈现效果维度、支持教学维度、素材资源维度、交互效果维度、整体效果维度七个方面进行评估。胡军（2021）通过对西方国家的数字教材与资源评价标准体系以及我国数字教材资源开发现状的分析，构建我国数字教材评价标准，认为数字教材可以从内容、教学、技术设计、评价、提供深度学习机会、获取性及实用性、安全7个维度进行评价。王润、余宏亮（2022）基于数字教材作为教材、技术产品、电子出版物，从政治思想、内容结构、教学适用、教材呈现、使用效果、配套服务6个维度建构了数字教材评价的指标体系，从评价主体结构、评价方法与工具、评价环节、第三方评价指出了数字教材评价的观测要领。

部分研究框架从数字教材的内容、教学交互和界面技术三个方面对数字教材进行评估。Reints（2015）认为应该从内容、教学、设计与呈现3个维度来检测数字教材的质量。其中"内容"关注内容的选择、内容的组织与内容的形态；"教学"关注教学策略、教学活动、规范学习过程；"设计与呈现"关注可读性文本、功能新视觉效果、布局。Bozkurt 和 Bozkaya（2015）通过由 30 名专家组成的小组进行四轮德尔菲研究和对 20 本交互式电子书进行启发式调查，制定了交互式电子教材的评估准则，从 4 个一级维度、15 个二级维度和 37 项指标对电子教材进行评估。一级维度包括内容、界面、交互和技术。其中"内容"从呈现、丰富性、动机和吸引力、评估与评价、完整性一致性和连贯性六个方面进行评估；"界面"分为易用性、定制化与自主、界面设计美观一致、无障碍通用设计、支持服务、布局框架设计六个方面；"交互"分为交互丰富性、数字图书—环境—内容的交互两个方面；"技术"分为技术特征和版权两个二级维度。

个别研究提供了学生评估框架，即从学生的视角对数字教材进行评估。Bliss（2013）采用混合研究方法开发出一个数字教材质量模型，评估涉及八个主要方面：导航（navigation）、可访问性（access）、性能（performance）、交互（interaction）、相关（relevance）、呈现（presentation）、影响（impact）、多样性（diversity），为教师改进数字教材提供有效可靠的学生反馈。

也有个别研究提供了具体学科数字教材的评估框架。Kim 和 Jeong（2014）在分析英语数字教材案例和英语数字教材评估研究的基础上，制定了英语数字教材评估标准。该评估标准从课程一致性、内容的组织与设计、内容的准确性与公平性、数字功能的恰当性和有效性、技术与呈现的适宜性 5 个维度对英语数字教材进行分析。"课程一致性"要求保持纸质教材的内容和结构，忠实地反映了英语课程中提出的"目标""内容领域与标准""教学方法"和"评价"。"数字功能的恰当性和有效性"对多媒体资源、补充和深度学习材料、术语词典、评估问题、支持个人学习、协作学习和参与学习的功能、丰富的学习内容等方面进行评估。

数字教材功能的发挥依靠平台的支撑，因此平台性能也非常重要。Lim 等（2009）通过文献阅读、数字教材学习环境观察和专家德尔菲法开发了数字教材平台可用性评估框架，包括学生版 65 项和教师版 76 项，从界面、教学支持、技术稳定性三个方面对平台进行评估。

国内外研究者尝试开发数字教材评估标准，主要采取的方法是数字教材调查、文献研究法和专家德尔菲法。评估维度涉及的方面和角度略有不同，有的从技术方面进行评估，有的从学生的角度进行评估，有的对数字教材进行全方位的评估，有的对具体学科教材进行评估。无论是何种评估框架，评估维度都涉及了内容、教学交互和界面技术中的某个方面或者某些方面，说明这些是数字教材的最基本要素。

第五节　数字教材的推广使用研究

作为一种新兴事物，数字教材目前以试点使用为主，需要在确保可行性和有效性的前提下再全面推广应用。数字教材研究人员从数字教材的接受度影响因素、教学应用模式、使用有效性方面探讨了数字教材是否适合全面推广使用以及如何推广使用等问题。众多研究通过对纸质教材和数字教材比较进行。

一、数字教材的接受度与影响因素

许多研究就师生对数字教材和纸质教材的偏好选择进行调查研究，以探讨对数字教材的接受度问题。一方面，研究发现大多数学生更喜欢纸质教材，例如 Walton（2008）对美国西南浸会大学的一项研究发现，67.5% 的学生喜欢纸质教材，只有 18.5% 的学生喜欢电子教材，7.9% 的学生没有偏好。Woody、Daniel 和 Baker（2010）在一项针对 91 名参加普通心理学课程的学生的研究中发现，与纸质教材相比，学生都不喜欢电子教材。Millar 和 Schrier（2015）对两所大学 232 名学生进行在线调查，结果显示 57.5% 的学生更愿意选择纸质教材，25.0% 左右的学生更愿意选择数字教材，18.0% 的左右学生表示没有选择偏好。纸质教材成熟稳固的编写模式和长期利用纸质教材进行学习的阅读习惯使更多学生偏爱纸质教材，但随着信息技术的发展，数字教材逐渐被越来越多的学生喜欢。另一方面，研究发现大多数教师更愿意使用数字教材，认为数字教材是未来趋势。例如，吴永和、雷云鹤和马晓玲（2013：75）通过问卷和访谈调查教师对电子课本在教学中的需求性，调查发现 17.1% 的教师表示"非常需要"，70.0% 的教师"需要"，12.9% 的教师"不确定"。彭雪庄（2018）调查了教师对纸质教材和数字教材的选择比例，结果显示 5.7% 的教师选择"全部使用数字教材"，52.9% 的教师选择"两者并存"，27.2% 的教师选择"以纸质教材为主，数字教材为辅"，14.3% 的教师选择"以数字教材为主，纸质教材为辅"。

关于对师生教材选择的影响因素，众多研究发现，数字教材感知有用性、感知易用性、对学习成绩的改善是影响数字教材接受度的关键因素。Kang（2013）以技术接受模型理论（TAM）为基础，通过问卷调查发现，韩国 313 名四年级学生对英语数字教材作为学习材料持有很高的接受度，影响接受度的两个主要因素是有用性和趣味性。Hao 和 Jackson（2014）对 115 名大学生进行的电子教材满意度调查发现，影响数字教材满意度的因素有电子教材提供的功能、可用性和学习便利性。另外，性别、平均绩点、每周阅读电子教材所花费的时间、学习方式在一定程度上也预测了满意度的不同方面。Joo 等（2017）基于期望—确认模型，对韩国使用数字教材进行英语课程学习的初中学生进行调查，以分析学生期望、感知趣味性、感知有用性、满意度和继续使用数字教材意愿之间的结构关系，研究发现感知有用性和感知满意度对继续使用数字教材的意图产生直接而积极的影响。张文兰等（2016）通过对初一、初二学生进行问卷调查发现，电子书包的新奇感和满意度影响学生对电子书包的接受程度；电子书包的使用停留在教学内容呈现方面，缺少学习交互，对学习成绩提升不明显，是影响电子书包接受度的主要原因；感知有用、同伴交流反馈、同伴协作竞争、网络环境、课程教师、支持服务、感知易用对电子书包接受度也有影响。周晨蕊和孙众（2016）对使用电子书包的 71 所小学的 5788 名学生进行网络问卷调查发现，感知有用性、感知易用性、使用态度、感知有效性以及互动学习活动可作为预测因子影响电子书包满意度，自我效能感则无显著影响；年级、电子书包使用频率、家长对学习的重视程度也是影响电子书包满意度的因素。胡畔和蒋家傅（2019）在技术接受模型的基础上，对小学、初中与高中三个学段学生进行问卷调查发现，学习者对数字教材的接受度取决于数字教材学习系统中各项功能有用性与易用性的整体表现；小学生与初中生对数字教材的接受度显著高于高中生，而且学习者阅读电子书与使用平板电脑的经验会影响其对数字教材的技术接受度。刘向永和王萍（2017）对 470 位学生和 53 位教师调查发现，仅设备使用满意度对教师使用电子书包的接受度有影响；在学生方面，学段、学生信息技术能力、使用频率、教师应用的积极性、设备使用满意度都对学生使用电子书包的接受度产生影响。Leem 和 Sung（2019）对 378 名小学教师和 390 名中学教师进行的一项调查发现，教师认为智能移动设备不稳定或不舒服的信念可能是在课堂上使用技术的主要障碍，不稳定、不方便和交互性与设备的有用性和易用性密切相关。Wijaya 等（2022）对印度尼西亚 277 名教师进行调查，应用技术接受和使用统一理论（UTAUT）分析可能影响教师选用数字教材的预测因素，结果表明绩效期望是影响印度尼西亚教师使用数字教材的行为意图的最大显著因素，其次是社会影响力。

同时，部分研究发现教师的信息技术能力和环境支持程度也是影响数字教材接受度的重要因素。Bingimlas（2009）通过元分析发现，教师有强烈的意愿将信息技术融入教学，但他们遇到的障碍，例如教师层面缺乏信心、缺乏能力和态度消极，学校层面缺乏教师培训、缺乏资源可获得性、缺乏技术支持等，影响他们对数字教材的技术接受度。Song 和 Kim 等（2015）从家庭环境因素、教师因素、学校环境因素三个方面，对 201 名小学生、201 名父母和 12 名教师进行了调查，以了解影响数字教材满意度的关键因素。调查发现家庭网络环境、设备拥有环境、互联网使用的教育目的和使用时间、教师的设备类型、课堂上使用数字教材的时间和时间比率等对数字教材的满意度存在统计学意义上的显著差异。通过多元回归分析发现，父母对数字教材的意识、教师使用数字教材的教学时间、互联网使用的教育目的，依次对数字教材满意度产生显著影响。彭雪庄（2018）认为影响数字教材选择的原因，按重要性排序如下：上级教育主管部门是否支持，可能需要较完善的硬件条件，操作是否简单便捷，资源内容和学科工具是否满足要求，是否有利于课堂管理，是否改善教学效果，是否习惯数字阅读和新的教学方式。

个别研究发现在一些国家教材成本也是影响教材选择的原因之一。例如，Chulkov 和 Vanalstine（2013）通过实证研究发现学生在选择数字教材或纸质教材时，对选择影响最大的因素是成本和保留书本的能力。Cartwright（2015）运用专家德尔菲法，从教育主管部门和学校角度探讨为什么数字教材没有代替纸质教材被美国 K12 教育广泛采用，结果显示，阻碍 K12 采纳数字教材的主要因素是成本费用、设备管理、缺乏维持数字教材技术的可支持资金。

从家长层面来看，影响家长对数字教材接受度的主要因素是身体健康风险问题。例如，江丰光和孙可（2016）通过问卷调查发现，虽然大部分家长对数字教材充满信心，但年轻家长担忧数字教材会带来视力影响、身体辐射、思维弱化、书写弱化、沉迷游戏和网络、注意力分散、影响人际交往等潜在风险。

还有部分研究发现不影响数字教材选择的因素。例如，Shepperd 等（2008）在心理学课程中的调查显示，学生对数字教材的选择与先前是否使用数字教材没有关系，存在之前课程购买了数字教材的学生本次课程却没再次购买数字教材，而本次购买数字教材使用的学生之前均没有购买过数字教材的情况。Daniel 和 Baker（2010）研究发现，学生对数字教材的偏好选择与先前使用的数字教材数量、使用者性别、计算机使用或计算机的舒适度之间没有关系。Chulkov 和 Vanalstine（2013）发现，学生对教材媒介（数字教材还是纸质教材）的选择与学生成绩和人口统计学特征没有显著关系。

从已有的研究来看，众多因素影响使用者对数字教材的接受度，其中最主要的影响因素是有用性、易用性和对学习成绩的提升。因此，编制出使用者满意的数字教材，是推广和应用数字教材的重中之重。

二、数字教材的教学应用

数字教材自开发以来，就在相应的学校进行试点应用。由于数字教材与纸质教材具有不同的优势和体验，众多国家采用数字教材和纸质教材互补并用的模式。在我国，数字教材处于试点阶段，使用率不高。刘向永和王萍（2017）以长三角地区为例，通过问卷调查法与访谈法，对 470 位学生和 53 位教师进行的调查显示，只有 15.1% 的教师以及 16.8% 的学生表示一学期开展电子书包教学在 16 节以上。彭雪庄（2018）通过对广东省 590 所学校中小学的调查发现，广东省使用过数字教材的教师比例为：珠三角地区 47.4%，粤东 46.7%，山区 44.0% 和粤西 40.4%。

利用数字教材进行的课堂教学中，数字教材教学模式成为关注点。Jeong 和 Kim（2015）指出数字教材使用的教学模式少，在课堂教学中的作用模糊不清，许多教师仍然使用纸质教材的教学模式进行数字教材的教学。因此，基于数字教材的教学模式创新成为关注的重点。邵征锋、张文兰和李喆（2016）进行了电子书包的 PBL 教学模式应用探讨。人教社于 2017 年 11 月正式启动数字化教学模式研究项目，以人教数字教材为基础，依托实验区校和样板校，探索普适高效的数字化教学模式。广东省数字教材教学模式应用研究推出翻转课堂教学模式、问题解决教学模式和主题探究教学模式，并对教师进行培训。周业虹（2019）依托化学数字教材探索"引导—互动探究"的教学模式。Sung 和 Jung（2018）通过对韩国使用数字教材的五个小学班级进行课堂观察，分析数字教材所采用的教学模式及教学模式的有效性。该研究发现数字教材的教学模式有三种：教师主导教学模式、混合式教学模式以及翻转课堂教学模式，不同模式给学生带来了不同的积极体验和消极体验。

在信息化环境下，探索数字教材的教学实践创新，促进信息技术与教育教学深度融合，旨在更有效使用数字教材，促进学生发展。目前这方面仍有待加强。

三、数字教材的使用有效性

有效性研究主要采用文献综述法、实验研究法、元分析法，比较数字教材使用前后或者比较纸质教材与数字教材对学生认知能力（学业成绩、问题解决、自我调节学习、阅读理解等）、情感能力（态度、动机、学习行为、参与度等）的变化来探讨数字教材的使用有效性。

部分研究比较纸质教材和数字教材对学生文本理解的影响，发现以数字或纸质的文本呈现方式对学习表现的影响没有显著差异。例如，Taylor（2011）通过研究探讨数字教材和纸质教材对阅读理解的影响，变量包括文本复杂性、文本参与和长期记忆。该研究显示，除了测试时间的影响外，其他变量对阅读理解的影响没有差异，因此研究者认为，影响学生理解的关键不在于文本呈现方式，即数字还是纸质，而首先在于学生阅读。Kim 和 Johnson（2013）通过实验研究法探讨数字教材与纸质教材在提高大学生阅读理解测试成绩方面是否存在显著差异，实验组使用数字教材进行阅读，控制组使用纸质教材进行阅读，通过阅读理解测试显示，数字教材与纸质教材在提高阅读理解测试成绩方面不存在显著差异。

部分研究比较了纸质教材和数字教材对学习成绩等认知能力的影响，结果不尽相同。有的研究结果显示数字教材对学习成绩等认知能力有积极的影响。例如，Jung（2010）通过文献回顾发现，数字教材对学生的元认知、自我调节学习、自我效能、信息探索、解决问题、内在动机和自我反思都有积极影响；数字教材的影响因学生在城市或农村学校以及成绩水平而有所不同；使用数字教材的教师不需要花太多时间准备道具，有更多时间准备教学策略和进行教学反馈，从而更好地促进教学。2008—2011年韩国政府每年进行一次数字教材的效能测评研究，结果显示数字教材对成就测试、学习态度、自主学习、解决问题能力等方面均有不同程度的正向影响（KERIS，2016c：180）。Byun等（2011）对1997—2010年的研究进行元分析发现：学生使用数字教材比使用纸质教材能取得更好的学业成绩，但对平均学业成绩的影响没有呈现统计学上的显著差异，在特定学科领域中低成绩组有统计意义上的差异性；使用数字教材的学生更能提高解决问题的能力，特别是当教师采用解决问题的教学方法时。顾小清和胡梦华（2018）对国内外2000—2017年电子书包学习效果的39项研究进行了元分析，结果发现，认知层面整体效应值为0.571，说明电子书包能积极正向地促进学生在学业成绩、问题解决、认知能力、自我调节等方面的认知发展。

有的研究显示，使用纸质教材还是数字教材对学习成绩等认知能力的影响没有显著差异。例如，Dwyer和Davidson（2013）调查了学生对教材、阅读和学习的偏好，调查显示，数字教材和纸质教材不是预测成绩的指标，但通过在线门户访问数字教材的舒适性与成绩相关。Rockinson-Szapkiw等（2013）通过调查538名大学生，了解教材形态与学习成绩之间的关系，结果表明纸数两种教材对认知学习和学业成绩的影响没有差异，表明数字教材与纸质教材一样对学习有效。Roberts（2016）的研究发现，使用电子教材对学生的成绩没有负面影响。Bando等（2017）在洪都拉斯小学进行了一项为期一年的随机对照试验，结果显示使用笔记本电脑和纸质教材对学生学习数学和西班牙语方面没有显著差异，对与编码和口语流利度有关的非学术成果方面也没有显著差异。

也有少数研究发现数字教材对学习成绩等认知能力的影响非常有限。例如，Jeong和Kim（2015）采用元分析法对包括前人文献和学校报告在内的37项基础研究进行分析，结果显示使用英语数字教材的平均效应值为0.178，表明数字教材对学生学习英语的总体影响较低；个人文献的数据比学校报告显示更有效，说明与自上而下的学校行政实施相比，个人文献自下而上的本地需求效果更好；英语数字教材的使用对听力和口语没有积极影响，但对阅

读、写作、语法和词汇更有效。Jang 等（2016）对 26 项研究的 625 个效应
量进行元分析发现，数字教材的整体效应值为 0.340，能有效提高学生的学
习动机，但在改善学业成绩方面有限，动机效果并未完全转换为学业成绩效
果。可能的解释是这个被提高的动机是外在动机，与数字教材带来的新奇体
验有关，而跟学习成绩改善有关的是内在动机。

从数字教材对学习者态度动机方面的影响来看，多数研究结果显示数字
教材能提高学习动机。Byun 等（2011）对 1997—2010 年的研究进行元分析
发现，数字教材有助于提高学生的学习态度、兴趣、动机和自我调节的学习
能力，数字教材对情感领域的影响比对认知领域的影响更有效。Rockinson-
Szapkiw 等（2013）通过调查 538 名大学生发现，使用数字教材的学生在
情感学习与心理运动学习方面远远高于使用纸质教材的学生。Jeong 和 Kim
（2015）采用元分析法对包括前人文献和学校报告进行分析，发现英语数字
教材对于形成积极的英语学习态度和促进学生自主学习非常有效。顾小清和
胡梦华（2018）对国内外 2000—2017 年之间电子书包学习效果的 39 项研究
进行元分析后发现，非认知层面整体效应值为 0.532，说明电子书包能促进
非认知层面的参与（例如学习动机、学习态度、学习兴趣、学习参与）。

还有部分研究探讨数字教材对学习行为的影响。例如，Shepperd、Grace
和 Koth（2008）在"心理学导论"课程中通过期末测试和期末调查对 392 名
学生进行的调查发现，数字教材和纸质教材在提高学生成绩、计算机素养、
使用计算机的乐趣和方便备考方面没有差异，但使用数字教材的学生为课堂
而阅读的时间更少。Thomas（2014）以学生参与理论为研究框架，调查大学
生使用基于数字游戏的教材与使用传统纸质教材的学生之间是否在参与度方
面（如心理努力和时间）存在显著差异，结果显示使用数字教材和使用纸质
教材的学生在参与度方面存在显著差异，使用数字教材群体花费时间更多，
心理努力得分更高，但差异不显著。

当然，研究者也发现，数字教材对学习的促进作用受调节变量的影响，
数字教材对学习的影响作用因所应用的学科、学段、区域和实验周期不同而
存在差异。例如，Roberts（2016）研究发现某些学科与其他学科相比更适合
使用电子教材。顾小清和胡梦华（2018）发现在学科上电子书包对语文、英
语、科学的作用效应值较高。

从上述研究发现，和纸质教材相比，数字教材在促进学习者的态度、动

机、行为和参与度等情感能力和促进问题解决、自主学习等认知能力方面具有极大的优势；在促进学习成绩方面，数字教材的优势程度没有一致的结论。

四、数字教材的推广应用比较

张德成（2013）从服务理念、学习目标、教学内容体系、个性化资源开发、资源更新、聚合方法等方面比较了中美两国电子课本学习资源建设的差异，并对我国电子课本学习资源的建设提出了期盼。在学习目标方面，美国重视教育公平，偏向素质教育；中国总体来说以"升学"为目标。在教学内容体系方面，美国电子课本一方面按学科逻辑体系划分，如英语、数学、物理等；另一方面按主题划分，包括文学、地理、历史、城市等主题。主题探究有利于提升学生的学习能力和意义建构能力，有利于培养团队协作意识和合作精神。中国则按学科课程逻辑体系建设电子课本学习资源，针对不同年级设置不同的学习资源。这种方式缺少学科间的整合与交融，围绕综合课程的主题资源更是缺乏。

张文兰等（2016）从推进方式、硬件设备、资源建设、应用学科和应用层次五个方面对中美电子书包教学应用进行了比较分析。在推进方式方面，美国重视电子书包在基础教育中的推广，也关注其在高等教育中的应用，中小学主要由政府组织以州为单位进行整体推广，高等教育主要以单个组织形式开展；我国的电子书包主要在中小学试点，电子书包项目以课题的形式与实验学校、合作公司共同探讨。在硬件设备方面，在美国苹果公司的 iPad 是电子书包项目中最典型的使用设备；在中国，电子书包使用的设备品牌较多，适用于不同的对象，集成性差。在资源建设方面，美国电子书包的研究重点是资源建设，尤其是个性化资源的开发应用；中国资源建设方面还存在许多不同，例如优质资源缺乏、资源开发与教学实际需求脱节、没有统一开发标准等。在应用学科方面，美国电子书包几乎涉及所有学科，通常按主题划分，注重跨学科性；中国电子书包主要应用于语文、英语、数学等主干学科，通常按单学科逻辑体系划分。在应用层次方面，美国电子书包项目重视探索技术在 SAMR 模型中的修改和重塑的高层次应用，中国电子书包的应用还停留于替代、增强的低层次应用。

Hamedi 和 Ezaleila（2015）对韩国和马来西亚数字教材项目推广和有效

性进行了比较。韩国数字教材推广项目在计划、研究和实施方面都得到了韩国政府的支持，数字教材有效性研究表明数字教材对学生的学业成绩和情感体验带来了积极影响，显示出数字教材的优势和特征。马来西亚数字教材在推广过程中遭到了包括来自反对党的批判，反对者认为，这种"一刀切"的实施方案并没有考虑学生的不同背景，质疑教师实施该计划的意愿。因为缺乏精通技术的教师和基础设施，马来西亚对现有的数字教材计划的结果持悲观态度。通过比较，研究者认为，马来西亚大多数学生、父母、老师、学校、政府和其他教育系统中的利益相关者还没有做好迈向数字教材的准备，在马来西亚实施数字教材项目前需要谨慎计划。

数字教材目前仍处于发展初期，从宏观层面探讨数字教材的推广应用，有利于各国合理有效、循序渐进地推进数字化教学。

通过对数字教材的编制、评估、推广使用研究文献的梳理与分析发现，多数研究聚焦于探讨数字教材的推广可行性，例如数字教材的效果分析、师生接受度等。在数字教材的编制方面，更多的研究关注数字教材的编制原则等理论层面，针对数字教材编制的实证研究很少。在数字教材的评估研究方面，多数研究尝试构建数字教材评估框架，但利用评估框架对数字教材进行评估的实证研究不多。数字教材作为新兴事物，其研究还处于起步探索阶段，因此较多研究仍然以一般性谈论或理论研究为主。在这些研究中，数字教材的编制、评估、使用研究主要针对通用数字教材，很少具体到某个学科，例如，英语学科的数字教材编制原则、评估框架、教学应用模式非常少。

从数字教材的内容、教学和技术属性来看，大多数研究关注数字教材的技术层面，例如界面设计偏好或物理设备易用性等，而忽略了数字教材的内容和教学层面，例如整合补充资源和支持多种教学方式等。数字教材的研究偏重"数字化"的努力，而从教科书属性出发的数字教材研究仍是一项短板。

鉴于以上分析，本研究打算依据数字教材评估框架对具体学科的数字教材编制进行实证研究。除了数字教材的技术层面外，本研究还将关注数字教材的内容和教学层面，旨在探讨内容、教学与技术深度融合的数字教材编制模式，提高数字教材的编制质量。

第三章

数字教材的理论基础

课程标准是教材编写重要的依据，本研究将以课程一致性理论为主要理论基础。由于数字教材的技术属性，本研究还将借鉴信息工件理论为辅助理论基础。通过对理论的内涵阐释和应用分析，为数字教材编制研究做好理论准备。

第一节　数字教材领域的研究理论

数字教材的编制、评估、使用以及研究都是以一定理论为指导的。张德成（2013：75）指出，不同教育理论指导下的数字教呈现出不一样的编制理念。（1）以行为主义理论为指导的数字教材，关注数字教材、学生、教师之间的多重交互和教材对结果的及时反馈。（2）以认知主义理论为指导的数字教材，关注知识结构的完整性和系统性，以及界面导航的清晰明了。（3）以人本主义理论为指导的数字教材，强调为学生提供丰富的数字资源、情感交流平台、数字学习环境以支持学生自主学习，满足个性化学习需求，同时为学生提供自我评价机制。（4）以建构主义学习理论为指导的数字教材，强调基于主题（非学科）的资源开发模式，为学生提供问题解决、意义建构和协作学习的环境。（5）以多元智能理论为指导的数字教材，注重纳入多学科知识、多表现形式，以开发学生的不同智能。

赵志明（2014）指出，以后现代主义理论为指导的数字教材，从知识观来看，认为知识的追求和传播受社会权力关系的制约；从学习方式来看，追求自组织学习；从教学方式来看，强调整体化教学和翻转课堂等教学方式；从学习观来看，主张建构自我发现、自我实现的教学目的观，建构以学习者为中心的学习环境，创设真实的学习情景，建构小组学习和演练分享的学习新模式。后现代主义视角下的数字教材，以人为本，凸显人的个性化和自由，与开放和不确定相联系。

牛瑞雪（2014）认为，数字教材的设计与编排应依据建构主义理论、自主学习理论和互动教学理论等展开，通过创设真实情景和问题情景来引导学生主动建构知识，注重教材、教师、学生之间的互动与对话，建构以学习者为中心的学习环境，为师生提供个性化的功能与服务。

Gueudet 等（2018）提出用连接主义理论（Connectivism）来指导教材的编制。连接主义认为学习不是一种内部的个人主义活动，而是发生在自身之外的组织或数据库中。连接主义强调知识在连接网络中的分布，因此学习包括构建和遍历这些网络的能力。成功的网络具有多样性、自治性、开放性和连接性的特征。因此，以连接主义理论为指导的数字教材注意宏观和微观两个方面的连接。宏观连接指数字教材与外部资源之间的连接，例如与国家课程标准、不同年级的知识、不同学科的知识、考试评价内容、软件、网站资源、教师资源系统之间的连接，以及教师之间、师生之间、教师与编者之间的连接等。微观连接指数字教材内部的连接，例如与先前知识的连接、与进一步知识的连接、同一概念在不同使用时刻之间的联系、教材中不同概念之间的连接、不同主题之间的连接、相同问题不同策略的连接、同一策略不同问题的连接等。

王攀峰（2017）认为，教育学、心理学、社会学、文化学和语言学等学科理论共同奠定了教材研究的理论基础。教材研究视角不同，则研究的理论框架和分析程序亦不相同。从教育学和心理学视角出发的教材研究，主要探讨教材的内容选择、组织设计、教与学方式以及所呈现的课程观等，例如20世纪80年代的"课程一致性"理论参照课程标准对教材进行了研究。从社会学视角出发的教材研究，主要分析教材制度和教材文本中意识形态问题、阶级压迫问题、性别问题、种族问题等。从文化学视角出发的教材研究，主要探讨教材的文化特性和价值原则等。对于语言教材，语言学理论亦为教材研究提供了不同的视角，例如教材中所体现的语言认知观，即语言的符号观、工具观和社会观（张振妍，2014：15）。

还有研究者从人体工程学、社会学理论、认知负荷理论，学习者控制理论等探讨数字教材的编制。各研究理论从不同的视角对数字教材的编制提出建议，丰富了数字教材的理论研究。

课程一致性是教材编写、评估和使用的首要原则，贯穿于教材应用与研究的方方面面。本研究将课程一致性理论引入数字教材研究领域，以课程一致性理论指导数字教材的编制研究，以促进课程标准中教育目标的实现。

第二节　课程一致性理论

课程标准对课程目标、课程内容、教学建议等做了明确的规定，是教材编写的主要依据。钟启泉（2011：67）认为，讨论"好教材"的问题离不开课程标准，仅限于教材编制的操作层面或技术层面是远远不够的。本研究将主要以课程一致性理论为指导，探讨数字教材将哪些内容以何种方式传递给学生，研究不仅关注数字教材的技术层面，也关注数字教材的内容和教学方面。

一、课程一致性

（一）课程一致性理论的提出

自 20 世纪 80 年代后期以来，许多国家的基础教育部门不约而同地进行课程标准的改革。原来没有国家课程标准或没有严格意义上地方课程标准的国家开始构建课程标准体系，例如美国。原来已有教学大纲之类课程教学指导文件的国家，开始改用课程标准，例如中国和俄罗斯。原来已有课程标准的国家，则修订或完善课程标准，例如法国。一场以编制课程标准为起点，依据课程标准开展课程、教学、评价和教师专业发展等方面改革的国际性运动得以形成，即"基于标准的改革"（Standards-based Reform）（汪贤泽，2010：3）。由此可见，课程一致性是有效的基于标准改革的最基本属性。

在我国，1992 年国家教委制定《九年义务教育全日制小学、初级中学课程方案（试行）》（简称《课程方案》），由《九年义务教育全日制小学、初级中学课程计划（试行）》（简称《课程计划》）和 24 个学科教学大纲（试用）组成。这是国家教委首次将沿用几十年的"教学计划"更名为"课程计划"，明确该《课程方案》是各级教育部门和小学、初级中学组织安排教学活动的依据，是编定教学大纲和编写教材的依据，也是督导评估学校教学工作的依据（课程教材研究所，1999：373）。2001 年，教育部颁布《基础教育课程改革纲要（试行）》，开始研制各门学科的课程标准，标志着我国进入基于标准的基础教育新课程改革阶段。《基础教育课程改革纲要（试行）》明确指出："国家课程标准是教材编写、教学、评估和考试命题的依据，也是国家管理和评价课程的基础，是学生学业成就评价达至公平有效的基石。"2011 年，教育部颁布《义务教育英语课程标准（2011 年版）》，规定"教材要以本标准规定的课程目标和教学要求为编写依据"。2022 年教育部颁布的《义务教育课程方案（2022 年版）》和《义务教育英语课程标准（2022 年版）》同样明确提出，课程标准是实施课程的纲领性文件，教材编写必须落实课程标准的理念和要求，保证基本内容的完整性和系统性。教育部众多政策文件都对教材编写应以课程标准为依据提出要求。

为何要关注课程一致性？课程一致性的价值何在？ Anderson（2002：259）认为有四个方面的原因：（1）我们需要更加关注学生通过学校学习后能学到什么，而不是他们知道什么和可以做什么。（2）适当的课程一致性让我们能够了解学校教育对学生成绩影响的差异。（3）不恰当的课程一致性会让我们低估教学对学习的影响。如果教学内容与国家标准不符，那么这样的教学将是徒劳的。（4）当前对教育问责制的关注需要课程一致性。崔允漷、王少非和夏雪梅（2008：110）认为课程一致性是基于标准改革的核心，理由有二：课程一致性是衡量课程标准执行程度的依据，即判断课程执行力的关键指标；课程一致性也是实现课程标准价值追求的重要手段，即以促进学生的学习为核心。

（二）课程一致性的界定与分类

最具影响力的课程开发者之一泰勒在他 1949 年出版的《课程与教学的基本原理》（*Basic Principles of Curriculum and Instruction*）中指出，任何课程开发都必须基于对四个基本问题的考虑：（1）学校应该要达到哪些教育目标？

（2）提供哪些教育经验才能实现这些目标？（3）怎样把这些教育经验有效地组织起来？（4）怎样才能确定这些目标达到了？（Nunan，2001：11）该课程体系从目标、内容、方法和评价四个方面对课程设置的基本要素做出了规定。Stern（1999：434）也指出，课程不仅仅包括学科内容，还包括整个教学过程中所涉及的方方面面：教学材料、教学设备、评价活动、教师培训等，即"谁在何时用何种方法教什么内容"。

随着课程领域研究的深入，课程框架更加细化和具体化，课程框架中不同水平的课程得到了研究者的关注。Goodlad（1979）提出，课程开发过程中存在五种水平：理想课程、文件课程、理解课程、实施课程和经验课程。国际教育成就评价协会（International Association for the Evaluation of Educational Achievement，IEA）发起和组织的国际教育评价和评测研究项目（Trends in International Mathematics and Science Study，TIMSS），将课程分为三个层次：期望课程（intended curriculum）、实施课程（implemented curriculum）和获得课程（attained curriculum）。Porter 和 Smithson（2001）将课程框架分为四种水平的课程：期望课程（intended curriculum）、实施课程（enacted curriculum）、评价课程（assessed curriculum）和学得课程（learned curriculum）。研究者认为课程研究不应该只停留在一种课程水平上，或孤立地研究某一种课程水平，而应进行整合多水平、多维度的课程一致性研究，例如：实施课程与期望课程的一致性、评价课程与实施课程的一致性或四个课程水平的整体一致性等等。其中，教材作为"潜在实施课程"（potentially implemented curriculum）是编写者根据作为"期望课程"的课程标准编写出来的，体现了实施课程与期望课程的一致性。

"一致性"作为课程标准改革的核心概念被提出并得到研究者的重视，在英文中常以 alignment 出现，也有用 coherence、agreement、conformity、conformance、consistency 来表达"一致性"的。几种表达之间意思基本相同，从词义的浅表意义看，所谓一致性是指两个或两个以上的要素或事物之间的契合度，它使系统各部分之间相互协调。美国华盛顿特区的《州标准与评价一致性指南》将课程一致性定义为：两种或多个事物之间的吻合程度，指把各个组成部分或因素融合成一个密切合作的整体（La Marca et al.，2000：9）。

"课程一致性"，从宏观层面来看，可以指州立标准与共同核心标准的一致性，也可以指学校标准、地方标准与国家标准的一致性；从中观层面来看，指期望课程、实施课程、评价课程、学得课程等课程水平之间的一致性；从微观层面来看，指课程标准、教学材料、课堂教学、评价活动等课程要素之间的一致性。课程系统中各要素之间一致性的出发点是课程标准，终点也是课程标准。Hansche（1998：21）将课程一致性界定为"协调所有组成部分，以使标准和评价体系朝着一个共同的目标努力，即教育学生达到高学术水平"。Webb（1997：4）认为，课程一致性指"期望和评估之间的匹配程度，以引导学生学习他们应该知道的和应该会做的事情。一致性是标准和评估之间的关系属性，而不是这两个系统组件中任何一个的属性。"曾家延、章婷婷（2019：52）认为，课程一致性指"通过检视课程系统内的组成要素——课程标准、教材、教学、评价之间的匹配度，来衡量学生的学业成就和课堂教学目标的达成"。李秋实和刘学智（2019：17）认为，课程一致性是指"课程系统组成要素之间的匹配或协调一致程度，如学业评价与课程标准、教科书与课程标准、课堂教学与课程标准以及其他课程要素组合间的匹配程度"。

目前一致性的研究主要在课程各要素之间的一致性中进行，例如课程标准与教材一致性、课程标准与教学一致性、课程标准与评价一致性、教学与评价一致性等。Anderson(2002)将课程分为三个基本要素：课程标准/目标、教学活动和材料、评价/测试，并用三角形的三个边代表各组成要素之间的关系：评价/测试与课程标准/目标的一致性关系（A边），教学活动和材料与课程标准/目标的一致性关系（B边），评价/测试与教学活动和材料之间的一致性关系（C边），如图3-1所示。

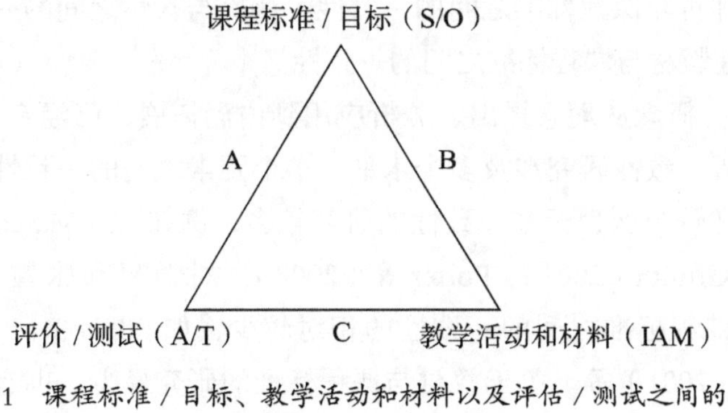

图3-1 课程标准/目标、教学活动和材料以及评估/测试之间的关系
（Anderson，2002：256）

其中，评价 / 测试与课程标准 / 目标之间的一致性（A 边）在内容效度（content validity）的测试与测量框架下，研究"评价在多大程度上测量了重要的课程目标"。评价 / 测试与教学活动和材料的一致性（C 边）涉及内容覆盖（content coverage）和学习机会（opportunity to learn）两个方面。内容覆盖的研究通常从教学活动和材料（尤其是材料）的检查开始，研究"所教的内容将被测试吗"。与内容覆盖相反，学习机会的研究通常从评价任务和测试项目的检查开始，研究"我们在教将要测试的内容吗"。教学活动和材料与课程标准 / 目标的一致性关系（B 边），指的是教学活动和教学材料多大程度上反映了课程目标的要求。这三边关系，以及内容效度、内容覆盖和学习机会都包含在"课程一致性"这个更大的概念中，如表 3-1 所示。

表 3-1　课程标准 / 目标、教学活动和材料以及评估 / 测试之间的关系

三角形的边	一致性	研究问题	相关概念
A	评价 / 测试与课程标准 / 目标之间的一致性	评价在多大程度上测量了重要的课程目标？	内容效度
B	教学活动和材料与课程标准 / 目标的一致性	教学活动或教学材料多大程度上反映了课程标准的要求？	
C	评价 / 测试与教学活动和材料的一致性	所教的内容将被测试吗？	内容覆盖
	教学活动和材料与评价 / 测试的一致性	我们在教将要测试的内容吗？	学习机会

本书认为，课程一致性指课程标准、教材、教学、评价等各课程要素之间的匹配度或吻合度，例如教材与课程标准之间的一致性、教学与教材之间的一致性、评价与课程标准之间的一致性、评价与教学之间的一致性等。本研究主要关注教材与课程标准之间的一致性。

"一致性"概念从理念提出、分析应用到内涵拓展，已经有 20 多年的发展历程。课程一致性研究涉及多个水平、多个要素之间的一致性。在已有研究中，关于评价与课程标准一致性的研究较多，例如：La Marca 等（2000）、McGehee 和 Griffith（2001）、Porter 等（2008）、刘学智和张雷（2009）等。关于教学与课程标准之间的一致性的相对较少，如 Polikoff（2012）、Porter 和 Smithson（2001）等。关于教材与课程标准的研究最少。也有部分学者对课程标准、教学和评价三者之间的一致性开展过研究，如 Fulmer（2011）、Kurz 等（2009）。一致性研究所涉及的学科中，数学、生物等学科研究较多，

只有少量研究涉及英语学科。随着课程理论的日臻成熟，研究者们逐渐意识到探究课程实施程度无法回避教学中的关键问题，即教材与课程标准的一致性问题（李秋实，2019：16）。

二、课程一致性分析模式

2001 年，联邦政府颁布《不让一个孩子掉队法》（*No Child Left Behind*），旨在以法律形式推动新一轮的教育改革。课程标准和评估之间的一致性问题引起了联邦政府、州教育部门和测量界的关注。联邦政府要求各州政府在标准和评估之间达到相当明确的一致性，但是如何判断一致性、什么是可接受的一致性水平、使用什么程序来确定一致性等问题并不清楚。为解决上述问题，研究者们纷纷建构一致性分析框架，尝试以清晰明了的量化方式来检测课程要素之间的一致性。其中，广泛应用的分析模式有 Webb 一致性分析模式、Achieve 一致性分析模式和 SEC 一致性分析模式。

（一）Webb 一致性分析模式

Webb 一致性分析模式由美国学者 Webb 于 1997 年提出，是最早的一致性分析模式。

针对课程内容目标体系，Webb（2002：4）使用"金字塔"结构——标准、目标、目的——来描述学生应该知道的和会做的三个层次的期望。"标准（standards）"最具通用性，它分为"目标（goals）"，进一步细分为"目的（objectives）"，越往下目标越细、越具体。该"金字塔"结构假定标准下的所有目标都体现了标准中所要表达的内容知识，目标下的所有目的都体现了目标中所要表达的内容知识。

Webb 一致性分析模式的重点在"知识内容"层面，围绕这一层面可进一步将其分解为 4 个维度：知识种类一致性（Categorical Concurrence）、知识深度一致性（Depth-of-Knowledge Consistency）、知识广度一致性（Range of Knowledge Correspondence）及知识分布平衡性（Balance of Representation）。（1）"知识种类一致性"是 Webb 模式的基础维度，即评价项目与课程标准是否包含相同的内容范畴。对于某个内容领域，若评价中至少有 6 个知识种类"命中"了课程标准的学习目标，则认为具有良好的知识种类一致性。"命中"（hit）指评估者认为某一知识种类与某一个学习目标形成了对应关系。（2）"知识深度一致性"指知识的复杂性程度，即判断评价项目中要求学生掌握的认知水平与课程标准所期望的认知水平是否一致。可接受水平的判断标准为：如果有 50% 及以上的评价项目与课程标准所期望的知识深度水平相同或者更高则被认为具有可接受水平，如果只有 40%—49% 则表明一致性弱，低于 40% 则表明评价项目与课程标准不一致。（3）"知识广度一致性"指评价项目涉及的知识范围与课程标准中所期望的知识范围的匹配程度。可接受水平的判断标准为：对于某个内容领域，不少于 50% 的学习目标在评价项目中得到体现，那么一致性是令人满意的，40%—49% 则表示一致性低，低于 40% 则表明不一致。（4）"知识分布平衡性"指评价项目是否良好地体现了课程标准中的重点内容，即评价项目均匀地分布在内容标准的各个目标之间。知识平衡性指数范围为 0 到 1，超过 0.7 则被认为知识分布的平衡性是令人满意的。

Webb 一致性分析模式采用的流程包括以下步骤：确定标准和一致性可接受水平，确定国家的期望和评价，开发每个内容领域和年级的编码矩阵，培训评估者，评估者用目标代码评估项目，在电子表格中输入数据代码、分析数据、汇总数据表、报告结果等（Webb，1999：28）。

（二）Achieve 一致性分析模式

Achieve 一致性分析模式由美国非盈利教育测评服务机构成就公司于 1998 年开发，旨在回答三个问题：每个评价项目仅考查了课程标准中反映的内容和技能吗？评价项目是否公平有效地对标准中的重要知识和技能进行抽样？每个评价项目是否具有足够的挑战性？（Rothman et al.，2002）

Achieve 一致性分析模式从内容集中度、表现集中度、挑战、平衡和范围 4 个维度来判断评价项目与课程标准的一致性，每个维度设置多个一致性水平等级。（1）"内容集中度"指对每个测试题目与课程标准在内容上的匹配程度和匹配质量进行深入分析。（2）"表现集中度"指每个测试项目与课程标准在表现类型（认知需求）上的匹配程度。每个项目对学生提出某种类型的认知需求（例如：选择、识别、比较、分析）。内容集中度和表现集中度都分为明显一致、不够具体（目标太宽泛，无法保证项目的高度一致性）、部分一致、不一致四个水平，评估者根据一致性程度对每个项目进行水平分配。（3）"挑战"判断学生做好这些评价项目是否需要掌握挑战性学科知识。评估者从两个方面对测试项目的挑战性进行评估：挑战来源（source of challenge）和挑战水平（level of challenge）。挑战来源分为合适和不合适两个等级。（4）"平衡"指测试项目与课程标准在内容重点上的匹配程度以及测试项目是否更重视特定年级的重点内容。"范围"指对测试项目与课程标准在内容覆盖率和广度上的匹配程度。

一致性分析过程包括三个阶段：第一阶段，逐项检查测试项目与标准的匹配程度；第二阶段，检查测试项目的挑战度；第三阶段，检查测试项目的平衡和范围。在进行这些分析之后，评估者从整体上对测试进行评估，然后对各个年级进行评估，以做出有根据的判断。

（三）SEC 一致性分析模式

SEC 一致性分析模式，又称为课程实施调查模式（Survey of Enacted Curriculum），由美国研究者 Porter 于 2001 年开发，用于调查课程标准—教学—评价三个要素间的一致性关系。该模式以内容主题（topic）和认知水平（cognitive demand）的二维矩阵为基础，评估者将标准、教材、教学、评价等要素映射到"内容主题 × 认知水平"的二维矩阵表格中。二维矩阵表格一般分为两个，一个用于记录课程标准的要素，一个用于记录评价或者教材的要素。"认知水平"采用布鲁姆的六大认知分类目标：记忆、理解、应用、分析、评价和创造。评估者根据课程标准和教材中的"行为动词"来确定认知水平。当某个项目对应两个或两个以上的认知水平，以最高的认知水平进行编码映射。最后通过公式计算出一致性水平（alignment index），一致性水平范围为 0 至 1，1 表示完全一致，0 表示完全不一致。Emine（2015）将 SEC 一致性指标的 0.5 左右算为"中等一致性"，高于 0.6 被认为是"高一致性"（丁巧燕、曾家延，2018：61）。SEC 一致性分析模式提供结果可视化，例如内容地图（content map）和图表。

具体实施步骤为：（1）评估者对课程标准中的内容主题和认知水平进行编码，以最小单位在"内容主题 × 认知水平"的二维矩阵中进行统计；（2）评估者以同样的方法对教材中的内容主题和认知水平进行编码，以最小单位在"内容主题 × 认知水平"的二维矩阵中进行统计；（3）将课程标准和教材中的数据进行标准化处理；（4）计算教材和课程标准之间的一致性水平。

（四）三种一致性分析模式的比较

Webb 一致性分析模式在理论上充当原型角色，是其他一致性分析模式建构的基础。在实践中应用非常广泛，美国首席州立学校领导委员会（Council of Chief State School Officer，CCSSO）指出，"Webb 模式已经成为理解学业评价和课程标准之间关系的最重要、最具有创新性的模式"（刘学智、张雷，2009：14）。Webb 一致性分析模式从知识种类、知识深度、知识广度以及知识分布平衡性 4 个维度进行一致性判断，能更加全面地分析课程要素之间的一致性关系。另外，除了评估数学和科学，Webb 一致性分析模式还对语言艺术进行了一致性评估。但 Webb 一致性分析模式以往更多用于分析评价与课程标准的一致性。Achieve 一致性分析模式从单个测试和整体测试两个层面分析测试项目与课程标准的一致性，在以往的研究中，同样更多用于分析评价与课程标准的一致性。SEC 一致性分析模式可以分析不同课程要素之间的一致性，例如教材与课程标准的一致性，可以可视化结果，但仅从内容主题和认知水平两个维度判断一致性。

根据各模式的特点，本研究选择 Webb 一致性分析模式对数字教材的纸质教材内容进行分析。Webb 一致性分析模式契合本研究的需求：分析维度较全面，能对教材做一个较为完整的描述；Webb 对语言学科的一致性分析为本研究提供了可借鉴的分析框架。鉴于此，本研究尝试将 Webb 一致性分析模式纳入数字教材研究领域。

三、课程一致性理论与教材分析

课程一致性理论自提出以来被广泛用于教学、教材和评价研究中，不同的研究往往采用不同的一致性分析模式。

Webb 一致性分析模式常用于评价与标准的一致性分析，也用于语言艺术学科领域的分析研究。Webb（1999）对美国四个州的数学和科学科目进行评价与标准一致性分析，评估者从知识种类一致性、知识深度一致性、知识广度一致性和知识分布平衡性进行判断。每个州自愿对其 3—10 年级中的两个或三个年级的数学和科学科目进行分析。结果显示，各州的评价与标准一致性水平有所不同；除知识深度外，州 B 在三个年级的数学上都有很高的一致性；除知识种类外，州 C 在两个年级的数学上具有很高的一致性；州 A 和州 D 的一致性水平随内容领域（科学和数学）和年级而异；科学的知识种类一致性水平比数学低；在知识分布平衡性方面，大多数评价与标准具有可接受一致性水平。Webb、Horton 和 O'Neal（2002）利用 Webb 一致性分析模式对美国四个州的语言艺术（language arts）的评价与课程标准一致性进行了分析。一致性分析主要从阅读和写作两个方面进行，包括知识种类一致性、知识深度一致性、知识广度一致性和知识分布平衡性，结果显示知识分布平衡性呈现弱一致性，说明很多评价仅测试了课程标准中的 1—2 个目标。Webb（2002）对语言艺术水平的知识深度进行划分，将"读"和"写"分别分为四个深度水平，并从挑战标准的来源（Source of Challenge Criterion）进行分析。

SEC 一致性分析模式也被应用到教学、教材、评价的一致性分析，本研究重点关注教材与课程标准的一致性分析。Polikoff（2015）利用 SEC 一致性分析模式，对两个课程标准和 7 本教材进行一致性分析，其中 3 本教材依据《共同核心州立标准》（Common Core State Standards，CCSS）开发，3 本依据佛罗里达州立标准《下一代阳光州立标准》（Next-Generation Sunshine State Standards，NGSSS）开发，1 本不对应任何课程标准。一致性检测在两个维度的交集上进行：183 个内容主题和 5 个认知水平，总共有 915 个最小单元（Cell）。通过话题与认知水平编码和一致性水平计算发现，对应《共同核心州立标准》开发的 3 本教材与《共同核心州立标准》的一致性系数为 0.294—0.396，对应《下一代阳光州立标准》开发的 3 本教材与《下一代阳光州立标准》的一致性系数为 0.357—0.420，不对应任何课程标准而开发的 1 本教材与《共同核心州立标准》的一致性系数为 0.282，与《下一代阳光州立标准》的一致性系数为 0.255。结果都和 SEC 一致性系数所设立的最优值（0.5）存在一定差距。Polikoff 同时对教材与课程标准的非一致性水平进行了检测，以探讨非一致性的根源，为改进教材编写提供建议。非一致性检测显示，《共同核心州立标准》对"记忆"和"程序"的要求占比约为 60%，但是对应《共同核心州立标准》开发的 3 本教材以及不对应任何课程标准的 1 本教材中"记忆"和"程序"的内容高达 87%—93%，教材倾向于低层次的认知水平。在中级层次的认知水平中，课程标准对"阐释、理解"的内容要求为 33.3%，但教材中"阐释、理解"的内容只有 7%—13%。在高层次的两个认知水平"推测、分析、归纳、证明"和"解决非常规问题、建立联系"方面，课程标准要求内容占比 11%，但教材中几乎为 0。Hashmi 等（2018）利用 SEC 一致性分析模式，从风格和结构、单元分布、学生学习目标三个方面对巴基斯坦八年级数学教材与 2006 年课程标准进行一致性分析。研究者对教材的目标与课程标准的布鲁姆教育目标逐个单元进行一致性分析，结果显示教材聚焦于低认知水平，例如知识、理解、应用，而忽略了高认知水平。

更多的应用研究没有采取某种特定一致性分析模式，而是根据课程标准建构分析框架来进行课程一致性分析。Mahmood（2010，2011）采用概念分析法，从目标、内容深度及广度覆盖、话题的时间和权重、整体呈现 4 个维度对 8 册教材（4 册数学、4 册科学）与课程标准的一致性水平进行分析，探讨巴基斯坦教育部审定教材在多大程度上与课程标准一致。结果显示，在各维度上均存在不一致性，例如在内容深度及广度方面，课程标准要求的内容没有在教材中体现，课程标准中没有要求的内容却有体现。研究认为，这一现象的原因可能是政府部门制定课程标准时，未能将课程标准明确传达给教材编制者和评估者，或者教材编制者和评估者对课程标准的认知领域分类没有足够的了解。Liang 和 Cobern（2013）探讨我国高中生物教材与美国科学促进会（American Association for the Advancement of Science，AAAS）课程标准的一致性情况，以促进文化交流，检测教育改革实施效果，改进教材编写质量。结果显示，教材基本符合课程标准，整体满意，但仍有待改进的地方。Smith、Hanks 和 Erickson（2017）采用内容分析法，探讨美国 3 册高中生物教材（Pearson、Glencoe、Holt）与四个相互关联的课程标准（Benchmarks、CREDE、WIDA、TIMSS）之间的一致性情况。通过编码和统计分析，采取三种方式由宏观到微观进行结果呈现。首先，分别呈现每一本教材与每一个课程标准的一致性以及每一本教材与四个课程标准的平均一致性；第二，分别呈现每一本教材与每一个课程标准的显性一致性和隐性一致性；第三，按编码分类呈现每本教材与每一个课程标准的一致性。结果显示，Pearson 版教材与四个课程标准的平均一致性最高，为 60.5%，Holt 版教材平均一致性最低，为 26.9%；3 册教材与 CREDE 课程标准的一致性均为显性一致性，与 Benchmarks 和 TIMSS 两个课程标准的一致性以隐性一致性为主，与 WIDA 课程标准的一致性以显性一致性为主。总的来说，教材与课程标准的整体一致性不高，教材编写者往往会因更关注某些方面而忽略另一方面；许多教材只关注课程标准中 1—2 个编码类别，而忽略其他编码类别；所呈现的一致性大部分为隐性一致性，对于新手老师而言，隐性一致性相当于没有一致性。You 等（2019）采用文献分析法和内容分析法，从创造性内容、创造性活动目的、创造性活动方法 3 个维度，分析 14 册教材与课程标准的一致性水平，探讨是否需要改革教材以达到质量管理标准。研究者首先从教材的学习活动中筛选出所有的创造性活动；接着反复阅读教材中需要转录的内容，按创造性内容、目的、方法进行编码转录，最后计算每本教材的频次和百分比。结果显示，教材缺乏创造性，不同教材侧重的创造性维度也不一样。研究认为，出现不一致的原因可能是，目前教材编写者在创造性的概念与范围方面缺乏共识，造成知识真空，教材编写者对创造性的不同解释带来了创造性教育的不一致。另外，课程标准本质上是抽象的，并且是在通用级别上进行设计的，缺乏明确、具体的内容说明，容易导致课程标准意图无法被忠实地执行。

联合国教科文组织和国际教育局（UNESCO-IBE）组织进行的全球教育监测研究也从教材、教学、评价与课程标准的一致性方面进行了国际比较研究。Benavot（2011）主持的联合国教科文组织全球教育监测报告对 16 个国家（地区）的 5—6 年级数学教材和 12 个国家（地区）的 5—6 年级阅读教材进行课程一致性比较研究，分别借鉴了国际教育成就评价协会的国际教育评价和评测研究项目和国际阅读素养进展研究（Progress in International Reading Literacy Study，PIRLS）的分析框架。对数学教材和阅读教材均从内容和表现期望两个维度进行分析。结果显示，数学教材与课程标准的一致性仅在 21%—42% 之间，阅读教材仅在 7%—31% 之间；相较于阅读教材，数学教材的一致性略高；教材与课程标准共享内容不到 1/2，大多数在 1/4—1/3 之间；5—6 年级的教材编写者在设计数学教材和阅读教材内容时，几乎没有遵循明确的官方课程指令。另一份全球教育检测报告（IBE-UNESCO and UIS，2018）对全球 73 个国家评价框架（阅读）和国家课程框架（阅读）进行了一致性比较分析。分析框架包括四个层级：3 个域、6 个子域、20 个构造和 107 个子构造。在域（domain）的层级上，73 个框架中"语言能力"的一致性为 86%，"阅读能力"的一致性为 100%，"元语言能力"的一致性为 22%。在子域（sub-domain）层级上，语言能力域下的"解码"一致性为 34%，"阅读理解"一致性为 100%；阅读能力域下的"听力"一致性为 66%，"口语"一致性为 53%，"词汇"一致性为 53%；元语言能力域下的"语音意识"一致性为

22%。在评价框架和课程框架之间，"阅读能力"具有最高一致性水平，"元语言能力"具有最低一致性水平。

教材是大多数学校使用的事实课程，是教育科学中最具影响力的环节。教育目标的实现和课程标准的实施，都依赖于教材与课程标准的一致性。越来越多的研究发现，学生学会什么、学会多少与他们学什么、学多少密切相关；就衡量学生的成就而言，学生学什么比怎么学更重要（Gamoran et al.1997）。相关实证研究同样发现，教材与课程标准的一致性能提高学生的学业成绩（Gamoran et al.，1997；Kurz et al.，2009）。钟启泉（2019）指出"教材"是"课程标准—教育内容—教材编制"链条中环环相扣的环节。教材研究与课程研究密不可分，离开了"课程研究"的"教材研究"就像盲人摸象一样滑稽可笑。以课程一致性理论为基础对教材进行研究具有合理性和优越性。但目前的课程标准主要针对纸质教材设置，没有针对数字教材编制提供具体的指导意见。鉴于数字教材的技术属性，本研究还将借鉴信息系统工件理论作为辅助理论基础。

第三节　信息系统工件理论

数字教材作为信息技术与纸质教材相结合的产物，除了课程一致性理论的指导外，来自技术领域和设计领域的理论，例如信息系统工件（Information System Artifact, IS Artifact）理论，对于完善数字教材的研究起着很好的补充作用。

一、信息系统工件

信息系统工件理论最早由美国弗吉尼亚联邦大学的 Lee 于 2015 年提出。根据 Simon（1996）对人工制品区别于自然物品所提出的四个标记，Lee、Thomas 和 Baskerville（2015）提出了信息系统工件理论。信息系统（IS）有别于信息技术（IT）。信息系统是一个系统，一组彼此联系的实体；信息技术是一种技术，基于科学的技术知识。Lee 特意将信息系统工件和信息技术工件（IT Artifact）区别开来，旨在从以信息技术工件为中心的视角中解脱出来，扩展信息系统中设计科学方法的能力，让研究者关注信息系统的设计。

信息系统工件理论，作为一个系统，由信息工件（Information Artifact）、社会工件（Social Artifact）、技术工件（Technology Artifact）三方面组成。这三个方面并非彼此独立，而是相互作用，形成一个有机整体，其整体功效远大于三者之和。

信息工件是信息的实例化。实例化通过人类行为直接发生（如通过人的口头或书面陈述事实发生）或间接发生（如通过人运用计算机程序生成季度报告发生）。信息工件可以是：（1）数字、字母或其他本身不包含内容的符号，但可以将内容归因于此，然后通过数字等对内容进行处理；（2）数字、字母或其他符号之间的关系，例如代数关系、句子或段落的语法关系；（3）构成真实财务状况含义的会计账号；（4）对"产生差异的差异"的感知或观察，指系统中对预期结果做出的任何"适应"。

社会工件被定义为由个体之间的关系或互动组成的工件，人们通过它去解决个人问题，实现个人目标或服务个人目的。社会工件涉及社会，而不仅仅是个人，社会对象已经建立关系（例如亲属结构、师生结构）或经历一次性互动关系（例如对话中的话语）。

技术工件被定义为人类创造的工具，其存在的理由是用来解决问题、实现目标或服务于人类定义、人类感知或人类感觉。该定义有四层含义：首先，信息技术工件可以被视为技术工件的特例。其次，技术工件不仅包括数字或电子的工件（PDF 文件和硬件—软件—数据—网络系统），而且还包括非数字和非电子形式的内容（例如书籍、图书馆）。第三，技术工件不必本身就是信息，锤子之类的工具也是技术工件。第四，技术工件不必是物理实体的，例如战略也是技术工件。

社会工件、信息工件和技术工件相互作用，共同形成一个更大的系统，即信息系统工件。就如化合物的性质不同于各元素的简单混合一样，信息系统工件也不是技术工件、信息工件和社会工件简单相加，而是彼此融合汇成新力量，共同发挥更大的作用。

二、信息系统工件理论与教材分析

数字教材作为一种利用信息技术设计出来的产品，它和信息系统工件一样，也应该是一个由信息、社会、技术等要素组成，要素之间相互配合、共同促进学生学习的系统。这使数字教材的研究从关注技术转移到关注所使用的环境中来，从关注三要素各自的作用转移到关注各要素共同协作上来。

数字教材的信息方面主要关注教材如何处理信息，主要考虑以下几个问题：数字教材提供哪些信息？信息如何呈现？信息是如何从教师传递给学生，又如何从学生传递给教师的？信息如何起作用？师生可以添加或下载哪些信息？学生学习的哪些信息以什么形式、在什么时候被收集使用？

数字教材的社会方面主要关注如何建立学习交互环境，主要考虑多种交互关系：学生和教师之间如何交互？学生与学生之间如何交互？学生与信息之间如何交互？信息与信息之间如何交互和关联？数字教材内部信息与外部链接之间如何交互？哪些工具支持这种多维网状交互？例如：促进教与学的工具、学习评价的工具、即时反馈的工具、资源分享和交流的工具等。各种社会对象形成一个多维的、相互交流的社会关系网络，即学习交互环境。

数字教材的技术方面关注技术如何支持教材使用，例如：用户界面是否友好？功能是否易用？技术是否安全稳定？网络设备配置要求如何？

概括而言，信息工件为数字教材提供各种形式的信息，社会工件提供针对信息进行交流的工具，技术工件为信息的呈现和交互提供技术支持。三个方面并非完全界限分明，而是有交叉或重合的地方；同时，三个方面并非独立发挥作用，而是交互作用，共同塑造数字教材学习环境。例如技术作为数字教材的关键要素，它渗透到数字教材的各个方面，包括信息的呈现和教学的交互等。

信息系统工件理论从信息系统学科的设计学出发，为新兴的数字教材编制研究提供了一个相对完备的理论视角，弥补了纸质教材理论缺乏社会维度和技术维度的缺陷，促进技术与内容、教学的融合。教材编制的重要依据是课程标准，数字教材是信息技术与纸质教材融合的产物。因此，本研究在运用课程一致性为主要理论基础的前提下，再运用信息系统工件理论进行补充，以完善本研究的理论体系，共同为研究框架的搭建提供理论依据。

第四章

研究设计

在教育现代化的大背景下，数字教材的研究与实践迎来了新的机遇与挑战，但无论是在国内还是在国外，目前具体到数字教材编制的研究仍然很少。本研究直击数字教材本身，以课程一致性理论为主要理论基础，并辅以信息系统工件理论，对中韩初中英语数字教材的编制进行比较研究，探索英语数字教材的最佳编制方案，为数字教材编制提供参考建议。本章将在文献综述和理论框架的基础上进行研究设计，主要包括细化研究问题、选择研究方法、确定研究对象、选择研究工具、设计数据的收集和分析方案。

第一节　研究问题

本研究的最终目的是探讨如何从内容、工具、技术 3 个维度编制促进自主、合作、探究学习的英语数字教材，以促进课程目标的实现。

研究问题 1：中韩初中英语数字教材在总体结构上具有什么特征？

本研究问题从宏观层面对中韩初中英语数字教材的总体结构进行比较，比较从框架结构、单元结构、结构布局三个方面进行并解答以下问题。首先，中国初中英语数字教材在框架结构、单元结构、结构布局方面呈现什么样的特征？其次，韩国初中英语数字教材在框架结构、单元结构、结构布局方面呈现什么样的特征？最后，中韩两国在框架结构、单元结构、结构呈现方面存在哪些共性和特性？通过对总体结构的描写和比较，旨在对中韩初中英语数字教材有一个全面的、直观的认识，为后面两个研究问题的解决奠定基础。

研究问题 2：中韩初中英语数字教材在纸质教材内容上的课程一致性水平如何？

本研究问题探讨数字教材的纸质教材内容与课程标准之间的一致性。国家课程标准是教材编写的主要依据，因此数字教材的内容首先要与课程标准规定的内容一致，并通过课程内容的一致来实现课程目标的一致。本研究问题将采用 Webb 一致性分析模式对纸质教材内容进行分析来解答。首先，中国初中英语课程标准规定的学习内容有哪些？韩国初中英语课程标准规定的学习内容有哪些？其次，中国初中英语数字教材提供了哪些学习内容？韩国初中英语数字教材提供了哪些学习内容？第三，中国初中英语数字教材提供的学习内容与中国初中英语课程标准要求的学习内容一致性如何？韩国初中英语数字教材提供的学习内容与韩国初中英语课程标准要求的学习内容一致性如何？

研究问题 3：中韩初中英语数字教材在内嵌资源、工具维度、技术维度上的课程一致性水平如何？共性水平如何？

本研究问题对中韩初中英语数字教材的内嵌资源、工具维度、技术维度的课程一致性进行探讨，并在此基础上探讨共性水平。首先，中韩初中英语数字教材中内嵌资源、工具维度、技术维度的一致性水平如何？中韩初中英语数字教材各有什么特性？什么原因带来了这些特性？其次，中国初中英语数字教材内嵌资源、工具维度、技术维度的共性水平如何？呈现出什么样的共性特征？韩国初中英语数字教材内嵌资源、工具维度、技术维度的共性水平如何？呈现出什么样的共性特征？中韩两国初中英语数字教材内嵌资源、工具维度、技术维度的共性水平如何？存在什么样的共性特征？通过比较发现中韩初中英语数字教材编制的一致性水平、特性与共性，扬长避短，形成英语数字教材编制的优化方案。

第二节　研究方法

方法论是人们认识世界、改造世界的方法理论，即人们用什么方法来观察事物和处理问题。几乎所有关于文本诠释的方法论问题，都始于对质化和量化两大研究范式利弊的讨论。教材作为特殊的文本，其研究方法的选择也绕不开这两大研究范式选择的问题。

量化研究多持实证主义观，聚焦静态教材的文本内容，通过频率和空间分析等来进行研究，例如一个术语被使用多少次，一个人被提及多少次，为一个国家或主题等分配了多少空间等（Pingel，2010：66），主要的研究方法有内容分析法（content analysis）和调查研究法（survey research）。质化研究秉持解释主义和批判理论，聚焦教材的动态历程，关注教材从构思、撰写、审查到使用过程中各种不同价值判断和社会力量之间的互动，以呈现文本与文本所产生的社会脉络之间的互动关系（张倩、黄毅英，2016：45），主要的研究方法有民族志（ethnography）和话语分析（discourse analysis）。不同的研究范式和研究方法之间没有优劣的区别，只有认识论立场的差异。研究者根据不同的研究目的，选取适切的研究方法。

依据研究目的和研究问题，本研究将在量化研究范式内，主要采取内容分析法来探讨数字教材的一致性水平和共性水平。除此之外，还将运用文献研究法、个案研究法和比较研究法。

一、文献研究法

文献研究法是一种最基础的研究方法，主要指收集、鉴别、整理文献，并通过对文献的研究，形成对事实科学认识的方法，其过程一般包括提出课题或假设、研究设计、收集文献、整理文献和进行文献综述（孟庆茂，2001：82）。科学研究一般需要充分地占有研究资料，以便准确掌握前人已取得的研究成果、现行的研究现状和未来的发展趋势等，而文献研究法恰好能满足这些要求（徐红，2013：46）。本研究首先采用文献研究法对国内外已有的数字教材编制研究成果进行梳理，了解数字教材编制研究的理论、方法与分析框架等。文献资料主要来自两个途径：一是国内外权威数据库，例如中国知网 CNKI、Web of Science 科研数据库平台、ProQuest 学位论文数据库、KCI 韩国期刊数据库等；二是国内外有关数字教材权威发布的官方网站，例如中华人民共和国教育部、人教数字公司、人教数字教育研究院、国家教育资源公共服务平台、韩国教育部、负责韩国数字教材的政策制定和教材开发的韩国教育学术信息院、韩国教育课程评价院、韩国教育网（EDUNET T-CLEAR）等权威机构的官方网站。文献资料主要包括教育信息化政策、数字教材政策、英语课程标准、数字教材及平台、纸质教材和数字教材研究论文等。通过文献研究，了解数字教材的发展现状和研究现状，找到本研究的切入点。

二、内容分析法

内容分析法指研究者根据一定的理论基础和分析框架，利用系统的统计分析工具，对静态文本内容（符号、话语等）进行描述性分析的研究方法。其典型特征是非介入性，即在不影响研究对象的情况下对教材的文本内容进行描述分析，也就是对事先通过理论论证而设定的词汇或其他语意单位的发生频率进行次数计算（张倩、黄毅英，2016：44）。研究工具是由类属和类目组成的分析框架。

内容分析法具有其自身的优势，例如：（1）它的研究对象是教材文本资料，较易获取；（2）它可借助计算机等工具来处理大量的文本资料；（3）既可以用来探讨教材某主题的纵向变迁，以了解不同时代教育理念的兴衰变化，也可用来探讨不同版本教材的横向差异，以了解不同地区、不同文化、不同国别教育理念和价值观取向的异同，适合对不同版本的教材做比较研究（张倩、黄毅英，2016：44）。

本研究旨在通过对中韩初中英语数字教材的静态文本内容及功能特征进行横向比较，了解中韩初中英语数字教材编制的一致性特征、共性特征，探讨不同文化背景、不同教育理念对教材编制的影响，从而为英语数字教材的编制提供建设性的参考建议。鉴于此，在已有的教材研究方法中，内容分析法最适合本研究。

具体实施步骤是先确定分析框架，确定能反映类属和类目的语义单位（指标），最后对内容文本进行编码登录和统计分析，如图4-1所示。

确定分析框架 → 确定语义单位 → 内容文本编码 → 统计分析

图 4-1　内容分析法的实施过程

三、个案研究法

个案研究法是教育学领域广泛使用的研究方法之一。众多研究者对个案研究法进行了界定，Merriam（1988：6）认为个案研究法是对单个实体、现象或社会单位进行密集的、全面的描述和分析，具有特殊性、描述性和启发性，在处理多个数据源时严重依赖归纳推理（Merriam，1988：6；Duff，2008：22）。多种个案研究法界定中重复出现的关键原则是：有界性或奇异性、深入研究、多视角或三角验证、特殊性、情境化和解读（Duff，2008：23）。

关于是否适合选择个案研究法，Yin（2018：2）的建议是：当主要研究问题是"如何"或"为什么"时或研究者对行为事件的控制很少或没有控制权时或研究重点是当代（非完全历史）现象时，可以选择个案研究法。本研究符合上述三个条件：（1）本研究主要研究问题是中韩初中英语数字教材是如何编制的，为何会呈现出这些编制特征；（2）研究者对中韩初中英语数字教材没有控制权；（3）研究重点是现在中韩两国正在使用的初中英语数字教材。因此，本研究可以采用个案研究法。另外中韩初中英语数字教材版本众多，若对目前中韩两国正在使用的全部版本进行分析，势必无法深入了解英语数字教材编制的内在特征和背后理据。对个案研究法的独特需求都是出于理解复杂社会现象的渴望，个案研究法可以让研究者深入关注"个案"并保留整体和现实的观点（Yin，2018）。有鉴于此，个案研究法不仅可以用于本研究，而且是本研究的理想研究方法。

关于个案研究结果的普遍化问题，Stake（2005）区分了三种个案研究。（1）内在个案研究，是为了帮助人们更好地理解这个特殊个案的有趣性质，不是因为个案代表了其他个案，或者可以说明某类特征或问题，不是要了解某种抽象结构或普遍现象。（2）工具性个案研究，主要是为了提供对某个问题的看法或重新概括。选定的个案本身是次要的，它主要辅助人们理解其他事情。对选定个案进行深入研究、背景审查和日常活动的详细介绍，都是因为这有助于追求外部利益。该个案可能被视为其他个案中的典型代表或也可能不是。（3）多个案研究，在本质上也是工具性的，"这些个案可能相似或不相似，冗余性和多样性都很重要。选择它们的原因是，相信对它们的了解将有助于对更多案例更好的理解，甚至更好的理论化"（Stake，2005：445；

Duff，2008：49；Denzin & Lincoln，2017：557）。本研究的第二个研究问题选择的是第二种"工具性个案研究"。中韩两国初中英语数字教材版本较多，从每个国家中选择有代表性的3个版本初中英语数字教材作为个案（共6个个案）对数字教材的纸质教材内容进行深入研究，以了解中韩初中英语数字教材中纸质教材内容的编制特征，而不是选择有独特性的英语数字教材作为个案进行研究来了解个案本身。

四、比较研究法

比较研究法是教育研究中非常重要的研究方法，有比较才有认识，有比较才能借鉴。古罗马著名的历史学家 Tacitus 曾经说过：要想认识自己，就要把自己同别人进行比较。比较研究法是根据一定的标准，将彼此有联系的现象和事物放在一起，观察其在不同情况下的不同表现，通过比较发现其异同，找出事物的普遍规律及特殊本质，力求得出符合客观实际结论的一种方法（徐红，2013：262）。它的本质在于从事物的相互联系和差异的比较中认识事物，探索事物发展的本质规律。本研究采取比较研究法，旨在了解中韩初中英语数字教材编制的共同特征以及各自的优势与不足，以探索英语数字教材编制的普遍规律。目前数字教材研发仍处于探索阶段，各国数字教材的建设远没有达到完善的地步，因此利用各国数字教材的优点，规避缺点，是探索数字教材建设的最佳方案。若只对中国已有的数字教材进行研究，数字教材的水平和数据仍不足够，因此采用比较研究方法，充分利用他国数字教材的优点，探讨英语数字教材编制的客观规律以及中国数字教材建设之路。

如果要进行比较研究，则必须满足三个条件：（1）必须存在两种以上的事物；（2）这些事物必须有共同的基础；（3）这些事物必须有不同的特性（徐红，2013：262）。首先，在本研究中，比较的对象是中韩两国的初中英语数字教材。其次，中韩初中英语数字教材有许多共同的基础，例如中韩都属于亚洲国家，处于"世界英语"模型的拓展圈，实施统一的国家课程标准，英语都属于外语科目，英语课程从三年级起设，存在激烈的高考竞争，家长热衷于各种课外补习班等。最后，中韩两国也存在不同的特征。韩国数字教材起步较早，在实践层面，韩国数字教材的开发与应用不断深入；在理论探索方面，文献研究也一直保持平稳的发展趋势。作为全球数字教材领域的领军力量（KERIS，2016c：230），韩国在数字教材开发、推广、应用和研究等方面具有较丰富的经验。中国数字教材起步略晚，数字教材的研究与应用仍处于实验阶段。本研究满足以上比较研究的三个条件。

比较研究法的实施过程分为五个步骤：（1）明确比较的主题；（2）确定比较的标准；（3）广泛收集和整理资料；（4）对比较的内容进行解释和分析；（5）做出比较的结论（徐红，2013：270）。本研究比较的主题是中韩初中英语数字教材的编制，比较的标准是课程一致性理论分析框架。通过内容分析法对中韩初中英语数字教材进行编码和数据整理，运用课程一致性理论对数字教材所呈现的特征进行解释，最后得出结论并为英语数字教材编制提供建议。

本研究尝试实现课程教学论视角与技术视角相结合，课程一致性理论与外语教学规律相结合，理论研究与个案分析相结合，量化数据和质化解读相结合。

第三节　研究对象

研究对象选择涉及国家的选择和数字教材的选择，即选择哪些国家的哪些数字教材作为研究对象。

一、国家的选择

本研究选择中国和韩国作为研究对象国。选择中国作为数字教材研究对象国的原因如下：人民教育出版社于 2018 年发布第三代人教数字教材并启动数字教材的整体研究，数字教材在中国有研究需求。为了了解中国的数字教材开发现状，并开发更高质量的数字教材，本研究将中国作为研究对象国之一。本研究没有局限于中国一个国家，因为中国的数字教材仍处于起步阶段，虽然 2002 年第一代电子教材和 2013 年第二代数字教材问世以来已有多年，但截至目前，"我国数字教材研发与应用仍处于实验阶段，尚未形成产品形态共识与普及性教学应用"（沙沙，2017：90），因此只通过分析中国数字教材来探讨数字教材的编制不具有实际意义。

选择韩国作为数字教材研究对象国亦有充分的理由。第一，韩国和中国同属亚洲国家，具有相似的教育背景。中韩两国都受儒家文化的影响，都是受科举制度影响下的高考大国。中韩两国都高度重视英语学习，韩国政府积极提升全民英语水平，认为英语是"提升个人竞争力和国家竞争力必不可少的工具"（Chung & Choi，2016：281）。中韩两国具有相同的基础教育学制，1—6年级为小学阶段，7—9年级为初中阶段，10—12为高中阶段（KMOE，2015a：14；王涛、朴宣运，2018：4；索丰、孙启林，2015：31）。两国英语同属于外语，都制定了国家英语课程标准，小学3年级起开设英语课程，从小学3年级到高中1年级，英语为必修课程，从3年级到12年级所建议的课时量大致相当。中韩两国也具有大致相同的英语课程总目标，中国义务教育阶段英语课程标准中课程总目标是通过英语学习使学生形成初步的综合语言运用能力，促进心智发展，提高综合人文素养；韩国英语课程标准总目标是培养学习者的英语沟通能力，同时还以树立关怀和帮助他人的模范市民意识，培养与知识力量密切相关的创新思考能力为目标（KMOE，2015b）。中韩两国的数字教材编制都以课程标准为依据，以纸质教材为蓝本。数字教材涵盖了纸质教材的全部内容，同时增加了纸质教材中没有的多媒体资源和学习资料。诸多的相似性让中韩两国的英语数字教材具有可比性，比较分析结果能为两国英语数字教材建设提供有益的启示和借鉴，具有极大的现实意义。第二，韩国数字教材建设水平相对较高。韩国于2007年率先实施数字教材推广计划，政府投入大量资金大力度推进项目，并关注数字教材的持续发展。韩国是全球推广数字教材力度较大的国家之一（孙众、骆力明，2013：61），同时也是电子学习中增长最快的国家之一（Lee et al.，2009），没有哪个国家有像韩国一样如此雄心勃勃的数字教材计划（Reguiera & Rodriguez，2015：19）。经过10余年的发展，"韩国现在已成为全球数字教材领域的领军力量"（KERIS，2016e：230）。另外，韩国教育信息化水平在亚洲乃至全球处于领先地位，2007年获得联合国教科文组织颁发的"哈马德国王奖"（UNESCO King Hamad Bin Isa Al-Khalifa Prize），该奖主要奖励将信息通信技术应用于教育和教学领域并作出突出贡献的个人、机构和非政府组织（杨勇，2012：50）。

当前数字教材研究文献中最常提到的两个国家是美国和韩国。美国作为数字出版领先的国家，其数字教材的开发与研究成果丰硕，但本研究并没有选择美国作为对象国。首先，在美国，英语属于母语不是外语；其次，全美第一个免费数字教材计划由加利福尼亚州政府在 2009 年实行，该计划前三个阶段的数字教材主要涉及数学、物理、化学、生物、地理科学等，并没有语言类的教材。美国"发现教育（Discovery Education）"数字教材主要是科学、社会学、数学、STEM 课程和编程等。本研究目的不仅仅是要探讨数字教材技术，更重要的是要探讨如何将数字教材技术与学科英语教学深度融合。鉴于以上考虑，本研究选择中国和韩国作为研究对象国。

二、数字教材的选择

从学科来看，本研究选择英语学科的数字教材进行研究。在英语为外语的国家中，英语数字教材因能极大地实现学生的自主听读功能，提供丰富的多媒体资源弥补语言环境的缺失，因而得到了广大师生的欢迎。英语教师对数字教材满意度最高（江丰光等，2013：68），英语数字教材是有效性最高的三个学科之一（顾小清、胡梦华，2018：22；KICE，2013：88），按科目教师最支持采用英语数字教材（Hong et al.，2013）。

从学段来看，本研究将选择初中阶段的英语数字教材进行研究。小学阶段的英语学习重在培养英语学习兴趣和信心，对此数字教材因其交互性和富媒体性而具有天然优势。高中英语数字教材对于语言学习要求高，但受高考影响，高中英语数字教材目前使用范围非常有限。初中英语数字教材集聚兴趣激发和语言学习两大功能，在衔接小学阶段英语学习和高中阶段英语学习方面起关键作用，因此本研究选择初中阶段的英语数字教材进行研究。

从教材版本来看，中国初中英语数字教材选择的 4 个版本分别是人教版、上海版、外研版和北师大版。教材册次是初中第一册（七年级第一册）。上海版初中阶段包括 6—9 年级四个年级，本研究中上海版同样选择七年级第一册作为研究对象。人教版初中英语教材由专门从事基础教育教材出版的人民教育出版社在多年教材实验和跟踪研究的基础上编制而成，是一套面向全国大多数地区的普适性教材。该套教材目前被全国大部分中学采纳使用，具有最广泛的用户群。外研版初中英语数字教材由以外语出版为特色的外语教学与研究出版社出版。北师大版初中英语数字教材由最具影响力的教育出版社之一北京师范大学出版社出版。人教版、外研版和北师大版英语数字教材对应的纸质教材都是依据《义务教育英语课程标准（2011年版）》的精神编制而成，2012年左右经教育部审定，数字教材的技术部分在持续更新中。上海版初中英语数字教材根据上海市中小学（幼儿园）课程改革委员会制定的课程方案和《上海市中小学英语课程标准（征求意见稿）（2004年版）》编制，经上海市中小学教材审查委员会审查，主要供上海地区学生使用。北京出版集团的京版数字教材和江苏凤凰电子音像出版社的凤凰数字教材等开发有初中英语数字教材，鉴于使用权限，未纳入本研究。另外，中国数字教材在各出版社平台上、各省市数字教材应用平台上、甚至技术公司平台上使用，因此未穷尽所有的初中英语数字教材。

韩国数字教材来自韩国教育学术信息院的数字教材平台。目前韩国KERIS数字教材平台上共有初中英语第一册12本，第二册12本，出版社涉及韩国权威的专业外语出版社YBM出版社；韩国传统教材出版社，例如东亚出版社、未来恩出版社、教育出版社；新一代出版社，例如天才教育出版社、能率出版社、多乐园出版社、Visang出版社。这些英语数字教材都是依据韩国2015年修订课程标准编制而成。韩国数字教材由韩国教育学术信息院平台统一管理，因此基本已穷尽目前正使用的初中英语数字教材版本。由于第二册教材在陆续更新，所以本研究选择第一册作为研究对象，第二册用于参考。鉴于下载权限，最后11个版本的初中英语数字教材被纳入本研究的分析中。

从时间来看，中国的《义务教育英语课程标准（2011年版）》于2011年制定，《韩国课标》（包括小学、初中、高中）于2015年制定。中国各版本英语数字教材在持续更新中，对应的纸质教材于2012年左右通过教育部审定投入使用。韩国各版本英语数字教材和对应的纸质教材均于2018年通过国家审定投入使用。总体来说，韩国课程标准和教材相对较新。15个版本中韩初中英语数字教材第一册的信息如表4-1所示，其中C1—C4是中国教材，K1—K11是韩国教材。

表 4-1　中韩初中英语数字教材第一册一览

编号	教材名称	作者	出版社	审查时间
C1	义务教育教科书英语（七年级上册）	人民教育出版社课程研究所，英语课程教材研究开发中心；美国圣智学习集团	人民教育出版社	2012 年
C2	英语（上海版）（试用本）（七年级第一学期）	沃振华，Ron Holt，上海市中小学课程改革委员会	上海教育出版社	2016 年
C3	义务教育教科书英语（七年级上册）	陈琳，Simon Greenall，鲁子问；麦克米伦出版集团	外语教学与研究出版社	2012 年
C4	义务教育教科书英语（七年级上册）	王蔷，陈则航	北京师范大学出版社	2013 年
K1	Middle School English 1	박준언，김명희，김수연，박병륜，양소영，최희진	YBM 出版社 와이비엠	2018 年
K2	Middle School English 1	이병민，이상민，Kim Christian，고미라，김수연	东亚出版社 동아출판사	2018 年
K3	Middle School English 1	윤정미，이희경，강은경，형호，장성욱，염미선 손지선，성인，Sundeen Glenn Paul	东亚出版社 동아출판사	2018 年
K4	Middle School English 1	이재영，안병규，오준일，배태일，김순천，박성근，신수진	天才教育出版社 천재교육	2018 年
K5	Middle School English 1	정사열，이성림，홍숙한，강윤희，이현주，성현영	天才教育出版社 천재교육	2018 年
K6	Middle School English 1	최연희，유원호，박유정，주혜연，이수윤，김기중，이예식，Kevin Buchane	未来恩出版社 MiraeN	2018 年
K7	Middle School English 1	강용순，김해동，George Whitehead，권혜연，구나현，한경，홍기만	多乐园出版社 다락원	2018 年
K8	Middle School English 1	양현권，이창수，김기택，최정윤，고아영	能率出版社 NE 능률	2018 年
K9	Middle School English 1	김성곤，서성기，이석영，최동석，강용구，김성애，최인철，양빈나，조유람	能率出版社 NE 능률	2018 年
K10	Middle School English 1	민찬규，김윤규，정현성，이상기，최진희，박세란，염지선，Walter Foreman	教育出版社 지학사	2018 年
K11	Middle School English 1	김진완，황종배，Judy Yin，이윤희，신미경，조성옥，조현정	Visang 教育出版社	2018 年

　　本研究旨在回答三个研究问题。第一个研究问题对中韩初中英语数字教材的总体结构进行描述和比较，以全面地、具体地认识中韩初中英语数字教材。为回答这个问题，本研究将以中国 4 本初中英语数字教材（C1—C4）和韩国 11 个版本初中英语数字教材（K1—K11）为对象进行分析和比较。

　　第二个研究问题是探讨中韩初中英语数字教材的"纸质教材内容"与各

自英语课程标准的一致性水平，因知识的连贯性和内容的整体性，适宜对整本教材进行分析。本研究从中韩初中英语数字教材第一册中各选择有代表性的 3 个版本作为个案进行深入分析。中国初中英语数字教材选择人教版（C1）、上海版（C2）和外研版（C3），分别代表基础教育出版社、发达地区教材出版社和专业外语出版社。韩国选择 YBM 版（K1）、东亚版（K2）和天才版（K4），分别代表专业外语出版社、传统教材出版社和新一代出版社，这些教材在一定程度上可以代表中韩两国英语数字教材的质量水准。

第三个研究问题对中韩初中数字教材的内嵌资源、工具维度、技术维度的一致性水平进行比较，找出两国数字教材的共性和特性。内嵌资源、工具维度和技术维度涉及数字教材的增值内容和功能特征，即信息技术与教学评的融合。数字教材因追求教材内部风格、按钮、功能的统一性，每个单元的功能特征基本相似。因此，本研究选择 15 个版本初中英语数字教材的第一单元作为数据收集对象，即收集中国 4 个版本初中英语数字教材（C1—C4）第一册的第一单元和韩国 11 个版本初中英语数字教材（K1—K11）第一册的第一单元的数据。

第四节　研究工具

本研究使用的工具有三种，分别是课程一致性分析框架、Webb 一致性分析模式和 Range 词汇分析软件。课程一致性分析框架是本研究最重要的研究工具，由研究者根据课程标准和技术标准搭建而成。Webb 一致性分析模式和 Range 词汇分析软件是本研究根据需要而借鉴使用的研究工具。

一、课程一致性分析框架

本研究课程一致性分析框架的搭建过程分为课程标准和技术标准的选择、分析框架的初步确定、先导分析与第一次修订、专家验证与第二次修订、分析框架的最终确定五个阶段，如图 4-2 所示。

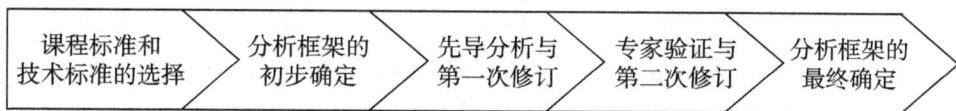

| 课程标准和
技术标准的选择 | 分析框架的
初步确定 | 先导分析与
第一次修订 | 专家验证与
第二次修订 | 分析框架的
最终确定 |

图 4-2　课程一致性分析框架的搭建过程

（一）课程标准和技术标准的选择

基于课程一致性理论和信息系统工件理论，本研究的课程一致性分析框架是通过分析中韩英语课程标准和数字教材技术标准完成的。第一阶段是确定分析框架要参考的课程标准和技术标准。教材严格依据课程标准所规定的课程目标、结构、内容、要求和方法编制，因此分析框架首先考虑的是英语课程标准。

当前中国大部分初中英语数字教材参考的课程标准是中华人民共和国教育部制定的《义务教育英语课程标准（2011 年版）》（简称《中国义务课标 2011》），该课程标准包括前言、课程目标、分级标准、实施建议和附录五个部分。义务教育英语课程以小学三年级为起点，分为小学（3—6 年级）和初中（7—9 年级）两个阶段，能力水平分别对应整个基础教育阶段的英语课程（包括义务教育和高中教育两个阶段）9 个级别中的 1—2 级和 3—5 级。"课程目标"分为总目标和 1—5 级分级目标。"分级标准"从语言技能、语言知识、情感态度、学习策略和文化意识五个方面提供了二级要求（六年级结束时应达到的基本要求）和五级要求（九年级结束时应达到的基本要求）。"实施建议"从教学建议、评价建议、教材编写建议、课程资源开发与利用建议四个方面提供。"附录"提供了语音项目表、语法项目表、词汇表、功能意念项目表、话题项目表、课堂教学实例、评价方法与案例、技能教学参考建议、课堂用语。本研究的分析框架主要参考初中阶段 3—5 级的相关要求。

上海版初中英语数字教材参考的课程标准是《上海市中小学英语课程标准（征求意见稿）》（2004 年版）（简称《上海市课标》），该课程标准从导言、课程目标、课程设置、内容与要求、实施意见和附录六个方面对中小学英语课程做出定位。"课程目标"分为总目标和三个阶段目标（小学、初中和高中），每个阶段目标又细分为两级，共六级，每一级目标从语言能力和情感态度两个方面进行描述。"课程设置"从小学一年级开始，分为小学（1—5 年级）、初中（6—9 年级）、高中（10—12 年级）三个阶段，其中初中阶段是英语学习的基础和发展阶段，除基础型课程外，还要求设置拓展型和探究型的学习内容。"内容与要求"分小学、初中、高中阶段，提供相应的学习内容和学习要求，其中"学习内容"包括基本素材、呈现形式、功能意念、语言知识四个方面的内容，"学习要求"对听、说、读、写提出六个级别的要求。"实施意见"对教材建设、教学建议、评价意见和保障措施四个方面提出策略方法。"附录"提供了基本素材、呈现形式、功能意念项目、语言知识类别、课外视听量（单位：小时）、课外阅读量（单位：词）、词汇量（单位：词）和核心词汇等方面信息。本研究的分析框架主要参考初中阶段三—四级的相关要求。

现有初中英语数字教材所依据的《中国义务课标 2011》和《上海市课标》是在 2016 年《中国学生发展核心素养》研究成果发布前制定的，因此本研究还将参考教育部最新印发的《义务教育英语课程标准（2022 年版）》（简称《中国义务课标 2022》）进行分析与讨论。该课程标准包括课程性质、课程理念、课程目标、课程内容、学业质量、课程实施和附录七个部分。英语课程要培养的学生核心素养包括语言能力、文化意识、思维品质和学习能力等方面。义务教育英语课程分为三个学段，每个学段设有相应的目标，即一级建议为 3—4 年级学段应达到的目标，二级建议为 5—6 年级学段应达到的目标，三级建议为 7—9 年级学段应达到的目标，注重各学段目标之间的连续性、顺序性和进阶性。英语课程内容由主题、语篇、语言知识、文化知识、语言技能和学习策略等要素构成。"实施建议"提供了教学建议、评价建议、教材编写建议、课程资源开发与利用、教学研究与教师培训五个建议。"附录"提供了核心素养学段特征、语音项目表、词汇表、语法项目表、教学案例五个附录。本研究主要参考 7—9 年级三级目标的相关要求。

在继承和发展《中国义务课标 2011》的基础上，《中国义务课标 2022》呈现了一些新变化与新突破：确立以立德树人为根本任务的英语课程性质，明确指向学生核心素养的英语课程目标，构建基于分级体系的课程结构，以主题引领组织和选择课程内容，践行学思结合、用创为本的英语学习活动观，注重"教—学—评"一体化设计，重视信息技术与教学深度融合的英语课程建设，增加"教学研究与教师培训"内容等等（梅德明、王蔷，2022）。值得关注的是，《中国义务课标 2022》将"推进信息技术与英语教学的深度融合"

作为课程理念之一进行明确，强调信息技术对英语课程教与学方式的变革，对英语课程教与学的支持与服务，鼓励使用数字技术和在线教学平台开展线上线下融合教学。

韩国初中英语数字教材所参照的课程标准是 2015 年韩国教育部制定的《国家中小学课程标准（2015 年版）》和《英语课程标准（2015 年版）》（简称《韩国课标》）。《韩国课标》分为通用课程、一般选修课程和职业生涯规划选修课程三个部分，其中通用课程从品格、目标、内容体系及成就标准、教学评建议和附录五个方面对小学（3—6 年级）、初中（7—9 年级）和高中（10—12 年级）三个阶段的英语课程进行规定。"课程目标"包括英语课程总体目标、具体目标和分阶段目标。"内容体系及成就标准"包括内容体系、语言技能与交流活动、语言材料三个方面的内容体系以及听、说、读、写四项技能的成就标准，每一项技能成就标准从学习要素、成就标准、教学建议和评价建议四个方面进行描述。"教学评建议"提供了教学建议和评价建议。"附录"提供了话题、交际功能、词汇和语法四个方面的具体内容。本研究的分析框架主要参考通用课程中初中阶段的相关要求。

《中国义务课标 2011》是在《2013 年教育信息化工作要点》提出启动数字教材之前制定的，因此在"教材编写建议"部分没有对数字教材做出具体的指导。韩国当前的英语课程标准是在 2007 年启动商业化数字教材计划之后制定的，但因韩国英语课程标准没有单独的"教材编写建议"部分，因此也没有对数字教材的编制做出指导。《中国义务课标 2022》明确要求英语教材的编写应有效利用信息技术，应配套数字学习资源，建立数字学习平台，为开展智能化教学提供支持。目前课程标准对教材编制的建议主要是以一种隐性的方式进行，以完成教学内容和实现教育目标为指导来编制教材。另外，中韩数字教材目前还只是纸质教材的附属，没有独立的版权，所以没有独立的国家数字教材课程标准，因此当前数字教材的编制仍然以纸质教材课程标准为依据，参照数字教材技术标准进行开发。

鉴于上述原因，本研究的课程一致性分析框架，将在中韩两国英语课程标准的基础上，纳入两国的数字教材技术标准。第一个技术标准是中国《河南省中小学数字教材建设规范（试行）》，该规范由中国河南省教育厅于 2017年 12 月印发，内容建设规范从课程内容、结构设计、学科内容、界面设计、技术实现和素材技术 6 个维度对数字教材建设做出了具体要求。第二个技术标准为国家市场监督管理总局、国家标准化管理委员会 2022 年发布的《数字教材中小学数字教材出版基本流程》《数字教材中小学数字教材元数据》《数字教材中小学数字教材质量要求和检测方法》，数字教材质量由有效性、完整性、规范性和准确性四个要素构成，其中规范性从文本内容、图片、图像内容、音频内容、视频内容等方面进行要求。第三个技术标准是韩国《数字教材制作指南》，该指南由韩国教育学术信息院于 2012 年 9 月印发，从内容管理、文本、多媒体、评价、用户输入、风格、元数据、安全与版权、布局九个方面为数字教材制作提供指导方针。课程一致性分析框架所参考的英语课程标准和数字教材技术标准如表 4-2 所示。

表 4-2　课程一致性分析框架的参考来源

序号	年份	印发部门	标准名称	类型
1	2011	中华人民共和国教育部	《义务教育英语课程标准（2011 年版）》	课程标准
2	2004	上海市中小学课程改革委员会	《上海市中小学英语课程标准（征求意见稿）》（2004 年版）	课程标准
3	2022	中华人民共和国教育部	《义务教育英语课程标准（2022 年版）》	课程标准
4	2015	韩国教育部	《国家中小学课程标准（2015 年版）》(The National Curriculum for the Primary and Secondary Schools) 和附件 14《英语课程标准》（영어과 교육과정）	课程标准
5	2022	中国国家市场监督管理总局、国家标准化管理委员会	《数字教材中小学数字教材出版基本流程》《数字教材中小学数字教材元数据》《数字教材中小学数字教材质量要求和检测方法》	技术标准
6	2017	河南省教育厅	《河南省中小学数字教材建设规范（试行）》	技术标准
7	2012	韩国教育学术信息院	《数字教材制作指南》（디지털교과서 제작가이드라인）	技术标准

分析框架在纳入各标准的基础上，逐渐调整、扩展和修订，以确保重要的内容目标和工具技术等在该分析框架中得以体现。各个英语课程标准和技术标准所使用的术语不尽相同，搭建分析框架时不可能包含所有标准中使用的术语。因此，在编码映射过程中，本研究将意义相同或相近的概念术语统一置于本研究分析框架的术语之内。

（二）分析框架的初步确定

分析框架分为三个主要级别：一级维度、二级维度、三级维度和指标，每个级别都会提供下一级的细节以映射目标。

1. 一级维度的确立

从概念界定来看，众多研究者在对数字教材进行界定时都强调数字教材的内容属性和工具属性。例如，人教数字公司（2018）认为，数字教材是融教材、数字资源、学科工具、应用数据于一体的教材；Railean（2015）认为，数字教材不仅是一种教育资源，还是一种学习工具。韩国教育学术信息院的数字教材概念图由教育资源（教材、字典、参考书、练习册、数据搜索、超链接、多媒体等）和支持教学评的工具（评价工具、学习管理工具、创作工具）等组成（KERIS，2016e：225）。顾小清等（2012：89）认为，电子书包不仅能作为学习者的学习工具，作为有效实现教师教学意图的教具，还能作为优质学习资源互联互通的载体。朱茜和徐锦芬（2014：1）指出，现代外语教材发挥着学习资源和学习工具两大功能。从数字教材核心意义来看，教材就是通过什么方式将哪些内容传递给学生。

从课程一致性理论来看，中韩课程标准都包括目标、内容、教学评建议三个方面的核心内容。除内容和工具外，数字教材作为信息技术与纸质教材的融合，技术贯穿数字教材的始终，是数字教材的关键要素。信息系统工件理论认为，一个信息系统由信息工件、社会工件和技术工件三方面组成，即内容、工具和技术三个方面。数字教材利用各种技术手段，使资源呈现方式更多样，使教学评过程更有效，使学习体验更美好。

从数字教材的评价框架来看，多数研究从数字教材内容、工具、技术三个方面进行评价。国际 K12 在线学习协会于 2011 年发布的《国家优质网络课程标准》从内容、教学设计、学生评价、技术、课程评估与支持（教师培训）方面对数字教材进行规范。中国台湾地区教育主管机构 2014 年印发的《数位学习教材认证指标及评定规准》对数字教材的内容与架构、内容设计、辅助设计、媒体与界面设计进行了规范。韩国教育课程评价院开发的数字教材评价标准从课程一致性、内容的准确性恰当性、支持教与学的有效性、界面可用性四个方面对数字教材进行了规范。

根据数字教材的概念界定、课程标准、信息系统工件理论以及评价框架等文献，本研究将分析框架一级维度分为内容、工具、技术三个方面。

2. 二级维度的确立

这一级继续对课程标准、技术标准和相关文献进行分析，以确定内容、工具和技术的二级维度。

（1）内　容

内容是教材的核心。目前中韩初中英语数字教材均以纸质教材为蓝本，在遵循纸质教材的固定内容文本和编排方式的基础上，将纸质教材内容数字化。因此，数字教材的主要内容是根据课程标准编写的"纸质教材内容"。除此之外，数字教材在纸质教材内容的基础上，添加了一些配套资源，又称"内嵌资源"。这些资源主要以多媒体形式呈现，使用与纸质教材相同的人物形象，对纸质教材的内容进行多样化表征，同时对知识点和练习进行补充，具有动态性、交互性、扩展性和趣味性等特征，用以支持教师课堂教学和学生自主学习。《中国义务课标2022》指出英语教材应配套数字学习资源，以辅助教材的使用。韩国《数字教材制作指南》将内容部分划分为纸质教材内容和附加数字内容。因此，本研究将数字教材的内容维度分为"纸质教材内容"和"内嵌资源"两个二级维度。

（2）工　具

和纸质教材相比，数字教材最大的优点是其工具属性。常规技术标准主要从技术的角度对工具功能进行分类，如Grönlund等（2018：1361）将工具分为演示工具、文本处理工具、交流工具和教师工具四类。中韩英语课程标准和数字教材技术标准都从教、学、评三个方面提出了要求。何克抗（2018：18）指出，数字教材是信息化环境下教与学的核心工具，是辅助教师突破重点、难点的形象化教学工具，更是促进学生自主学习和自主探究的认知工具、学生协作交流工具、情感体验与内化的工具。数字教材也因其交互性和即时反馈性而成为教学中有力的评价工具，对学生学习效果进行诊断和评价。本研究致力于课程一致性，关注课程标准中教育目标实现所需的工具功能。因此，从服务于教学的角度，本研究将数字教材的工具功能划分为教学工具、学习工具和评价工具三个方面。

（3）技　术

技术是数字教材的关键要素。数字教材通过技术的力量促进教学内容的掌握、"教—学—评"一体化的完善，从而促进教育目标的实现。《河南省中小学数字教材建设规范（试行）》从界面设计、技术实现和素材技术三个方面对数字教材技术进行了规范。韩国《数字教材制作指南》对数字教材的界面设计、软硬件和元数据等给出了建议。由英国联合信息系统委员会资助的《EBONI电子教材设计指南》包括界面设计指南和硬件设计指南

（Wilson & Landoni，2002）。中国台湾地区教育主管机构 2014 年印发的《数位学习教材认证指标及评定规准》对媒体与界面设计技术进行了规范，并单独设计了《平台功能检核项目》。由此可见，数字教材的技术方面主要涉及界面、平台软硬件、素材元数据三个方面。鉴于研究目的和学科属性，本研究仅关注数字教材的界面设计，探讨数字教材的界面可用性和友好性等，这是数字教材技术研究涉及最多的方面，也是最直接关乎学生体验的方面。本研究课程一致性分析框架的一、二级维度归纳如表 4-3 所示。

表 4-3　课程一致性分析框架的一、二级维度

一级维度	二级维度
内容	1.1 纸质教材内容
	1.2 内嵌资源
工具	2.1 学习工具
	2.2 教学工具
	2.3 评价工具
技术	3.1 界面技术

3. 三级维度的确立

这一级将继续根据相应的标准对上一级中课程一致性分析框架的二级维度进一步细分，以确定本研究的三级维度。

（1）纸质教材内容

中韩初中英语课程标准都对课程目标和课程内容做了明确规定，为纸质教材内容的编写提供了指南。《中国义务课标 2011》将英语课程的总目标设定为"在语言技能、语言知识、情感态度、学习策略和文化意识五个方面整体发展的基础上，使学生形成初步的综合语言运用能力，促进心智发展，提高综合人文素养"。"语言技能"是语言运用能力的重要组成部分，包括听、说、读、写以及这些技能的综合运用。"语言知识"是发展语言技能的基础，包括语音、语法、词汇、功能和话题五个方面，并以附录的形式提供了具体的范围。"情感态度"是影响学习过程和学习效果的重要因素，包括动机兴趣、自信意志、合作精神以及逐渐形成的祖国意识、国际视野。"学习策略"包括认知策略、调控策略、交际策略和资源策略，有助于形成自主学习能力，为终身学习奠定基础。"文化意识"包括文化知识、文化理解、跨文化交际意识和能力。

《中国义务课标 2022》将英语课程总目标设定为：培养学生在语言能力、文化意识、思维品质、学习能力等方面的核心素养。英语课程内容由主题、语篇类型、语言知识、文化知识、语言技能和学习策略等要素构成。其中，"主题"包括人与自我、人与社会、人与自然三大范畴。"语篇类型"包括连续性文本和非连续性文本，也可分为口语与书面语等形式以及文字、音频、视频、数码等模态。"语言知识"包括语音、词汇、语法、语篇和语用知识，是发展语言技能的重要基础。"文化知识"包括物质文化知识和非物质文化知识。"语言技能"包括听、说、读、看、写等方面的技能及其综合运用。"学习策略"包括元认知策略、认知策略、交际策略、情感管理策略等。

《上海市英语课程标准》将英语课程总目标设定为：培养学生具有（1）较为熟练的语言技能，比较丰富的语言知识，学习过程的体验，良好的英语交际能力；（2）科学探究的学习方法和团队合作的意识；（3）乐于接受世界优秀文化的开放意识；（4）持久的学习积极性，良好的学习习惯，学好英语的自信心。总目标同样涉及语言技能、语言知识、情感态度、文化意识、学习策略五个方面。另外，"阶段目标"从学生的语言能力和态度情感两个方面进行描述；"学习内容"从基本素材、呈现形式、功能意念、语言知识四个方面进行规定；"学习要求"从听、说、读、写四个方面提出要求。课程标准指出，教材编写应有机结合基础型课程和拓展型课程学习内容，将语言技能、语言知识、情感与态度、学习策略、跨文化交际意识等内容和目标融入教材中。

《韩国课标》指出英语课程总目标为（1）掌握英语的听、说、读、写能力，培养基础的沟通能力；（2）作为终身教育，保持对英语的兴趣、学习动力和自信；（3）培养理解国际社会文化、多元文化、国际社会的能力和包容的态度；（4）培养包括英语信息素养等信息真伪及价值判断能力。英语课程要培养的学生核心素养包括英语沟通能力、自我管理能力、共同体能力、信息处理能力。"内容体系"从内容体系、语言技能与交流活动、语言材料三个方面给出建议，其中"内容体系"从领域、核心概念、一般知识、内容要素、认知目标五个方面对内容体系进行了详细的规定；"语言技能"指渐进培养听、说、读、写四种技能以及至少能将一两种技能结合运用的能力；"交流活动"包括语音语言活动和文字语言活动；"语言材料"提供了文化、话题、交际功能、词汇和语法，并以附录的形式提供具体内容参考。最后，"成就标准"从听、说、读、写四个方面进行了要求。四个英语课程标准对课程目标和课程内容所做的规定归纳如表 4-4 所示。

表 4-4　中韩初中英语课程标准对课程目标和课程内容的规定

项目	《中国义务课标 2011》	《中国义务课标 2022》	《上海市课标》	《韩国课标》
课程目标	通过语言技能、语言知识、情感态度、学习策略和文化意识五个方面的整体发展，学生形成初步的综合语言运用能力	培养学生在语言能力、文化意识、思维品质、学习能力等方面的核心素养	（1）较为熟练的语言技能，比较丰富的语言知识，学习过程的体验，良好的英语交际能力；（2）科学探究的学习方法和团队合作的意识；（3）乐于接受世界优秀文化的开放意识；（4）持久的学习积极性，良好的学习习惯，学好英语的自信心。	（1）掌握英语的听、说、读、写能力，培养基础的沟通能力；（2）作为终身教育，保持对英语的兴趣、学习动力和自信；（3）培养理解国际社会文化、多元文化、国际社会的能力和包容的态度；（4）培养包括英语信息素养等信息真伪及价值判断能力。
课程内容	语言技能、语言知识、情感态度、学习策略和文化意识	主题、语篇、语言知识、文化知识、语言技能、学习策略	基本素材、呈现形式、功能意念、语言知识	内容体系、语言技能与交流活动、语言材料
附录	语音项目表、语法项目表、词汇表、功能意念项目表、话题项目表、课堂教学实例、评价方法与案例、技能教学参考建议、课堂用语	核心素养学段特征、语音项目表、词汇表、语法项目表、教学案例	基本素材、呈现形式、功能意念项目、语言知识类别、课外视听量、课外阅读量、词汇量、核心词汇	话题、交际功能、词汇、语法

　　虽然中韩各课程标准使用的术语和各术语涉及的范围略有不同，但仔细分析发现，中韩英语课程标准对课程目标和课程内容做出了大致相似的要求，例如都对语言技能、语言知识、情感态度、学习策略、文化意识、语篇等提出了要求，并提供了话题、功能意念、词汇、语法等内容附录。《韩国课标》将"信息处理能力"作为学生必备的核心素养之一并加以明确。虽然中国义务教育英语课程标准没有对"信息素养"提出明确要求，但"信息素养"与数字教材密切相关。本着求同存异的思想，本研究将纸质教材内容维度分为语言技能、语言知识、学习策略、文化意识、信息素养五个三级维度。

　　其中"语言技能"包括听、说、读、写四个指标。"语言知识"包括语音、话题、功能、词汇、语法、语篇六个指标。关于"学习策略"，《中国义务课标 2011》将"学习策略"分为认知策略、调控策略、交际策略、资源策略，五级目标共设有 28 条学习策略目标。《韩国课标》要求培养学生具备"自我管理能力"的核心素养，要求学习者具有能够自主地、持续地进行英语学习的能力，掌握一定的学习策略等，但没有对学习策略提供具体目标要求。《上海市课标》对初中四级设有四条态度情感目标，没有对学习策略提出具体目标要求。《中国义务课标 2022》对学习策略进行了调整，将调控策略和资源策略合并为元认知策略，将原来与学习策略并列的"情感态度"调整为学习策略下的"情感管理策略"。因此，兼顾不同课程标准的要求，参照最新义务教育课程标准，本研究将"学习策略"分为元认知策略、认知策略、交际策略和情感管理策略四个方面，将"情感态度"纳入"学习策略"之"情感管理策略"当中。

在"文化意识"方面，《中国义务课标 2011》将文化意识分为文化知识、文化理解、跨文化交际意识和能力，其中五级目标共设有 12 条文化意识标准。《上海市课标》在情感态度目标中对文化意识提出了要求，但没有具体的文化意识目标要求。《中国义务课标 2022》将文化知识分为物质文化知识和非物质文化知识，还包括态度和价值观。《韩国课标》指出应培养对外国文化开放的态度，树立世界公民意识，培养能将韩国文化介绍给外国人的跨文化沟通能力。为了便于分析比较，本研究借鉴 Byram（2020）包含态度、知识、解读和建立关系的技能、发现与互动的技能、批判性文化意识 5 个维度的跨文化交际能力模型，对中韩课程标准中的文化知识进行统一编码，划分为文化态度、文化知识、文化交际能力和文化批判意识四个方面。中韩三个课程标准主要涉及文化态度、文化知识、文化交际能力三个方面。

在"信息素养"方面，《韩国课标》将"信息处理能力"作为英语课程要培养的学生具备核心素养之一，强调信息收集、信息分析、媒体运用、信息伦理的能力。韩国认为信息伦理教育应以课程为基础，关注与数字教材相关的各种材料的版权保护问题，使用照片和视频时可能会遇到的版权和肖像侵权问题，在学习社区 Wedorang 中与其他学生互动时可能出现的正确评论 / 回复、网络礼节等问题。本研究借鉴韩国英语课程标准，将"信息素养"分为信息收集、信息分析、媒体运用和信息伦理四个指标。

（2）内嵌资源

内嵌资源是数字教材添加的内容。《中国义务课标 2011》和《中国义务课标 2022》均单设一节"课程资源开发与利用"，建议开发多样课程资源以丰富教学内容，提高教学质量，配套数字学习资源，建立数字学习平台，辅助教材的使用。《上海市课标》指出，为保障达到目标，应利用现代教育技术，开发多种形式的教学资源，如幻灯片、投影片、录音带、录像带、电影片、多媒体软件等，应充分利用图书馆、资料室和国际互联网络等课程资源，指导学生进行探索性、研究性学习。《河南省中小学数字教材建设规范（试行）》建议补充微课、情景动画、视频、课件、文字、相关图片等同步学习资源。中国《数字教材中小学数字教材质量要求和检测方法》对文本、图片、图像、音频、视频内容提供了规范性要求。

《韩国课标》提出语言材料应该考虑学生的兴趣、需求、认知水平等因素，应提供能激发学习动力的内容，以及有益于培养创新性、逻辑性、批判性思考的内容。韩国《数字教材制作指南》将内嵌资源分为多媒体资源、补充和深度学习材料、词汇表和评价项目四个方面。多媒体资源指结合纸质教材内容制作的音频、视频、动画等多媒体格式的学习资料；补充和深度学习材料包括不同类型、不同水平的学习材料，以进行补充学习和深度学习；术语表指纸质教材内容和数字内容中用于课程参考的重要术语的说明；评价项目包括各种类型的练习、评价材料，用于检查和评估学生的成就水平（KERIS，2012：2）。

在参考中韩英语课程标准和数字教材技术标准的基础上，本研究将内嵌资源分为多媒体资源和补充学习资源两个方面。其中"多媒体资源"主要包括音频、视频和动画；"补充学习资源"包括辅助学习的参考答案、听力文本、课文语法讲解、词汇讲解、词汇索引、补充练习和评价等。

（3）教学工具

中韩英语课程标准都对教师创造性使用教材提出了要求。《中国义务课标2011》在"教学建议"部分，建议教师应结合实际教学需求，创造性地使用教材，例如对教材进行适当的取舍和调整。《中国义务课标2022》在"教材编写建议"中指出，教材应确保适度的开放性，为教师自主选择、增补和调整教学内容等预留空间。《韩国课标》在"教学建议"中指出，教师应利用创意活动和各种媒体设计教学方法，以发展创意和融合的思维能力。因此，数字教材作为一种教学工具，应尽可能满足教师在各个教学环节中灵活运用教材的需求。

在备课环节，各研究提到最多的是创作工具，即教师利用数字教材的

113

可操作性，进行内容补充、删减、替换、顺序调整、注释添加等创造性地使用教材，利用数字教材中的图片、音频、视频等创作属于自己教学风格的教材，实现内容定制化、风格个性化的教学（Taizan 等，2012：92）。首先，允许教师将已有的课件或授课资源导入或导出到数字教材。其次，允许教师对教材内容进行选择性复制，提供含有教材内容的图片、音频、视频、动画的素材库，补充在线素材和共享素材，方便教师在备课时随意调取和组合使用；提供备课工具，例如思维导图等，方便教师立体化呈现教学内容。最后，教师可以共享自己的课件和资源等，实现资源互惠。在授课环节，数字教材应提供多种授课工具，例如：教师可以进行学生屏幕控制，进行课堂提问和在线抢答，进行课件演示并能在数字教材和课件之间灵活切换等。在管理环节，数字教材平台提供作业管理、班级管理、课堂管理和资源管理等功能，方便教师分门别类管理信息和资源。

因此，本研究将教学工具分为备课工具、授课工具和管理工具。其中，"备课工具"包括备授课导入导出、创作工具、共享课件；"授课工具"包括屏幕控制、练习提问、互动工具、课件演示四个方面；"管理工具"包括作业管理、课堂管理、班级管理、资源管理四个方面。

（4）学习工具

数字教材最重要的工具属性在于支持学生学习，培养学生自主学习能力、满足个性化学习，从而为终身学习奠定基础。为了找出中韩英语课程标准所倡导的主要学习方式，本研究将对中韩英语课程标准中有关学习方式的内容进行摘录和编码，然后将这些内容按照核心含义进行归类统计。其中，《韩国课标》中仅对通用课程进行编码。统计结果显示，《中国义务课标2011》对自主学习、差异化学习、合作学习等学习方式进行了要求；《中国义务课标2022》对合作学习、探究学习、自主学习等学习方式进行了要求；《上海市课标》对探究学习、合作学习、差异化学习、项目学习等学习方式提出了要求；《韩国课标》对自主学习、合作学习、差异化学习等学习方式进行了要求。四个课程标准中学习方式频次最高是合作学习、自主学习、探究学习、差异化学习。编码频次如表4-5所示。

表 4-5　中韩初中英语课程标准中学习方式的编码频次

课程标准中的学习方式	《中国义务课标 2011》	《中国义务课标 2022》	《上海市课标》	《韩国课标》	总计
自主学习	15	25	4	15	59
差异化学习	16	19	8	5	48
个性化学习	4	8	1	2	15
定制化学习	0	0	0	0	0
合作学习	13	41	9	14	77
任务学习	1	23	1	2	27
项目学习	0	6	8	1	15
探究学习	4	29	22	2	57

其中，自主学习、差异化学习、个性化学习、定制化学习四者彼此联系。个性化学习是指以反映学生个体差异为基础，促进学生个性发展、潜能发挥以及教育公平为目标的学习范式。通过对特定学生的全方位评价发现和解决学生所存在的学习问题，为学生量身定制不同于别人的学习策略和学习路径。比尔和梅琳达盖茨基金会（Bill & Melinda Gates Foundation）（2014：6）指出个性化学习模型有四个共同要素：（1）学习者特征；（2）个性化学习路径，即适应学习者的进步、需求、动机和目标的定制化学习路径；（3）基于能力的进展；（4）灵活的学习环境。这两个个性化学习概念都包括差异化学习和定制化学习。Courcier（2007：64）认为差异化学习是实现个性化学习的方式之一。本研究认为差异化学习和定制化学习是个性化学习的具体方式，是实现个性化学习的前提。而个性化学习与自主学习概念重叠，个性化学习关注在操作层面上为学习者提供机会，而自主学习则关注个人利用这些个性化学习机会的能力（Underwood & Banyard，2008：234）。由于自主学习、差异化学习、个性化学习和定制化学习四个概念的相似性，本研究使用中韩课程标准中出现频次最高的"自主学习"涵盖差异化学习、个性化学习和定制化学习三个方面。在本研究框架中，"自主学习"细分为目标自主、差异化学习内容（即内容自主）和定制化学习过程（即过程自主）三个方面。另外评价自主以评价主体中的"自评"放在"评价工具"维度进行探讨。

关于"合作学习"，《中国义务课标 2011》在合作写作、合作精神以及合作完成任务方面做出了要求；《中国义务课标 2022》对合作学习非常重视，涉及合作探究、合作评价、同伴合作、小组合作、合作交流等关键词；《上海课标》对合作精神、合作意识以及合作完成学习任务方面做出了规定;《韩国课标》对合作学习做出了非常具体的规定,例如,在读、写、说和游戏等活动中进行任务合作和小组合作评价等;在合作学习中培养协同心、宽容心和关怀心的共同体意识等。合作学习是以一种小组或团队的形式,强调利用计算机支持,组织学生协作完成某种既定学习任务的学习形式(陈坚林,2010)。根据 Johnson(1987)的理论,合作学习包括五个基本要素:积极的相互依赖、面对面的互促交流、明确的个人与小组职责、人际交往和团队合作能力、小组自评。合作学习的形式有竞争、协同、角色扮演、小组评价和问题解决。根据中韩英语课程标准的要求以及合作学习的概念界定,本研究将从合作内容、合作形式和合作支架三个方面进行,其中合作内容包括口语、写作、项目内容等;合作形式包括同伴合作、小组协作和班级合作三种形式;合作支架指培养学生合作精神和合作意识的活动支架,例如个人和小组的职责分工、通过任务分解提供过程支架、评价合作结果和合作过程的量规、为合作提供技术支持等。

关于"探究学习",《中国义务课标 2022》和《上海市课标》非常重视探究学习,频次分别为 29 和 22。《中国义务课标 2022》强调自主探究、主动探究、合作探究、基于语篇主题意义的探究。《上海市课标》单独设置了"关于研究(探究)型课程的要求"模块,对探究性学习提供了指导性意见和案例讲解,包括探究内容和探究操作步骤等。美国教育学家施瓦布(Joseph J. Schwab)将探究学习定义为"儿童通过自主参与获得知识的过程,掌握研究自然所必须的探究能力;同时,形成认识自然的基础——科学概念;进而培养探索未知世界的积极态度"(钟启泉,1998:363),具有问题性、过程性、开放性的特征(余文森,2004)。网络探究学习(WebQuest)是探究学习的一种具体形式,由美国圣地亚哥州立大学 Dodge(1995)提出,指依托互联网强大的信息资源来训练学习者的探究能力,学习者通过对信息的分析、评价和综合,从信息中获得知识和体验,内化各种策略(戴维·乔纳森等,2007)。网络探究学习一般包括导言、任务、过程、资源、评价和结论六个基本组成部分。"导言"创设问题情境和提出概要问题;"任务"重点关注将要进行的活动;"过程"为学习者提供完成任务的支架,例如将任务过程分解成循序渐进的若干步骤,并就每个步骤提供建议策略;"资源"指完成任务所必须的信息导航资源,常为网页资源;"评价"提供任务评价标准或量规,例如查找信息的有效性、能动性、努力程度、小组凝聚力、思考性和结果产品的复杂性等;"结论"对探究活动进行小结,鼓励进一步深入思考和进行延展性研究。邓莉(2017:79)指出,21世纪技能(例如批判性思维能力、沟通能力、团队协作能力、创新能力等高阶技能)的养成离不开探究学习。鉴于探究学习的重要性和数字教材进行网络探究学习的优势,本研究将选择探究学习作为学习方式之一进行一致性分析,主要从探究内容、探究形式和探究支架三个方面进行。探究内容分为语言文化探究和其他主题探究,探究形式包括自主探究和合作探究,探究支架包括过程支架、资源嵌入、评价量规和技术支持。

根据英语课程标准编码发现,自主学习、合作学习和探究学习是目前英语课程标准重点提倡的三种学习方式。《中国义务课标2022》将"具备自主学习、合作学习、探究学习的能力"作为英语课程要培养的学生核心素养之一——学习能力进行明确,并在"学业质量标准"中加以描述。鉴于以上分析,本研究将学习工具分为自主学习、合作学习和探究学习三个方面。其中,"自主学习"从目标自主、差异化学习内容(内容自主)和定制化学习过程(过程自主)三个方面进行;"合作学习"从合作内容、合作形式、合作支架三个方面进行;"探究学习"从探究内容、探究形式、探究支架三个方面进行。

(5)评价工具

中韩英语课程标准都非常重视评价的作用,都单独设立章节对评价提供参考建议。例如,《中国义务课标2011》单设一节"评价建议",从评价作用、评价主体、评价内容与标准、评价方法、形成性评价、终结性评价、教学与评价的关系、小学评价、初中毕业评价九个方面提出建议;《中国义务课标2022》对教学评价和学业水平考试提出建议,指出教学评价应贯穿英语课程教与学的全过程,基于评价目标选择评价内容和评价方式,落实"教—学—评"一体化等。《上海市课标》单设一节"评价意见"对评价目的、评价原则和评价形式进行说明。《韩国课标》单设一节"评价建议"提出总的评价建议18条,并在"成就标准"中对每个阶段的听、说、读、写提出具体的评价建议。通过对这些内容的分析和归纳发现,课程标准主要对评价类型、评价内容、评价主体、反馈形式进行了规定。

关于评价类型,《中国义务课标2011》提出评价体系应包括形成性评价和终结性评价，既关注过程，又关注结果。《中国义务课标2022》指出实施课堂评价、作业评价、单元评价和期末评价等评价活动，进行形成性评价与终结性评价相结合的多元评价方式。《上海市课标》提出应结合定量记录和定性描述，既要进行阶段考查、单元性考查，也要对课堂日常表现和作业进行评价；除测验、考试外，还应进行能力展示、英语竞赛等其他形式的评价。《韩国课标》建议采用书面评价（选择性问题、真实性任务、回答问题、简短回答、小作文、作文），表现性评价（观察、口头、面试、示范等），以及采用诊断性评价来检查学习者的水平，并建议根据学习目标结合形成性评价和终结性评价。根据上述课标精神，本研究将评价类型分为诊断性评价、形成性评价和终结性评价。

关于评价内容，《中国义务课标2011》指出评价着重考查学生的综合语言运用能力，包括语言技能、语言知识、情感态度、学习策略和文化意识等方面。《中国义务课标2022》指出要对学习行为、学习表现、知识理解、能力发展、素养水平等方面进行综合考量。《上海市课标》指出英语成绩评定应列入听力、口语、阅读和写作等内容，涵盖认知、技能、情感等诸项领域的综合评价。《韩国课标》指出除了对学生进行认知技能的评价外，还应对情感态度进行评价，以平衡认知和情感的发展。Birenbaum（1996：4）指出，对21世纪人才的评价应从认知能力、元认知能力、社会能力和情感能力四个方面进行。认知能力例如解决问题能力、批判性思维能力、口语能力、书面表达能力等等；元认知能力指自我反思和自我评价等的能力；社会能力指能进行团队协作、组织活动等的能力；情感能力指具备内在动机和内在效能感等。鉴于教材中关于语言知识和技能的认知评价仍占主要部分，因此将评价内容分为对认知能力的评价和非认知能力的评价，非认知能力包括学习策略类的元认知能力、情感态度类的情感能力以及交流与合作中体现出来的社会能力。

关于评价主体，中韩课程标准都突出学生在评价中的主体地位，提倡采用自评、同伴互评、教师评价的方式进行。《中国义务课标2011》指出应体现学生在评价中的主体地位，选择合理多样的评价方式，例如自我评价、同伴评价、家长评价和教师评价。《中国义务课标2022》指出教学评价应充分发挥学生的主体作用，教师应引导学生开展自我评价和相互评价，主动反思和评价自我表现等。《上海市课标》同样主张体现学生在评价中的主体地位，鼓励学生积极参与自我评价和相互评价。《韩国课标》建议采取教师评价、学生互评和自评等多种评价方式来评价学生的英语水平。中韩英语课程标准都强调学生的评价主体地位和评价主体的多元化。因此本研究课程一致性分析框架将评价主体分为教师评价、学生自评和同伴评价三个三级维度。

关于反馈形式，《中国义务课标 2011》指出，评价应通过不同形式的反馈给学生提供具体的帮助和指导，并要及时反馈结果。《上海市课标》建议采用等第制、百分制或达标等多种方法灵活记录学生成绩。《河南省中小学数字教材建设规范》指出提供反馈的方式包括但不限于：在回答后提供关于回答正确或错误的判断信息；无法判断对错时，提供可供选择的答案或解法；提供答案列表，让学习者自己判断；提供典型的答案或解决方案；针对错误操作，显示这种错误将导致的后果；提供帮助性的解释、提示、建议；提供再练习的机会；与专家意见进行比较；辅导教师通过同步或异步交互来提供反馈意见等。Hattie 和 Timperley（2007）在三种不同类型的反馈中做出了区分：响应的知识（Knowledge of Response），即告诉学生答案是正确还是错误；正确答案的知识（Knowledge of Correct Response），即还要告诉学生正确的答案或解决方案。详细的反馈（Elaborated Feedback），即还要告诉学生正确的答案、解决方案和它们正确与否的原因（转引自 Reints，2015）。Joo 等（2014：87）将反馈形式归类为正确答案、重新指向教材、补充材料和问题、通过邮件／社交网站／微博等联系老师和同学、通过即时消息／短信／在线笔记等联系老师；并设计三种不同层级的书面反馈信息：学生答对多少题、通过柱形图按听说读写分领域显示学生的掌握程度、正确答案及详解。根据课程标准、技术标准以及研究文献等，本研究将反馈形式分为正确答案、详细答案讲解、答案指向教材、通过 email 等向师生求助、巩固练习题、等第制、百分制、可视化成绩、错题本等。

（6）界面技术

界面技术主要根据数字教材的技术标准设定。一方面，数字教材包含许多支持数字教材使用的虚拟学具，例如画笔、笔记本、备忘、书签、截屏、检索、导入导出资源等功能；另一方面，数字教材的界面可用性至关重要，决定着用户界面容易使用的程度，例如界面一致性、布局合理性、自定义界面、帮助说明、同步云端、导航定向等。因此，本研究一致性分析框架将界面技术分为虚拟学具和界面可用性两个三级维度。

通过对中韩英语课程标准的分析，参照中韩数字教材技术标准，形成了本研究的课程一致性分析框架，并尝试利用前人研究成果来支持所形成的分析框架。最终，初定的课程一致性分析框架中，一级维度3个，二级维度6个，三级维度19个，指标129项，如表4-6所示。

表4-6　课程一致性分析框架的初步确定

一级维度（3）	二级维度（6）	三级维度（19）
1. 内容	1.1　纸质教材内容	1.1.1　语言技能（4）
		1.1.2　语言知识（6）
		1.1.3　学习策略（4）
		1.1.4　文化意识（4）
		1.1.5　信息素养（4）
	1.2　内嵌资源	1.2.1　多媒体资源（3）
		1.2.2　补充学习资源（17）
2. 工具	2.1　教学工具	2.1.1　备课工具（3）
		2.1.2　授课工具（4）
		2.1.3　管理工具（4）
	2.2　学习工具	2.2.1　自主学习（21）
		2.2.2　合作学习（10）
		2.2.3　探究学习（8）
	2.3　评价工具	2.3.1　评价类型（3）
		2.3.2　评价内容（2）
		2.3.3　评价主体（3）
		2.2.4　反馈形式（9）
3. 技术	3.1　界面技术	3.1.1　虚拟学具（10）
		3.1.2　界面可用性（10）
共计指标129项		

4. 先导分析与第一次修订

为了验证分析框架的可操作性和合理性，研究者使用初定分析框架对中韩3个版本的初中英语数字教材（C1、K1、K2）进行了先导分析。由于英语数字教材样本有限且不影响正式研究结果，这3个版本教材还将作为正式研究样本进行再次分析。通过分析框架对英语数字教材进行初步编码和一致性分析发现，分析维度存在少量问题：（1）个别维度的指标界限不清晰；（2）遗漏了数字教材中的一些重要特征；（3）少量指标冗余，即某些指标同时出现在不同的维度中；（4）少量指标层级不清。

根据数字教材的先导分析结果，研究者对分析框架进行了第一次修订。为了简化庞大的分析框架，将"1.1.4　学习策略""1.1.5　文化意识""1.1.6信息素养"进行合并，统一用"1.1.3　非语言知识"涵盖。在"2.3.1　评价类型"中添加了数字教材的重要功能"内嵌评价"，即数字教材自动记录学生的学习行为和学习结果等数据的功能。在"2.2.4　反馈形式"中，"答案指向教材""通过 email 等向师生求助"两个指标在教材中都没有体现，因此删除这两个指标。"3.1　界面技术"中的指标层级不明。研究者再次参考 Öngöz和 Mollamehmetoğlu（2017）、Bliss（2013）、Wilson 和 Landoni（2002）　关于界面偏好和界面设计的分析框架重新调整"3.1　界面技术"中的指标层级，调整之后分为"3.1.1　交互功能""3.1.2　导航功能""3.1.3　教材可及性""3.1.4　界面呈现"四个方面，并删除个别冗余指标。

通过先导分析进行第一次修订后，分析框架包括一级维度 3 个，二级维度 6 个，三级维度 19 个，共计指标 129 项。

5. 专家验证与第二次修订

为了进一步验证本研究分析框架的适宜度，研究者将第一次修订后的分析框交由专家组进行适宜度评分验证，然后根据专家建议进行第二次修订。受委托进行分析框架适宜度验证的专家有 8 位，其中包括具有教材开发经验和研究经验的教授 2 名、副教授 3 名，讲师 1 名和研究人员 2 名；按学历，博士后 2 名，博士 3 名，博士生 1 名，硕士生 2 名；按国籍，中国 7 人，韩国 1 人；按领域，教材编写与研究 3 人、教育政策研究 2 人、数字教材与数字资源研究 2 人、教材评价 1 人。研究者将"第一次修订后的分析框架"以邮件的方式发送给 8 位专家，专家单独对分析框架各个维度的适宜度进行李克特 5 级评分，并对 4 分以下的维度给予说明和修改建议。

8 位专家都对分析框架适宜度进行了评分并提供了相应建议，研究者首先计算了 8 位专家的适宜度均值。统计结果如表 4-7 所示，分析框架专家验证适宜度的均值在 4.0—4.9 之间，具有可接受水平。

表 4-7　课程一致性分析框架的专家验证适宜度

一级维度	二级维度	三级维度	适宜度
1. 内容	1.1　纸质教材内容	1.1.1　语言技能	4.2
		1.1.2　语言知识	4.5
		1.1.3　非语言知识	4.0
	1.2　嵌入资源	1.2.1　多媒体资源	4.6
		1.2.2　补充学习资源	4.5
2. 工具	2.1　教学工具	2.1.1　备课工具	4.4
		2.1.2　授课工具	4.5
		2.1.3　管理工具	4.7
	2.2　学习工具	2.2.1　自主学习	4.7
		2.2.2　合作学习	4.6
		2.2.3　探究学习	4.7
	2.3　评价工具	2.3.1　评价类型	4.2
		2.3.2　评价内容	4.2
		2.3.3　评价主体	4.2
		2.3.4　反馈形式	4.4
3. 技术	3.1　界面技术	3.1.1　交互功能	4.7
		3.1.2　导航功能	4.7
		3.1.3　教材可及性	4.9
		3.1.4　界面呈现	4.4

　　然后，研究者将专家提出的建议进行归类。专家建议主要有：增加对"看"的观测；考查"跨学科内容"的设置；"评价内容"与前面的"纸质教材内容"有重合，应该处理好两者关系；"评价主体"还可以是"小组评价"。

　　根据专家的反馈建议，研究者对分析框架进行了第二次修订。在"1.1.1　语言技能"维度下增加了"看"的指标。"看"是《中国义务课标2022》中新提出的理解性技能之一，指利用多模态语篇中的图形、表格、动画、符号以及视频等理解意义的技能。此外，还在"1.1.3　非语言知识"维度下中添加"跨学科内容"的指标；中韩课程标准都没有对跨学科内容做出规定，但是真实任务的解决常常需要跨学科知识，而且韩国大量数字教材专设跨学科模块，因此跨学科内容也纳入考查范围。将"2.3　评价工具"和"1.1　纸质教材内容"中的内容进行了区分，并在编码统计中体现出来；将"2.3.3　评价主体"中的"同伴评价"分解为"同伴互评"和"小组评价"。

6. 分析框架的最终确定

经过第二次修订，课程一致性分析框架最终形成，包括一级维度 3 个，二级维度 6 个，三级维度 19 个，共计指标 131 项，如表 4-8 所示。

表 4-8　课程一致性分析框架的确定

一级维度	二级维度	三级维度
1. 内容（35）	1.1　纸质教材内容（15）	1.1.1　语言技能（5）
		1.1.2　语言知识（6）
		1.1.3　非语言知识（4）
	1.2　内嵌资源（20）	1.2.1　多媒体资源（3）
		1.2.2　补充学习资源（17）
2. 工具（67）	2.1　教学工具（11）	2.1.1　备课工具（3）
		2.1.2　授课工具（4）
		2.1.3　管理工具（4）
	2.2　学习工具（39）	2.2.1　自主学习（21）
		2.2.2　合作学习（10）
		2.2.3　探究学习（8）
	2.3　评价工具（17）	2.3.1　评价类型（4）
		2.3.2　评价内容（2）
		2.3.3　评价主体（4）
		2.3.4　反馈形式（7）
3. 技术（30）	3.1　界面技术（30）	3.1.1　交互功能（6）
		3.1.2　导航功能（8）
		3.1.3　教材可及性（6）
		3.1.4　界面呈现（9）
共计指标 131 项		

课程一致性分析框架是基于中韩英语课程标准和数字教材技术标准搭建，通过对 3 个版本数字教材的先导研究进行第一次修订，最后通过 8 位专家适宜度验证进行第二次修订，最终确定本研究的课程一致性分析框架，供数字教材分析使用。

二、Webb 一致性分析模式

本研究的"纸质教材内容"一致性分析还将借鉴美国学者 Webb 于 1997

年开发的 Webb 一致性分析模式。该模式重点关注"知识内容"层面，围绕这一层面进行四个方面的一致性判断，分别为知识种类一致性、知识深度一致性、知识广度一致性及知识分布平衡性。知识分布平衡性指数利用平衡性公式计算，计算公式如下：

$$平衡性指数 = 1 - \frac{\sum \left| \frac{1}{O} - \frac{I_K}{H} \right|}{2}$$

其中，H 指某内容主题下击中的内容数，即教材击中课程标准领域目标的内容数；O 指某内容主题下击中的目标数，即教材击中课程标准领域目标的目标数；I_K 指某内容主题下击中每个目标的内容数，即教材击中课程标准每个目标的内容数。K 的取值范围是从 1 到 O。Webb 对 4 个维度的可接受一致性水平规定如表 4-9 所示。

表 4-9　Webb 一致性可接受水平

一致性水平	知识种类	知识深度	知识广度	知识分布平衡性
可接受	≥ 6	≥ 50%	≥ 50%	≥ 70%
弱	—	40%—49%	40%—49%	60%—69%
不可接受	<6	<40%	<40%	<60%

Webb（2002）对语言艺术水平的知识深度进行了探讨，分别将语言技能"读"和"写"划分为四个深度水平。"读"的一级水平指"信息回忆"（Recall of Information），即学生能接受或背诵事实或使用简单的技能，例如回忆信息性文本的细节，回忆故事结构的要素，如事件顺序、人物、情节和背景等。二级水平"基本推理"（Basic Reasoning），涉及对文本的理解和后续心理处理，例如根据上下文理解生词含义，理解课文所暗含的主要思想和目的等。三级水平"复杂推理"（Complex Reasoning），关注深度知识，在对文本中心理解的基础上鼓励学生超越文本，例如确定作者的目的并描述它如何影响文本解读，汇总多个信息来源以解决特定主题，分析和描述各种文学的特征，理解文学元素之间的关系。四级水平"拓展推理"（Extended Reasoning）关注高阶思维并涉及拓展活动，例如分析和综合多个来源的信息，检查和解释不同来源的不同观点，描述和说明如何在不同文化的文本中发现共同主题。

"写"的一级水平"信息回忆"，指学生能写出或背诵出简单的事实，不涉及复杂的综合或分析，仅表达基本思想，例如使用正确的标点符号，使用标准的英语语法结构。二级水平"基本推理"，涉及少量的心理处理，学生基于有限的写作目的和受众进行简短写作或即兴简短演讲，例如写复合句，使用简单的组织策略来组织书面写作，对阅读段落的主要思想和相关细节进行摘要写作，以确保正确使用语言、拼写、标点符号和大小写等。三级水平"复杂推理"，涉及更高级别的心理处理，学生进行多个段落的作文写作时，可能涉及复杂的句子结构，涉及整合和分析，例如使用细节与例子支持观点，使用适合写作目的和受众的语气，编辑一个合乎逻辑的思路等。四级水平"拓展推理"，关注高阶思维，进行多段落写作，涉及复杂的综合和分析，并对写作目的和受众有深刻的认识。Webb 的"读"和"写"深度水平分级归纳如表 4-10 所示。

表 4-10　Webb "读"和"写"的深度水平分级

深度水平	读	写
一级 信息回忆	接受、回忆	写出、背诵
二级 基本推理	理解、后续处理	简短写作、即兴简短演讲
三级 复杂推理	深度知识、理解并超越文本	多段落写作、复杂句子
四级 拓展推理	高阶思维、拓展活动	多段落写作、复杂思想

本研究将借鉴 Webb 一致性分析模式，从知识种类一致性、知识深度一致性、知识广度一致性、知识分布平衡性 4 个维度对英语教材的语言技能、语言知识和非语言知识进行一致性分析，其中 Webb 的"读"和"写"深度水平分级将用于语言技能维度的分析。

三、Range 词汇分析软件

本研究还使用词汇分析软件 Range 进行词汇水平分析。Range 词汇分析软件由新西兰维多利亚大学语言学家 Nation 和 Coxhead 设计，由 Heatley 编写。Range 以词频分析为基础设计，自带三个基础词表。表 I（BASEWRD1.txt）包含最常用的 1000 个英语单词，表 II（BASEWRD2.txt）包含次常用的 1000 个英语单词，表 III（BASEWRD3.txt）包括在表 I、表 II 之外的，但在高中、大学各科教材中常见的英语单词。所有这些基础词表都包括单词的基本形式和派生形式。因此，前 1000 个英语单词包含大约 4000 种形式。

Range 词汇分析软件目前有两种语料库作为基础词表，第一种是 Range（GSL/AWL）。GSL词表（a general service list of English words）由 Michael West 于 1953 年研制，包括前 2000 个英语单词，影响深远；AWL 词表（the academic word list）由 Averil Coxhead 于 2000 年研制，包括 570 个单词族。由于部分人员对年代久远的 GSL 存在质疑，Nation 教授后来以 BNC 语料库（British National Corpus）为基础对词表进行改进，形成第二种 Range(BNC)。本研究采用 2005 年 Range32（BNC）进行分析词汇分析。

Range 词汇分析软件的基本原理为：将某一文本中的词汇与软件自带的基础词表进行比较，通过统计哪些词出现在哪个基础词表中以及出现在各个基础词表中的词汇比率来了解该文本的用词情况。

该软件对文本进行自动分析后，生成结果总表，展示文本词汇在三个词表中的分布情况，不在三个基础词表中的单词将被归类为"不在词表中（not in the list）"，并显示单词的形符（tokens）、类符（types）和词族（families）等信息。

该软件被国内外众多研究者使用（Chung & Nation，2004；Laufer & Paribakht，1998；Klinmanee & Sopprasong，1997；Paul Nation，1992；程实，2009；鲍贵、王霞，2005；刘东虹，2003；何安平，2001），具有一定的信效度。

第五节　数据收集与分析

数据收集主要通过对课程标准和数字教材编码而进行，分别涉及内容、工具、技术三个方面的数据。一方面，鉴于"纸质教材内容"对连贯性和整体性的要求，"纸质教材内容"维度的数据将从 6 个版本数字教材的所有单元进行编码提取，包括 3 个版本的中国初中英语数字教材和 3 个版本的韩国初中英语数字教材。另一方面，内嵌资源、工具维度和技术维度主要涉及信息技术与教材的融合，同一版本教材具有相对一致的技术融合方式，因此每个版本的教材只分析一个单元。为了获取更多内嵌资源、工具维度和技术维度的数据，研究者扩大样本量，将尽可能多的中韩初中英语数字教材样本纳入研究，其中中国初中英语数字教材 4 个版本和韩国初中英语数字教材 11 个版本。

数据编码过程中，通常需要三个或者三个以上具有相关背景的编码者对数字教材和课程标准进行编码。本研究选择了三位编码者，其中两位是英语语言文学博士研究生，一位是初中英语教师，编码者基本信息如表 4-11 所示。

表 4-11　编码者基本信息

序号	性别	年龄	教育背景	专业
1	女	40	博士生	英语语言文学
2	男	38	博士生	英语语言文学
3	女	31	初中英语教师 / 学士学位	英语教育

首先，研究者对编码者进行培训。研究者向编码者说明研究目的，提供编码框架并进行编码示范。其次，编码者就研究者提供的教材样本进行编码练习，以熟悉整个编码过程。接着，研究者对获得的三份编码数据进行 ICC 组内相关系数分析，组间相关系数为 0.83，具有很强的一致性程度。最后，三位编码者对 15 个版本教材的内容、工具、技术维度进行正式编码，然后由研究者将三份编码数据汇总成一个表格。对于有争议性的、模棱两可的编码，三位编码者一起商讨确定最后的编码。下面将从"总体结构""纸质教材内容"和"内嵌资源、工具维度和技术维度"三个方面进行数据收集说明。

一、总体结构的数据收集与分析

数字教材总体结构的数据由研究者独自进行编码提取。研究者分别对中韩 15 个版本初中英语数字教材的框架结构、单元结构、结构布局进行逐个编码统计，并对 15 个版本数字教材的内容呈现进行浏览记录，在此基础上对中韩英语数字教材进行描述和比较。

二、纸质教材内容的数据收集与分析

纸质教材内容的数据收集包括两个部分，一部分是课程标准的数据收集，此部分由研究者独自完成。另一部分是数字教材的纸质教材内容的数据收集，由三位编码者完成。课程标准和数字教材的数据收集都采取编码方式提取，所提取的数据采用 Webb 一致性分析模式进行分析。

1. 课程标准内容维度的数据收集

课程标准中内容维度的数据主要从当前数字教材编写所依据的《中国义务课标 2011》《上海市课标》和《韩国课标》中提取，并参考了《中国义务课标 2022》。为了统一标准，本研究将初中结束时应达到的目标要求作为教材分析的标准参照。

《中国义务课标 2011》将基础教育的英语课程（包括义务教育和高中两个阶段）按照能力水平分为九个级别，其中二级为六年级结束时应达到的基本要求，五级为九年级（初中三年级）结束时应达到的基本要求。在对中国课程标准进行编码的过程中，研究者对《中国义务课标 2011》中语言技能、语言知识的五级标准以及附录中语音项目表、语法项目表、词汇表、功能意念表、话题项目表进行编码。

《上海市课标》将小学、初中、高中三个阶段的目标共分为六级，其中 3—4 级为初中阶段应达到的目标。在编码过程中，研究者将对四级"分级目标"中的语言能力目标和情感态度目标，以及四级"内容与要求"中的学习内容和学习要求进行编码。

《韩国课标》中，通用课程包括小学、初中、高中三个阶段。在编码过程中，研究者对初中"内容体系及成就标准"中的听、说、读、写的语言技能以及"附录"中初中部分的话题列表、沟通技能列表、词汇列表、语言形式列表的语言知识进行编码。

"语言技能"主要涉及听、说、读、写、看等技能的分析。为了方便比较，本研究对各课标中的语言技能按照统一的认知水平层级进行编码划分。"读"的统一认知水平层级参照 Webb（2002）的知识深度水平、国际阅读素养进展研究的国际阅读素养评价框架以及联合国教科文组织全球教育监测报告中的阅读课程框架进行层级划分，如表 4-12 所示。

表4-12 "读"的认知水平层级

Webb 知识深度水平	PIRLS 国际阅读素养评价框架	UNESCO 阅读课程框架
（1）信息回忆 （2）基本推理 （3）复杂推理 （4）拓展推理 （Webb，2002）	（1）对明确陈述的信息进行检索 （2）做直截了当的推断 （3）对中心思想和信息进行解读与整合 （4）对内容、语言和文本进行评价 （Mullis et al.，2012）	（1）字面理解 （2）推断理解 （3）价值判断或评价理解 （4）元理解 （Benavot，2012）

以上三种代表性研究都对"读"进行了认知水平层级划分，分级思路大致相同，层级详细度略有区别。本研究综合上述思想，将"读"分为识别、理解、推断、评价四个水平，"识别"指检索明确陈述的细节信息，"理解"指根据内容进行观点概括，"推断"指整合文中内容对未明确信息进行推测，"评价"指对教材的语言、内容和文本思想等进行评价与判断。"听"和"读"同属于理解性技能，因此"听"也将按照识别、理解、推断、评价进行水平划分。

接着，运用这四个水平层级对各个课程标准中的"读""听"的目标要求进行编码和数据提取。在此过程中，研究者对每条目标的行为动词进行分析，如果某个具体目标中有一个以上不同认知水平的行为动词，编码时将其按照水平进行拆分。编码显示中韩课程标准对"听"和"读"的目标要求都没有涉及"评价"水平。"读"的具体编码如表4-13所示。

表4-13 中韩课程标准中"读"的目标要求的编码及示例

课程标准	示例	编码
《中国义务课标2011》 五级	1. 能根据上下文和构词法推断、理解生词的含义。	R3 推断
	2. 能理解段落中各句子之间的逻辑关系。	R3 推断
	3. 能找出文章中的主题，理解故事的情节，预测故事情节的发展和可能的结局。	R2 理解 R3 推断
	4. 能读懂相应水平的常见体裁的读物。	R2 理解
	5. 能根据不同的阅读目的运用简单的阅读策略获取信息。	R1 识别
	6. 能利用词典等工具书进行阅读。	R1 识别
	7. 课外阅读量应累计达到15万词以上。	
《上海市课标》 四级	1. 能正确、流畅地朗读各种文体的新语言材料并能准确运用英语朗读技巧。	R1 识别
	2. 能借助词典阅读包括信件、广告、说明等形式的语言材料，理解意思，并能在整体理解文章的基础上进行推测判断。	R1 识别 R2 理解 R3 推断

续　表

课程标准	示例	编码
《上海市课标》四级	3. 能理解标志、图表提供的文字信息。	R2 理解
	4. 能不借助词典读懂含 3%—5% 生词的语言材料。	R2 理解
	5. 能从网络等文字读物中获取基本信息。	R2 识别
	6. 课外阅读量不少于 20 万词（累计）。	
《韩国课标》初中	1. 通过以语义单位短句阅读，可以掌握意义。	R2 理解
	2. 通过阅读日常生活中熟悉的一般主题的文章，可以掌握细节信息。	R1 识别
	3. 通过阅读日常生活中熟悉的一般主题的图片、照片或图表等文章，可以掌握细节信息。	R1 识别
	4. 通过阅读日常生活中熟悉的一般主题的文章，可以掌握故事梗概、主旨和要点。	R2 理解
	5. 通过阅读日常生活中熟悉的一般主题的文章，可以推断出作者的感受和态度。	R3 推断
	6. 通过阅读日常生活中熟悉的一般主题的文章，可以推断出作者的意图或目的。	R3 推断
	7. 通过阅读日常生活中熟悉的一般主题的文章，可以推断事件的先后顺序关系。	R3 推断
	8. 通过阅读日常生活中熟悉的一般主题的文章，可以推断事件的因果关系。	R3 推断
	9. 通过阅读日常生活中熟悉的一般主题的文章，可以通过上下文推断出单词、短语或句子的含义。	R3 推断

　　在"写"的方面，Webb（2002）的知识深度水平将"写"分为四个水平层级：写出或回忆简单事实、简短写作、复杂句子及多段落写作、复杂思想及多段落写作。课程标准中"写"的三级要求基本对应于 Webb 的前面两个水平层级，因此根据课程标准进一步细分为仿写复述、图表、应用文、短文四个水平层级，其中"仿写复述"指模仿范句、模仿范文、概述课文的填空式作文，"图表"指在图表或固定格式中填入简单短语或句子的写作形式，"应用文"指应用文写作，"短文"指短文写作。"说"和"写"同属于表达性技能，根据课程标准将"说"划分为朗读扮演、对话交流、描述演讲三个水平层级，其中"朗读扮演"指对话朗读、课文朗读和分角色表演；"对话交流"指围绕相关话题进行口头交流，完成交际任务；"描述演讲"指能对课文进行概述，能围绕相关话题进行描述、表达个人观点和态度，能发表演讲。

　　"语言知识"涉及语音、话题、功能、词汇、语法和语篇等学习内容，本研究直接以课程标准中的序号为编码进行分析。《中国义务课标 2011》和《韩国课标》没有对语篇做出要求，在此参照《中国义务课标 2022》和《上海市课标》进行设定。具体编码数量如表 4-15 所示。

表 4-15 中韩初中英语课程标准中内容维度的编码总表

知识与技能类型	具体学习内容	不同课程标准内容维度编码情况		
		《中国义务课标2011》	《上海市课标》	《韩国课标》
语言技能	1111 听	3（识别、理解、推断）	3（识别、理解、推断）	3（识别、理解、推断）
	1112 说	3（朗读扮演、对话交流、描述演讲）	3（朗读扮演、对话交流、描述演讲）	3（朗读扮演、对话交流、描述演讲）
	1113 读	3（识别、理解、推断）	3（识别、理解、推断）	3（识别、理解、推断）
	1114 写	3（仿写复述、图表、应用文、短文）	3（仿写复述、应用文、短文）	3（仿写复述、应用文、短文）
	1115 看	0	0	0
语言知识	1121 语音	12	8	0
	1122 话题	85	26	19
	1123 功能	62	48	121
	1124 词汇	1500	1600	1250
	1125 语法	43	72	40
	1126 语篇	0	17	0
非语言知识	1131 学习策略	4（元认知、认知、交际、情感管理）	4（无显性指标，参照中国义务课标）	4（无显性指标，参照中国义务课标）
	1132 文化意识	3（文化态度、文化知识、文化交际能力）	3（文化态度、文化知识、文化交际能力）	3（文化态度、文化知识、文化交际能力）
	1133 信息素养	0	0	4（信息收集、信息分析、媒体运用、信息伦理）
	1134 跨学科内容	0	0	0

2. 纸质教材内容的数据收集与分析

纸质教材内容的数据由三位编码者完成，从 6 个版本的初中英语数字教材中提取，包括中国人教版（7 年级上）、上海版（7 年级第一学期）、外研版（7 年级上），韩国 YBM 版（初中第一册）、东亚版（初中第一册）、天才版（初中第一册）。其中人教版前面 3 个预备单元和外研版前面 4 个模块的预备单元不在数据提取范围内。

编码者首先将每本教材按单元划分为独立的配置文档，然后参照一致性分析框架对每本教材的每个单元逐个编码，例如人教版教材有 9 个单元，则将其分为 9 个独立的配置文件进行编码提取。编码者仔细阅读每个单元的具体内容，从中找寻与课程标准要求相同或相关的信息，然后在分析框架中对每个单元进行原始数据登记，并分配系列数字代码，例如，"听"的数字代码中 L1 表示"识别"、L2 表示"理解"、L3 表示"推断"，"语言知识"直接使用课程标准中的序号为数字代码。

当所有教材的内容编码完成之后，研究者将三位编码者的数据进行汇总，并对有异议的编码进行商量确定，形成最终的编码数据。研究者将最终的教材内容数据与课程标准的内容编码进行关联，以分析该版本教材与课程标准的一致性。最后，将不同版本教材的内容数据进行关联，以对不同版本教材的纸质教材内容进行比较。

三、内嵌资源、工具维度和技术维度的数据收集与分析

内嵌资源、工具维度和技术维度的数据同样由三位编码者依据课程一致性分析框架编码提取。数据来自中国 4 个版本和韩国 11 个版本初中英语数字教材的第一单元。数字教材涉及资源的丰富性、呈现方式的多样性以及技术的实现程度，因此对各版本数字教材进行实现频次和实现与否两种方式的数据记录。

数据收集分为四步。（1）建立配置文档：建立 15 个独立的配置文档，用于记录 15 个版本教材第一册第一单元的原始编码数据。（2）编码登录：参照分析框架，研读数字教材，在教材中识别、编码、记录分析框架中每个维度指标的具体数据。对于体现内容和技术手段丰富性的指标，按照出现频次进行记录，例如"音频"在某版本教材第一单元中使用了 8 次，则记录为 8；若该版本教材没有使用音频，则记录为 0。对于体现技术实现与否的指标，按照 0 和 1 进行记录，"未实现"记录为 0，"实现"记录为 1，例如"课文翻译"，如果数字教材提供了课文翻译，记录为 1，否则为 0。同时对部分指标进行具体的文字描述。这些数据是用于讨论和解读的原始数据。（3）汇总单个编码者数据：当所有教材的内嵌资源、工具维度和技术维度的数据收集完成之后，将各个配置文档的数据进行汇总，形成原始数据汇总表。（4）汇总三位编码者数据：研究者将三位编码者的数据进行汇总，对有异议的编码数据进行商量确定，形成确定的原始数据。（5）转换数据：为了探索所有维度指标的实现程度，研究者将所有原始数据转换为 0 和 1 两种形式的转换数据，0 表示未实现，1 表示实现。

　　数据统计按照国家进行。首先，将转换数据按国家进行统计，以了解各国数字教材在内嵌资源、工具维度和技术维度上的技术实现程度。其次，将两国的转换数据进行关联，以了解两国数字教材的共同点及各自特色。

　　数据分析从一致性和共性两个方面分国家进行。就一致性水平而言，技术维度仅依据课程标准做广义的一致性分析，即技术实现程度分析。就共性而言，本研究按照联合国教科文组织等的研究方案（Benavot，2012：26；Schmidt et al.，1997），将共性的基准设定为 70%，当大于或等于 70% 的教材呈现某维度指标时，该维度指标被视为共性特征。最后，在两国一致性水平和共性分析的基础上，进行比较分析。

　　本章介绍了研究设计，包括研究问题、研究方法、研究对象、研究工具和数据的收集与分析，为数字教材的一致性分析和比较研究做好了蓝图设计。

第五章

中韩英语数字教材的总体结构特征

本章将以中韩 15 个版本初中英语数字教材为对象，回答第一个研究问题，即中韩初中英语数字教材在总体结构上具有什么特征？

第一节　中国初中英语数字教材的总体结构

本节对中国 4 个版本的初中英语数字教材的总体结构进行描述和比较，包括框架结构、单元结构、结构布局三个方面，并关注 4 本数字教材的共性与特性。

一、框架结构

中国 4 个版本的初中英语数字教材包括前页、目录、主体内容、附录和封底五个部分。

4 个版本的教材"前页"都包括封面、内封页和前言三个部分。在前言中，人教版教材强调培养语言运用能力、自主学习能力和合作学习能力，力求设计贴合实际的内容、有交际意义的任务或活动、并编制大量文化内容；外研版强调培养学生的情感态度、语言知识和能力、学习策略以及文化交流意识；北师版的前言从使用者的角度对教材各模块的主要内容和功能进行了具体说明，极大地方便了使用者。外研版的前言除介绍教材的主要特点和预期达成的目标外，还提供了教材编写所参考的课程标准。

　　4个版本教材都提供了一个目录，以表格形式罗列每个单元的要点信息，包括单元名、语言技能、语法结构等。因各版本教材的编制理念不同，目录的要点信息有所不同，例如其中3个版本教材的目录要点以语言知识为主，另1个版本的目录要点则以语言技能为主。因各版本教材的单元结构不同，目录的要点信息亦有所不同，例如北师版还提供了"环游世界"的文化要点和任务活动。

　　在教材主体内容方面，每个版本的教材均由9—12个常规单元组成。除此之外，两个版本的教材还提供了衔接小学与初中的1—3个预备单元。两个版本的教材提供了2—3个复习单元/模块。根据课程标准关于"初中英语除基础性课程外，还应有拓展性/探究性的学习内容"的要求，上海版教材在最后一个模块设置了"拓展性学习内容"单元，供学有余力的学生使用。

　　在附录方面，4个版本的教材都提供了总词汇索引；3个版本的教材提供了语法、分课词汇、课文注释的附录；两个版本的教材提供语音、听力文本、专有名词的附录。个别版本还提供了一些特色附录，例如英语歌曲、文学现场和项目等。另外，上海版教材仅提供了一个总词汇索引附录。教材详细的框架结构见附录。

二、单元结构

　　在单元结构方面，4个版本的教材均采取"模块+单元（Module+Unit）""单元+课（Unit+Lesson）"和"单元+部分（Unit+Section）"的组合嵌套模式，大课程结构由几个编排结构大体相同的小课程结构组成。具体来说，人教版教材一个大的单元（Unit）包含两个结构基本相同的部分（Section），外研版教材一个模块（Module）由三个功能不同的单元（Unit）组成，前面两个单元是新语言内容，第三单元是练习与活动，三个单元组成一个整体；北师版教材一个大单元（Unit）包括三个平行的小课程结构（Lesson），由导入（Get Ready）、交际工作坊（Communication Workshop）、检测进展（Check Your Progress）、跨文化（Across Cultures）、学习帮助（Study Help）、单元日记（Unit Diary）组成；上海版教材一个大模块（Module）有三个结构完全相同的单元（Unit），由听力（Now Listen）、语法（Using English）、单元评价（More Practice）组成。

从每个单元的栏目设置来看，人教版教材除"语法（Grammar）"和"自我检查（Self Check）"外，其余栏目没有提供名称，不利于使用者把握栏目的核心功能。

北师版教材的栏目设置较为出色，较大程度上体现了课程标准的目标要求。每个单元除了三个小课程结构外，还设置了许多其他栏目，例如："导入"提供单元话题、学习目标和话题词汇；"交际工作坊"是整个大单元的语言输出环节；"检测进展"是整个大单元的单元评价，用以对所学内容进行自我检查；"跨文化"提供文化知识和趣味互动；"学习帮助"提供学习策略和学习方法等内容；"单元日记"是对整个单元的反思。北师版教材对课程标准中关于语言知识、语言能力、文化意识、学习策略、情感态度均设置了相应的栏目。但是这些栏目仅设置在每个大单元之后，第一册仅有 4 个大单元，内容略显不足。

上海版教材有三个模块，每个模块包括 3—4 个平行单元，由听力、英语策略和单元练习组成。对课程标准培养学习策略的目标要求有所体现，但整册仅有三个学习策略栏目。从三个平行单元的栏目设置来看，每个单元都从听说、阅读、写作和生词表四个方面进行编排，主要采取说和写的形式对对话和课文内容进行问答、概述或复述，兼顾输入与输出，同时涉及多项技能，例如"听与说""看、写与说"，有利于语言能力的培养。每个单元的对话、课文或表达活动的内容一脉相承，随着一定的故事情节往前推进，每个模块则从同一主题的不同方面延伸整个故事内容，可读性强。另一方面，各单元的活动形式较为单一，例如单元中没有听力练习（虽然有对话音频和课文音频），仅在大模块复习中设置少量听力练习；口语主要是朗读，或者对课文内容的问答与复述，没有话题口语等自由表达形式。以内容为主线进行编排，无法有效兼顾课程标准中"功能意念"的内容。

4 个版本的初中英语数字教材都采取"模块＋单元""单元＋课"和"单元＋部分"的组合嵌套模式。从各单元的栏目设置来看，大多数教材注重语言知识、语言技能的培养，而课程标准同样要求的情感态度、学习策略、文化意识等栏目设置不够。

三、结构布局

中韩两国的数字教材都以纸质教材为蓝本，将纸质教材进行数字化并添加多媒体资源和交互功能后形成的。在纸质教材和数字教材共存的学习环境中，数字教材采取何种结构布局更方便使用者在纸质教材和数字教材之间进行切换呢？

在内容布局方面，目前中国4个版本的初中英语数字教材均采取页面高保真形式，将相同的页码、相同的文本和图片、相同的内容布局，音视频和动画都以链接的形式嵌入教材中，使用者点击后弹出播放。3个版本的教材都是在弹出的交互习题页面进行文本输入。此外，允许使用者进行有限的页面操作，例如上海版允许文字复制，外研版允许在原始嵌入页面直接输入做题等。

在功能布局方面，不同版本的数字教材采用不同的教材功能按钮。因各数字公司、各出版集团、各省市采用不同的数字教材平台，所以各版本数字教材的平台功能按钮也不一样，但都提供了上下页、页面缩放、笔记工具等常用功能按钮，例如人教版初中英语数字教材的结构布局如图5-1所示，中文标注系研究者添加。

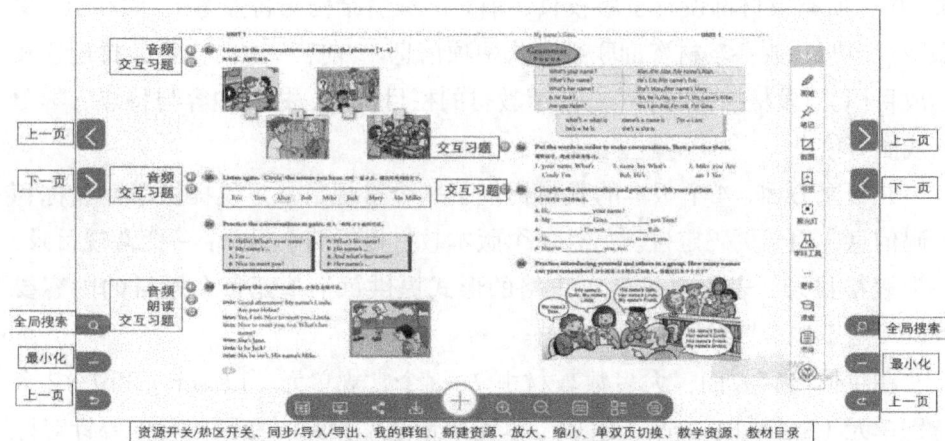

图 5-1　中国人教版初中英语数字教材的内容布局和功能布局

通过对中国4个版本初中英语数字教材的总体结构分析发现，在框架布局方面，这 4 个版本的数字教材基本相同，都设置有前页、表格式目录、主体内容和附录四个部分，其中有两个版本的教材提供了衔接小学与初中的预备单元。在单元结构方面，这 4 个版本的数字教材均采取"模块＋单元"的嵌套模式，各版本所设置的栏目更注重语言知识和语言技能的培养，而对情感态度、学习策略和文化意识的培养略显不足。在结构布局方面，内容布局都与纸质教材保持完全一致，功能布局因平台不同而各不相同。

第二节　韩国初中英语数字教材的总体结构

本节对韩国 11 个版本初中英语数字教材的总体结构进行描述，同样从框架结构、单元结构、结构布局三个方面做一个概貌呈现，以便直观地介绍韩国数字教材。

一、框架结构

韩国 11 个版本的初中英语数字教材具有极为相似的框架结构，在"前页"中，所有教材都设置了版权页、前言、教材结构与特点等。"版权页"提供版权声明、数字教材咨询联系方式两项信息。"前言"主要介绍教材理念及达成目标。"教材结构与特点"介绍教材的栏目构成、栏目内容与特点、学习路线图等信息。

在目录方面，4 个版本的教材提供了一个常规目录，仅提供单元名称和页码信息，用于页码定位。另外 7 个版本教材提供两个目录：一个常规目录，一个表格目录。表格目录是以表格的形式提供每个单元每个栏目的内容要点，相当于整本教材的知识缩略图。

在主体内容方面，大多数教材由 7—8 个常规单元（Lesson）和 1—2 个特别单元（Special Lesson）组成，单元数量基本相同。特别单元主要针对课程标准对人才培养的具体要求，设置一些拓展性的内容，例如梦想与信念、创造性思维、职业规划以及文学作品赏析等，其中涉及的文学作品有《夏洛特的网》《绿野仙踪》以及漫画《父与子》等。除此之外，少量教材还设置了

其他特色单元，包括游戏、项目、拓展阅读等。例如 K1 中的两个单词练习
（Word Practice）、两个特别项目（Special Project），K4 中的四个项目（Project）、
四个趣味阅读（Reading for Fun），K10 中的三个表现单元（Performance
Builder）。趣味阅读主要是诗歌、儿童文学、科普文章、漫画等多种体裁的
语篇作品欣赏。单词练习（Word Practice）是通过图片与单词配对游戏和纵
横字谜游戏来巩固新学的生词。

在附录方面，11 个版本的教材都设置了参考答案、听力文本、参考资
料版权来源、活动材料的附录。除此之外，3 个版本的教材还提供了生词附
录，两个版本的教材还提供了练习或作业纸附录，1 个版本的教材还提供了
游戏指导附录。"参考资料版权来源"主要包括教材中图片、动画、视频、文
化内容、改编课文等所出自的网址、网站名和参考文献等信息。"活动材料"
主要是教材活动所需要的材料，例如贴纸、游戏卡片、图片、统计图表等。
"游戏指导"主要针对教材中所设置的游戏栏目提供游玩步骤、规则说明和示
范等。

二、单元结构

从单元结构来看，韩国 10 个版本的初中英语数字教材采取独立的单元
结构，即每个常规单元独立为一个单元，特别单元置于末尾或者均匀分布在
常规单元之间。1 个版本的教材采取嵌套模式，一个大单元由两个小单元、
一个项目和一个拓展阅读组成，大单元中的两个小单元为独立单元，即松散
的组合模式，不同于中国教材紧凑的嵌套模式。

从栏目设置来看，11 个版本教材的栏目设置基本相同，每个单元的栏
目数量都在 9—12 之间，以 11 个栏目为主；各版本教材的栏目名称略有不
同，但功能基本相同，每个单元都设置了"单元目标""热身练习""听 &
说""真实情境交流""阅读""语法""写作""文化""项目""单元评价"和
"自我反思"等类似名称的栏目。其中"单元目标"罗列了本单元的话题、功
能和语法三个方面的目标，并引导学生设置自己的目标。"热身练习"主要
包括情境设置、话题导入和先前知识连接等。"听 & 说"是听力和口语活动。
"真实情境交流"为口语交流设置真实的生活场景，让学生通过口语交流完成
一项真实任务，例如利用访谈清单对班级同学的健康习惯进行口头调查并汇

报、调查某个城市的天气并进行汇报等。"阅读"是课文学习环节，分为读前、读中、读后三个阶段。"语法"栏目首先提供语法规则，再辅以少量语法练习，每个单元教授 2 个语法项目。"写作"主要是短文写作。"文化"主要介绍各国文化知识，并提供学生进行文化交流表达的机会。"项目"主要包括文化项目和任务项目。"单元评价"从听、说、读、写方面设置巩固练习。"自我反思"是学生对自己的学习行为、学习态度和学习结果等的反思，各版本教材的侧重点略有不同。除了在每个单元之后设置了总的自我反思栏目外，韩国教材还在每项任务完成后设置了阶段性自我反思。

在这些栏目中，"真实情境交流""写作""项目"较有特色。在"写作"栏目中，教材力求将任务层层分解。几乎所有版本的教材都将写作分为四个步骤进行：（1）写主题词汇，以头脑风暴、思维导图、填表或者分类词表中勾选词汇的方式确定主题词汇和主题内容；（2）模仿写句子，将第一步确定的主题和词汇，根据示范例句拓展成句子；（3）模仿写段落，根据示范段落将第二步的句子用连词组合成段落；（4）独立撰写作文，独立撰写一篇类似作文。写作任务的分解为学生提供了过程支架，降低了写作难度，并且很好地示范了写作步骤。另外还设置了自我反思环节，引导学生对写作的语言、内容等进行自我反思。在"项目"设置中，主要通过 4 人小组完成一项真实任务。教材也为项目的完成提供了过程支架，将项目任务分解为示范观摩、项目构思、策划制作和发表展示四个环节。"发表展示"要求学生通过图表、口语或写作的方式对项目结果进行展示，例如东亚版教材（K2），要求学生使用折线图、柱形图、海报和人物介绍手册等呈现项目结果。项目主题丰富，形式多样，以 3 个版本教材为例，归纳如下：以"美好的一天"为主题制作视频、制作一份班级报纸、制作一个与环保相关的拼贴画、设计俱乐部招新海报、采访教师写成报道并发表在报纸上、绘制旅行地图、调查各国特色美食制作美食指南进行班级宣传、话剧表演、调查韩国传统文化并制作介绍材料、调查有班图精神（Ubuntu）的名人并进行介绍、利用废旧报纸以"我的梦想"为主题制作手工报、制作本学期的回忆视频、制作介绍学校的海报、设计一套预防数字教材颈椎病的体操、制作人物介绍手册、制订英语日记写作计划、将小组成员的目标便签条制作成创意图案并布置在教室墙上、利用线图描绘自己过去 / 现在 / 将来的幸福瞬间及幸福指数、调查班级同学如何支配零花钱并用矩形图展示统计结果。

　　韩国英语数字教材的栏目设置比较丰富，针对课程标准中语言知识、语言能力、文化意识、学习策略、公民品格等目标要求都设置了相应的栏目。

三、结构布局

　　在内容布局方面，韩国英语数字教材也是以纸质教材为蓝本，在纸质教材数字化的基础上添加多媒体资源、学习资源和交互功能等编制而成的。为了方便学生在纸数教材之间进行切换，韩国英语数字教材遵循纸质教材的文本和图像，尽量保持纸质教材的结构布局，但做了少量调整，主要调整方式有：（1）将纸质教材的零碎知识点隐藏起来，使用者单击相应图标即可再次呈现。例如隐藏栏目学习目标、学习小贴士、热身活动、文化小知识、自我反思、语音小练习、帮助提示等。"栏目学习目标"指部分教材为每个栏目设置的学习目标，不同于单元最开始所设置的单元学习目标。"文化小知识"指为每个栏目中出现的文化现象提供的文化知识，不同于独立的文化栏目。"热身活动"将文字隐藏，旨在呈现巨幅图片，激活情景。不同版本的教材隐藏内容不同。（2）当纸质教材中某个环节设置了多幅图片、多个平行任务、多个单词卡片时，部分教材将这些平行资源制作成卡片通过左右滑动的方式进行切换。这种方式的优点是图片文字更大、更清晰、更具交互性，缺点是少了全览性。（3）部分教材将纸质教材中的图片直接改成动画或视频嵌入文本中，单击即可播放。（4）少数教材将纸质教材中某个模块的零碎知识进行位置移动，以更好地突显主要内容模块。前三种调整方式都增加了数字教材的交互性特征。

　　在功能布局方面，音频、视频、核对答案、重置等教材功能按钮在同一版本的教材内保持一致，在不同版本的教材之间略有不同。此外，因为韩国采用统一的数字教材平台，各版本教材的平台功能按钮完全相同，例如我的书架、同步、单双页切换、画笔、备忘等。YBM版英语数字教材的结构布局如图5-2所示，中文标注系笔者添加。

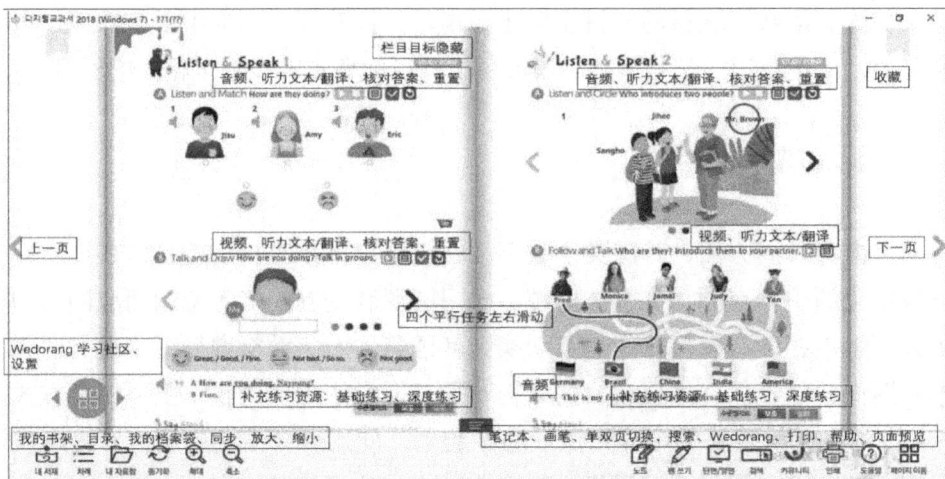

图 5-2　韩国 YBM 版初中英语数字教材的内容布局和功能布局

　　通过对韩国 11 个版本初中英语数字教材的总体结构分析发现，在框架布局方面，韩国初中英语数字教材基本相同，"前页"都设置了版权页、教材结构与特点、两个目录，"附录"都设置了参考答案、听力文本、参考资料版权来源、活动材料等。在单元结构方面，采用独立单元结构，即每个常规单元独立为一个单元。栏目多样，针对课程标准中语言知识、语言能力、文化意识、学习策略、公民品格等目标要求都设置了相应的栏目。在结构布局方面，数字教材的内容布局与纸质教材基本保持一致，做了少量调整；各版本数字教材的平台功能布局因使用统一平台而完全相同。

第三节　中韩初中英语数字教材的总体结构比较

　　在框架结构方面，中韩初中英语数字教材差别较大。中国数字教材的"目录"都以表格形式呈现每个单元的语言知识和语言技能的要点；一半的教材设置了衔接小学与初中的预备单元；"附录"主要以分课词汇表、总词汇索引、课文注释和语法运用为主，另有个别特色附录。韩国数字教材的"前页"中都设置了版权页、教材结构与特点；设置了两个"目录"，一个目录仅提供单元名和页码，另一个目录和中国数字教材的目录一样提供每个单元的语言要点；教材主体内容均为常规单元学习；"附录"包括听力文本、参考答案、活动材料和参考资料版权来源等。相比较而言，韩国数字教材注重版权意识，不仅在前页设置了版权页以保护自己的版权，而且在附录中设置了参考资料版权来源以尊重他人的知识产权。其次，韩国数字教材提供的"教材结构与特点"方便使用者更好地把握教材。最后，中韩两国的"附录"设置完全不同。

在单元结构方面，中国数字教材均以"模块 + 单元"的嵌套模式呈现，各版本教材设置的栏目数量差异较大，栏目类型以语言知识和语言技能为主，少量教材兼顾了课程标准中情感态度、学习策略、文化意识的目标要求。韩国数字教材的各个单元互相独立，另增设了特别单元或特色单元；各版本教材设置的栏目数量基本相同，每个单元约 11 个；栏目类型丰富，对课程标准所要求的语言知识、语言技能、文化意识、学习策略、公民品格都有较好的体现。

在内容布局上，中国数字教材和纸质教材的内容布局完全一致，内嵌资源主要以超链接的方式单击弹出使用。韩国数字教材基本保持了纸质教材的内容布局，部分教材对内容布局做了少量调整。在功能布局上，中韩两国数字教材的教材功能按钮各不相同，但差别不大；中国数字教材使用不同的平台，因此平台功能按钮各不相同；韩国英语数字教材使用统一的平台，因此平台功能按钮完全相同。

本章从框架结构、单元结构、结构布局三个方面对中韩 15 个版本初中英语数字教材的总体结构进行比较分析，结果发现中国各版本的初中英语数字教材风格各异，韩国各版本的初中英语数字教材形式统一。

第六章

中韩英语数字教材的纸质教材内容一致性

　　本章回答第二个研究问题，即中韩初中英语数字教材在纸质教材内容维度上的课程一致性水平如何？数据来自中国 3 个版本和韩国 3 个版本初中英语数字教材的第一册，以版本为单位进行分析和比较。中韩英语数字教材都以纸质教材为蓝本，"纸质教材内容"指数字教材中纸质教材的数字化部分，是根据英语课程标准编写的。本研究依据课程一致性分析模式——Webb 一致性分析模式——从知识种类、知识广度、知识深度和知识分布平衡性四个方面对中韩初中英语数字教材中"纸质教材内容"的语言技能、语言知识、非语言知识进行一致性比较和分析，并探究背后的原因。

第一节　中国初中英语数字教材的纸质教材内容一致性

一、语言技能一致性

　　当前中国初中英语数字教材所依据的《中国义务课标 2011》和《上海市课标》对听、说、读、写的语言技能做了具体要求，对"看"的语言技能未做规定。"看"的指标是《中国英语课标（2022）》对语言技能新增加的要求。本研究一致性分析中增设"看"的技能指标，仅用于了解目前的数字教材是否在探索"看"的技能培养，不做一致性分析。

（一）语言技能的种类一致性

"知识种类一致性"指教材与课程标准是否包含相同的内容范畴。在此表格中的"目标条目数"指课程标准按照水平划分之后的目标数量，"击中领域目标的内容数（H）"指教材中符合课程标准语言技能水平的内容数量。知识种类一致性的判断标准是，至少有6个内容击中某一领域的目标，知识种类才达到可接受水平。

如表6-1所示，3个版本的数字教材在听、说、读、写四个方面都达到了知识种类可接受水平。具体来看，3个版本的教材都设置了听、说、读、写栏目，其中上海版数字教材"听"的技能种类为7，数目最小。上海版数字教材的对话和课文添加了音频资源，但只在两个学习单元和三个复习单元中设置了听力练习。另外上海版数字教材将其配套用书《英语练习部分》的部分听力内嵌在数字教材当中进行使用，但此部分数据未包括在一致性分析之内。3个版本的数字教材中，"说"的技能种类最多，说明这3个版本的教材都非常重视口语能力的培养。

"看"的技能在3个版本的数字教材中都没有得到体现。虽然各版本数字教材都添加了视频和动画等"看"的资源，但主要用于辅助听、说、读、写四项技能的训练，还没有对"看"的技能进行独立培养的栏目。

表6-1　中国初中英语数字教材语言技能的种类一致性（≥6可接受）

语言技能类型	不同版本教材的一致性情况								
	人教版			上海版			外研版		
	目标条目数	击中领域目标的内容数（H）	可接受水平	目标条目数	击中领域目标的内容数（H）	可接受水平	目标条目数	击中领域目标的内容数（H）	可接受水平
1111 听	3	45	是	3	7	是	3	13	是
1112 说	3	63	是	3	46	是	3	53	是
1113 读	3	12	是	3	25	是	3	37	是
1114 写	3	18	是	3	16	是	3	17	是
1115 看	0	0	否	0	0	否	0	0	否

（二）语言技能的深度一致性

"知识深度一致性"指知识的复杂性程度，即判断教材中要求学生掌握的认知水平与课程标准所期望的认知水平是否一致。"符合目标深度的内容数"指教材击中领域目标的内容数中，符合课程标准所要求深度水平的内容数。知识深度一致性的判断标准是：教材击中领域目标的内容数中，至少有 50%达到或高于标准水平深度。如表 6-2 所示，3 个版本教材的语言技能都在知识深度上达到了可接受的一致性水平，即语言技能的认知水平符合课程标准所要求的认知水平。

表 6-2　中国初中英语数字教材语言技能的深度一致性（≥ 50% 可接受）

语言技能类型	不同版本教材的一致性情况								
	人教版			上海版			外研版		
	击中领域目标的内容数（H）	符合目标深度的内容数	符合目标深度的内容百分比 /%	击中领域目标的内容数（H）	符合目标深度的内容数	符合目标深度的内容百分比 /%	击中领域目标的内容数（H）	符合目标深度的内容数	符合目标深度的内容百分比 /%
1111 听	45	45	100	7	7	100	13	13	100
1112 说	63	63	100	46	46	100	52	52	100
1113 读	12	12	100	25	25	100	37	37	100
1114 写	18	18	100	16	16	100	17	17	100
1115 看	0	0	0	0	0	0	0	0	0.0

从语言技能的具体水平层级来看，如表 6-3 所示，在"听"的方面，人教版、上海版和外研版中大部分内容是对一级水平"识别"的练习，分别占比 88.9%、100%、92.3%；二级水平的"理解"仅占少量或没有，分别占比 11.1%、0、7.7%，三级水平的"推断"没有。在"说"的方面，三个水平层级分布相对比较均匀，人教版、上海版和外研版主要聚焦二级水平的"对话交流"，即根据给定的话题和句型进行自由对话，分别为 61.9%、58.7%、66.0%。在"读"的方面，人教版、上海版和外研版教材重点关注一级水平的"识别"，分别有 91.7%、68.0%、86.5%，较多阅读练习是字面意思的简单识别，其中人教版和外研版没有涉及三级水平的"推断"练习。在"写"的方面，3 个版本的教材重点是一级水平的"仿写复述"训练，分别占比 66.7%、50.0%、82.3%。各版本教材为"写"的技能提供了一定的过程支架，例如第一步学习范文或者以填空的形式补全范文，第二步模仿范文撰写文章，第三步独立撰写文章等。

表6-3　中国初中英语数字教材语言技能的深度分布

语言技能类型	不同版本教材的一致性情况								
	人教版			上海版			外研版		
	击中领域目标的内容数（H）	符合目标深度的内容数	符合目标深度的内容百分比/%	击中领域目标的内容数（H）	符合目标深度的内容数	符合目标深度的内容百分比/%	击中领域目标的内容数（H）	符合目标深度的内容数	符合目标深度的内容百分比/%
1111听	45	40 / 5 / 0	88.9 / 11.1 / 0	7	7 / 0 / 0	100 / 0 / 0	13	12 / 1 / 0	92.3 / 7.7 / 0
1112说	63	23 / 39 / 1	36.5 / 61.9 / 1.6	46	19 / 27 / 0	41.3 / 58.7 / 0	53	2 / 35 / 16	3.8 / 66.0 / 30.2
1113读	12	11 / 1 / 0	91.7 / 8.3 / 0	25	17 / 5 / 3	68.0 / 20.0 / 12.0	37	32 / 5 / 0	86.5 / 13.5 / 0
1114写	18	12 / 5 / 1	66.7 / 27.8 / 5.5	16	8 / 4 / 4	50.0 / 25.0 / 25.0	17	14 / 1 / 2	82.3 / 5.9 / 11.8
1115看	0	—	—	0	—	—	0	—	—

（三）语言技能的广度一致性

"知识广度一致性"指教材涉及的知识范围与课程标准期望的知识范围的匹配程度。"目标条目数"指课程标准中按照水平划分之后的目标条目数量，"目标击中数（O）"指教材中符合课程标准语言技能水平的目标数。知识广度一致性的判断标准是，教材的"目标击中数"占课程标准的"目标条目数"至少一半，即"目标击中百分比"至少为50%，知识广度才达到可接受的一致性水平。

如表6-4所示，除上海版的"听"以外，人教版和外研版的听、说、读、写以及上海版的说、写、读都达到了知识广度一致性的可接受水平。具体来看，人教版和外研版的"听"和"读"都只涉及了三个水平中的"识别"和"理解"水平，没有"推断"水平的练习，因此一致性水平都为66.7%。上海版"听"的内容很少，且只涉及三个水平中的"识别"，没有涉及"理解"和"推断"，一致性水平仅为33.3%，没有达到可接受水平。上海版的"说"仅涉及三个水平层级中的"朗读扮演"和"对话交流"，没有涉及"描述演讲"，说的练习主要以复述课文内容、用给定的句型对课文内容进行问答为主。三个版本教材都没有涉及"看"的技能种类。

表6-4　中国初中英语数字教材语言技能的广度一致性（≥ 50% 可接受）

语言技能类型	不同版本教材的一致性情况								
	人教版			上海版			外研版		
	目标条目数	目标击中数(O)	目标击中百分比/%	目标条目数	目标击中数(O)	目标击中百分比/%	目标条目数	目标击中数(O)	目标击中百分比/%
1111 听	3	2	66.7	3	1	33.3	3	2	66.7
1112 说	3	3	100	3	2	66.7	3	3	100
1113 读	3	2	66.7	3	3	100	3	2	66.7
1114 写	3	3	100	3	3	100	3	3	100
1115 看	0	0	—	0	0	—	0	0	—

（四）语言技能的分布平衡性

根据"知识分布平衡性"的判断依据，≥ 0.70 为知识分布平衡性可接受水平，0.60—0.69 为弱一致性水平，<0.60 为一致性不可接受水平。

人教版的教材在"听""说""写"方面具有知识分布平衡性的弱一致性水平，分别为0.61、0.68、0.67。"读"的知识分布平衡性指数为0.52，不具有可接受水平。"读"的三个水平层级分布不均衡，一级水平的"识别"占比91.7%，二级水平的"理解"仅占比8.3%，三级水平的"推断"指数为0%，即没有相应的内容。

上海版的教材在"听""说""写"方面具有知识分布平衡性的可接受水平，分别为1、0.91、0.83，即击中目标的内容比较均匀地分布在语言技能的各个水平。具体来看，上海版教材在"听"和"说"方面，知识分布比较平衡，具有知识分布平衡性的可接受水平。在"读"的方面，知识分布平衡性为弱一致性水平，内容主要分布在一级水平的"识别"上，而分布在"理解"和"推断"水平层级的内容相对较少。在"写"的方面，三个水平层级具有比较均衡的分布，具有较好的一致性可接受水平。

外研版教材的"说"和"读"知识分布平衡性分别为0.67和0.64，具有弱一致性水平，"听"和"写"的知识分布平衡性为0.58和0.51，不具有可接受水平，如表6-5所示。具体来看，"听"仅涉及三个水平中的一、二级水平，且以一级水平的"识别"为主，占比92.3%；"写"的知识分布平衡性指数为0.51，主要以一级水平的"仿写复述"为主，占比82.4%，多数写作内容是模仿范例写句子或将简单句组合成复合句。

表6-5　中国初中英语数字教材语言技能的分布平衡性（≥ 0.70 可接受）

教材版本	语言技能类型	目标击中数（O）	击中每个目标的内容数（I_K）	击中领域目标的内容数（H）	平衡性指数	可接受水平
人教版	1111 听	2	40、5、0	45	0.61	弱
	1112 说	3	23、39、1	63	0.68	弱
	1113 读	2	11、1、0	12	0.52	否
	1114 写	3	12、5、1	18	0.67	弱
	1115 看	0	0	0	0	—
上海版	1111 听	1	7、0、0	7	1	是
	1112 说	2	19、27、0	46	0.91	是
	1113 读	3	17、5、3	25	0.65	弱
	1114 写	3	8、4、4	16	0.83	是
	1115 看	0	0	0	0	—
外研版	1111 听	2	12、1、0	13	0.58	否
	1112 说	3	2、35、16	53	0.67	弱
	1113 读	2	32、5、0	37	0.64	弱
	1114 写	3	14、1、2	17	0.51	否
	1115 看	0	0	0	0	—

依据《中国义务课标 2022》进行观测，可以发现 3 个版本的教材缺乏"看"的技能培养，缺少"推断"和"评价"等水平层级的"听"和"读"技能训练，不利于培养学生观察与辨析、归纳与推断、批判与创新的思维品质。在"写"的技能中，培养学生正确表达情感、态度、观点、意图的任务比较少。

二、语言知识一致性

《中国义务课标 2011》对语音、话题、功能意念、词汇、语法五个方面进行了具体要求，《上海市课标》对基本素材（话题）、功能意念、语言知识（语音、词汇、语法）和呈现形式（语篇）等学习内容给出了具体的要求，对词汇量和语篇多样性要求略高。

（一）语言知识的种类一致性

根据知识种类一致性的判断标准，除了人教版的"语音"没有达到知识种类一致性的可接受水平外，其余版本的教材在语言知识的各个维度都达到了知识种类一致性可接受水平，如表6-6所示。

《中国义务课标2011》设置有12条语音知识的内容要求，但人教版教材没有设置语音知识内容。上海版和外研版教材每个模块的第一单元或者复习单元设置了专门的语音朗读练习，例如外研版的"Pronunciation and Speaking"，上海版的"Listen and Read"和"Look and Read"，主要以元音和辅音练习为主。

《上海市课标》在初中阶段设置了48条功能意念的内容要求，但上海版教材的目录和单元目标都没有提出"功能"要求，也没有设置显性的"功能"内容。虽然设置了听说栏目，但是通过对听说栏目的分析发现，上海版教材的语言技能和语言知识均围绕话题，以事件的发展为线索进行编排，"说"主要以对话复述和课文复述为主，不是以"功能"为主进行。研究者根据课程标准对隐性"功能"内容进行编码，发现"功能"的知识种类一致性达到了可接受水平。上海版这种以话题引领来组织课程内容的编排方式，为语言学习提供了极强的语境，但不利于"功能"目标的培养。

中国3个版本的教材都在目录中罗列了每个单元的语法目标，数量为2—4条，语法的知识种类一致性达到了可接受水平。例如，人教版每个单元专设语法栏目"Grammar Focus"，外研版每个单元专设语法栏目"Languge in Use"，都提供大量的语法练习。《中国义务课标2011》未对语篇做要求，但人教版和外研版都达到了"语篇"的知识种类一致性可接受水平。

表6-6 中国初中英语数字教材语言知识的种类一致性（≥6可接受）

语言知识类型	不同版本教材的一致性情况								
	人教版			上海版			外研版		
	目标条目数	击中领域目标的内容数（H）	可接受水平	目标条目数	击中领域目标的内容数（H）	可接受水平	目标条目数	击中领域目标的内容数（H）	可接受水平
1121 语音	12	0	否	8	10	是	12	15	是
1122 话题	85	9	是	26	12	是	85	12	是
1123 功能	62	19	是	48	13	是	62	14	是
1124 词汇	1500	310	是	1600	200	是	1500	393	是
1125 语法	43	27	是	72	34	是	43	23	是
1126 语篇	0	9	是	17	11	是	0	10	是

（二）语言知识的深度一致性

中国课程标准未对语言知识做小学、初中、高中的阶段区分，因此仅将未出现在课程标准附录的语言知识统计为不符合深度。如表 6-7 所示，3 个版本教材的语言知识都具有深度一致性可接受水平。

在"词汇"方面，《中国义务课标 2011》要求初中五级应掌握词汇 1500—1600 个。人教版七年级上册单词共 310 个，其中 291 个单词出现在课程标准五级词汇表范围内，占比 93.9%；外研版七年级上册单词共 393 个，其中 379 个单词出现在课程标准五级词汇范围内，占比 96.4%。《上海市课标》要求初中掌握核心词汇量累计不少于 1600 词，总词汇量累计不少于 2100 词。上海版七年级第一学期单词共 200 个，其中有 115 个单词出现在《上海市课标》中，占比 57.5%。人教版和外研版的"词汇"具有高度的知识深度一致性水平，上海版教材的"词汇"具有较低的词汇深度一致性，但仍具有可接受性。

表 6-7　中国初中英语数字教材语言知识的深度一致性（≥ 50% 可接受）

语言知识类型	不同版本教材的一致性情况								
	人教版			上海版			外研版		
	击中领域目标的内容数（H）	符合目标深度的内容数	符合目标深度的内容百分比/%	击中领域目标的内容数（H）	符合目标深度的内容数	符合目标深度的内容百分比/%	击中领域目标的内容数（H）	符合目标深度的内容数	符合目标深度的内容百分比/%
1121 语音	0	0	0	10	10	100	15	15	100
1122 话题	9	9	100	12	12	100	12	12	100
1123 功能	19	17	89.5	13	9	69.2	14	13	92.8
1124 词汇	310	291	93.9	200	115	57.5	393	379	96.4
1125 语法	27	27	100	34	34	100	23	23	100
1126 语篇	9	9	100	11	11	100	10	10	100

为了了解 3 个版本教材的词汇水平层级，本研究再次使用 Range（BNC）词汇分析软件进行词汇水平分析。Range 词汇分析软件以词频分析为基础设计，自带基础词表。表 I（BASEWRD1.txt）包含最常用的 1000 个英语单词，表 II（BASEWRD2.txt）包含次常用的 1000 个英语单词，表 III（BASEWRD3.txt）包括表 I、表 II 之外的，但在高中、大学各科教材中常见的英语单词。运用该软件对待分析的词汇进行自动分析，生成结果总表，展示词汇在三个词表中的分布情况，将不在三个基础词表中的单词归类为"不在词表中（not

in the list)"。

如表 6-8 所示，人教版总共 310 个单词中，常用词汇占 75.16%，次常用词汇占 13.87%，三级词汇占 1.94%，基础词表以外占 9.03%。上海版总词汇量为 207 个，去除词块 7 个，进行 Range 分析的有 200 个单词，结果显示常用词汇仅占 43.00%，次常用词汇占 24.50%，三级词汇占 14.00%，基础词表以外的词汇占 18.5%。外研版教材词汇总量为 450 个，去除词块 57 个，进行分析的单词有 393 个，结果显示常用词汇占 70.48%，次常用词汇占 14.52%，三级词汇占 4.83%，基础词表以外词汇占 9.16%，其中 5 个单词重复。

3 个版本之间，人教版和外研版教材中一级常用词汇占比高达 70% 以上，而上海版一级常用词汇仅占 43%，三级及以上词汇高达 32.5%。人教版词汇整体水平偏易，上海版词汇整体水平偏难，这也反映了人教版教材的普适性和上海版教材的发达地区性。

表 6-8　基于 Range（BNC）词汇水平分析结果

教材版本	单词总量	表 I /%	表 II /%	表 III /%	表 I, II, III 以外 /%
人教版	310	233/75.16	43/13.87	6/ 1.94	28/ 9.03
上海版	200	86/43.00	49/24.50	28/14.00	37/18.50
外研版	393	272/70.48	61/14.52	19/ 4.83	36/ 9.16

为了了解各版本之间的词汇一致性，研究者对 3 个版本之间的词汇一致性进行了计算。三本教材总共 903 个单词，Range 分析显示，仅 14 个单词同时出现在 3 个版本教材中，占比 1.6%；153 个单词同时出现在两个版本教材中，占比 16.9%。另外，Range 分析显示人教版和外研版总共 703 个单词中，仅 129 个单词同时出现在两个版本教材中，占比 18.3%。3 个版本的教材在词汇学习的进度和侧重上存在较大的差异。

（三）语言知识的广度一致性

课程标准中语言知识的目标条目数是针对初中三年（6 个学期）所设定的要求，因此每个学期的目标条目数应该是总条目数的 1/6。目标击中百分比则应该为目标击中数与每学期目标条目数的比例，例如人教版的"话题"中，课程标准要求的话题每学期大约为 85/6，即 14.2 个，人教版 8 个"话题"的目标击中百分比则为 8/14.2，即 56.3%。知识广度的判断标准为"击中目标百分比至少为 50% 则具有一致性可接受水平"。部分数据高于 100%，这是因为语言学习需要适度复现，因此部分语言知识会在不同年级重复出现，实现螺旋上升。

如表 6-9 所示，人教版教材的"语音"不具有知识广度一致性可接受水平，一致性水平仅为 0%。如果按照课程标准的目标要求来看，人教版、上海版和外研版教材的"话题"广度一致性水平分别为 56.3%、184.7%、84.7%，都达到了一致性可接受水平。具体来看，人教版教材 9 个单元涉及 8 个话题，上海版 11 个单元涉及 8 个话题，而外研版 10 个单元涉及 12 个话题，部分单元击中两个话题，例如 Unit 4 涉及食物（对应话题 37）和饮料（对应话题 38）两个话题，Unit10 涉及节日与假日（对应话题 30）和庆祝活动（对应话题 31）两个话题。

"功能"的广度一致性都具有可接受水平。上海版教材没有显性编排"功能"内容。外研版教材目录中有"功能"要点，但内容设置依据语法而不是功能意念进行。

上海版教材七年级第一学期总单词为 200 个，击中课程标准词汇列表的单词仅为 115 个，在词汇广度一致性上不具有可接受水平。可能的解释是，上海版的分课词汇表中部分常用词汇没被罗列出来；另上海版部分词汇学习可能通过课外阅读完成，例如课程标准对初中三级的课外阅读量要求为：净量 18 万，累计 26 万—28 万。

从"语篇"来看，人教版教材涉及了记叙文、招领启事、杂志访谈、广告、通知、信件等语篇，上海版的语篇有记叙文、说明文、对话、漫画、采访等，外研版较多课文是说明文语篇。

表 6-9　中国初中英语数字教材语言知识的广度一致性（≥ 50% 可接受）

语言知识类型	不同版本教材的一致性情况								
	人教版（9 单元）			上海版（11 单元）			外研版（10 单元）		
	目标条目数	目标击中数（O）	目标击中百分比 /%	目标条目数	目标击中数（O）	目标击中百分比 /%	目标条目数	目标击中数（O）	目标击中百分比 /%
1121 语音	12	0	0.0	8	5	375.9	12	3	150.0
1122 话题	85	8	56.3	26	8	184.7	85	12	84.7
1123 功能	62	15	125.8	48	7	87.5	62	11	106.4
1124 词汇	1500	291	116.4	1600	115	43.1	1500	379	151.6
1125 语法	43	12	167.4	72	15	125.0	43	14	195.5
1126 语篇	0	6	—	17	4	106.0	0	3	—

（四）语言知识的分布平衡性

从语言知识的分布平衡性来看，各版本教材具有较高的分布平衡性水平，但人教版的"语音""词汇"、上海版的"语法"、外研版的"词汇"没有达到知识分布平衡性可接受水平，如表6-10所示。

从"语音"来看，人教版教材没有涉及语音知识，上海版和外研版的语音知识分布平衡性指数分别为0.90和0.87，在所击中的目标中（例如元音及元音组合读音、辅音及辅音组合读音、朗读等）内容分布均衡。从"话题"来看，3个版本的话题分布平衡性指数分别为0.90、0.83、1，基本上每个单元都使用不同的话题。

从"功能"来看，3个版本的"功能"分布平衡性指数分布为0.82、0.80、0.82，具有可接受水平。人教版教材在目录和单元目标中都显性罗列了每个单元需要掌握的"功能"目标，并根据功能目标进行听说内容设置，这些功能内容与课程标准所提供的功能类型基本一致。上海版没有提供显性"功能"目标，听说内容也仅以话题为主线进行编排。外研版教材仅在目录中显性提出了每个单元需要掌握的"功能"目标，但较多的听说内容以语法为主线而不是以"功能"为主线进行编排。

"词汇"按照Range（BNC）的"表I常用词汇""表II次常用词汇""表III三级词汇""基础词汇以外"四个水平进行分布平衡性计算，结果显示，人教版教材和外研版的"词汇"分布平衡性指数分别为0.50和0.55，两个版本70%以上的"词汇"分布在"表I常用词汇"中。上海版"词汇"分布平衡性指数为0.82，词汇在各个水平层级具有比较均衡的分布。但因"词汇"学习遵循由易到难、由浅到深的原则，初中第一册应主要学习常用词汇，而非次常用词汇、三级词汇、基础词汇以外词汇的均衡学习。因此"词汇"知识分布平衡性仅用于了解各级水平词汇的分布情况，不做一致性评判。

从"语法"来看，仅外研版教材的"语法"知识分布平衡性具有可接受水平，平衡性指数为0.75。人教版教材的"语法"的知识分布平衡性指数为0.69，具有弱一致性水平，上海版的"语法"的知识分布平衡性指数为0.42，不具有一致性水平，两个版本均有37%以上的语法涉及句子种类中的"疑问句及其回答"。

从"语篇"来看，3个版本的教材都具有语篇分布平衡性可接受水平，即每种类型的语篇在课文中的分布比较均衡。

表6-10　中国初中英语数字教材语言知识的分布平衡性（≥0.70可接受）

教材版本	语言知识类型	目标击中数（O）	击中每个目标的内容数（I_K）	击中领域目标的内容数（H）	平衡性指数	可接受水平
人教版	1121 语音	0	0	0	0	否
	1122 话题	8	2、1、1、1、1、1、1、1	9	0.90	是
	1123 功能	15	2、4、1、1、1、1、1、1、1、1、1、1、1、1、1	19	0.82	是
	1124 词汇	291（4）	233、43、6、28	310	0.50	—
	1125 语法	12	3、10、1、2、1、2、1、2、2、1、1、1	27	0.69	弱
	1126 语篇	6	4、1、1、1、1、1	9	0.72	是
上海版	1121 语音	5	2、2、2、3、1	10	0.90	是
	1122 话题	8	2、1、1、2、1、2、2	12	0.83	是
	1123 功能	7	4、2、2、1、1、1	13	0.80	是
	1124 词汇	106（4）	86、49、28、37	200	0.82	—
	1125 语法	15	1、2、13、1、2、1、2、1、1、3、3、1、1、1	34	0.42	否
	1126 语篇	4	4、3、3、1	11	0.85	是
外研版	1121 语音	3	3、6、6	15	0.87	是
	1122 话题	12	1、1、1、1、1、1、1、1、1、1、1、1	12	1	是
	1123 功能	11	1、1、2、1、1、3、1、1、1、1、1	14	0.82	是
	1124 词汇	379（4）	277、61、19、36	393	0.55	—
	1125 语法	14	4、1、1、1、1、3、1、2、3、1、1、1、1、2	23	0.75	是
	1126 语篇	3	4、5、1	10	0.77	是

依据《中国义务课标2022》对3个版本的教材进行观测发现，在话题方面，3个版本教材的话题虽然涉及人与自我、人与社会、人与自然三大范畴，但以学生的生活与学习为主，挑战性、多元化的话题相对较少，例如缺少劳动实践、工匠品质、理财意识、理性消费、自我认识、自我管理、个人信息安全、国家安全意识、身份认同、文化自信等话题。在"功能"方面，原课标的"功能"被新课标的"语用知识"所取代，新课标更注重培养学生根据交际目的、交际场合、交际角色，选择合适的语体，进行得体、恰当且有效的沟通和交流能力。根据观测，3个版本的教材在实际运用功能意念进行真实

交际活动的内容相对较少。在"语篇"方面，3个版本教材的语篇类型更多是连续性文本，图表、图示、网页、广告等非连续性文本类型不足，关于写作目的、结构特征、基本语言特点和信息组织方式的篇章知识比较欠缺。

三、非语言知识一致性

非语言知识涉及学习策略、文化意识、信息素养、跨学科内容四个方面。《中国义务课标2011》对学习策略和文化意识进行了要求，《上海市课标》对态度情感进行了具体的分级描述。现有数字教材依据的课程标准没有对跨学科内容做出要求，在此仅做观测，不做一致性分析。

（一）非语言知识的种类一致性

《中国义务课标2011》和《上海市课标》非常重视学生"学习策略"和"文化意识"的培养，但这些内容在教材中并没有得到很好的体现。如表6-11所示，仅外研版教材在"学习策略"和"文化意识"的种类一致性具有可接受水平。

在"学习策略"方面，人教版教材没有涉及学习策略的内容。上海版教材略重视"学习策略"的培养，在三个复习单元设置了学习策略栏目："使用词典 I""使用词典 II""使用网络查找资料"，在提供学习策略知识的同时，还提供了策略运用的机会。上海版教材的学习策略内容虽少，未达到知识种类一致性的可接受水平，但其编排模式值得借鉴。外研版教材非常重视"学习策略"的培养，专门设置学习策略栏目"Learning to Learn"，以小贴士的方式附在教材适当的位置，例如使用单词地图学习单词、对学过的单词进行词群归类、通过造句学习单词等。

在"文化意识"方面，人教版和上海版都只零散地设置文化内容。外研版系统地在每个单元设置了文化栏目"Around the World"，介绍贴近学生生活的文化知识，例如英语国家的家庭、上学年龄、西方早餐、英国学校日、西方节假日等。

在"信息素养"方面，外研版设置了一个单元介绍电脑和互联网的使用。上海版设置了网络信息检索的学习策略栏目。在"跨学科内容"方面，3个版本的教材均没有显性的跨学科内容。

表 6-11　中国初中英语数字教材非语言知识的种类一致性（≥6可接受）

非语言知识类型	不同版本教材的一致性情况								
	人教版			上海版			外研版		
	目标条目数	击中领域目标的内容数（H）	可接受水平	目标条目数	击中领域目标的内容数（H）	可接受水平	目标条目数	击中领域目标的内容数（H）	可接受水平
1131 学习策略	4	0	否	4	3	否	4	10	是
1132 文化意识	3	1	否	3	4	否	3	16	是
1133 信息素养	0	0	否	0	3	否	0	1	否
1134 跨学科内容	0	0	否	0	0	否	0	0	否

（二）非语言知识的深度一致性

3 个版本的教材中，如表 6-12 所示，已有的非语言知识的深度水平均达到或高于课程标准所要求的水平，具有一致性可接受水平。在"学习策略"方面，3 个版本的学习策略关注点略有不同，上海版的全部内容为元认知策略，外研版的 90.0% 为认知策略，10.0% 为交际策略。在"文化意识"方面，3 个版本的教材主要关注文化知识和文化交际能力的培养，上海版教材 25.0% 的内容为文化知识的学习，75.0% 为文化交际能力的培养；外研版 81.2% 的内容为文化知识的学习，18.8% 为文化交际能力的培养。在"信息素养"方面，上海版和外研版主要培养信息收集、信息分析，尤其媒体运用的能力。

表 6-12　中国初中英语数字教材非语言知识的深度一致性（≥50%可接受）

语言知识类型	不同版本教材的一致性情况								
	人教版			上海版			外研版		
	击中领域目标的内容数（H）	符合目标深度的内容数	符合目标深度的内容百分比/%	击中领域目标的内容数（H）	符合目标深度的内容数	符合目标深度的内容百分比/%	击中领域目标的内容数（H）	符合目标深度的内容数	符合目标深度的内容百分比/%
1131 学习策略	0	0	0	3	3	100	10	10	100
1132 文化意识	1	1	100	4	4	100	16	16	100
1133 信息素养	0	0	0	3	3	100	1	1	100
1134 跨学科内容	0	0	0	0	0	0	0	0	0

（三）非语言知识的广度一致性

在非语言知识广度一致性方面，如表 6-13 所示，上海版教材的"文化意识"和"信息素养"，外研版的"学习策略"和"文化意识"达到广度一致性的可接受水平，分别为 66.7%、75.0%、50.0%、66.7%。

"学习策略"从元认知策略、认知策略、交际策略、情感管理策略四个方面进行分析。人教版没有设置学习策略内容。上海版的"学习策略"仅涉及元认知策略，广度一致性水平为 25.0%，不具有可接受水平，主要教学生通过字典、图书馆、计算机网络等工具获得更广泛的英语信息，利用线上线下资源丰富自己的英语学习内容。外研版的"学习策略"涉及认知策略和交际策略两个方面，广度一致性水平为 50.0%，具有可接受水平。

"文化意识"从文化态度、文化知识、文化交际能力三个方面进行分析。人教版仅涉及文化知识一个方面，一致性水平为 33.3%，不具有可接受水平。上海版和外研版涉及文化知识、文化交际能力两个方面的内容，一致性水平为 66.7%，具有可接受水平。

关于"信息素养"，中国课程标准未做要求，在此借鉴《韩国课标》从信息收集、信息分析、媒体运用和信息伦理四个方面进行分析。上海版在提供信息知识的同时，还提供信息收集、信息分析和媒体运用的实操练习，击中韩国课程标准领域目标数 3 个。外研版仅关注媒体运用的知识。

表 6-13　中国初中英语数字教材非语言知识的广度一致性（≥ 50% 可接受）

非语言知识类型	不同版本教材的一致性情况								
	人教版			上海版			外研版		
	目标条目数	目标击中数（O）	目标击中百分比 /%	目标条目数	目标击中数（O）	目标击中百分比 /%	目标条目数	目标击中数（O）	目标击中百分比 /%
1131 学习策略	4	0	0	4	1	25.0	4	2	50.0
1132 文化意识	3	1	33.3	3	2	66.7	3	2	66.7
1133 信息素养	0	0	0	3	—	75.0	0	1	25.0
1134 跨学科内容	0	0	—	0	0	—	0	0	—

（四）非语言知识的分布平衡性

3个版本的教材在非语言知识方面广度不够，没有相应内容或仅涉及一个子目标，因此部分知识的分布平衡性指数为0和1，如表6-14所示。

在"学习策略"方面，外研版在击中的"认知策略"和"交际策略"中，认知策略占比90.0%，远远高于交际策略的10.0%，分布平衡性指数为0.60，为弱平衡性水平。

在"文化意识"方面，上海版在击中的"文化知识"和"文化交际能力"中，"文化交际能力"（75.0%）高于"文化知识"（25.0%）的比例，分布平衡性指数为0.75，具有可接受水平。在外研版中，"文化知识"（81.2%）远远高于"文化交际能力"（18.8%）的比例，分布平衡性指数为0.69，具有弱平衡性水平。

表6-14　中国初中英语数字教材非语言知识的分布平衡性（≥0.70可接受）

教材版本	非语言知识类型	目标击中数（O）	击中每个目标的内容数（I_K）	击中领域目标的内容数（H）	平衡性指数	可接受水平
人教版	1131学习策略	0	0	0	0	否
	1132文化意识	1	1	1	1	是
	1133信息素养	0	0	0	0	否
	1134跨学科内容	0	0	0	0	否
上海版	1131学习策略	1	3	3	1	是
	1132文化意识	2	1、3	4	0.75	是
	1133信息素养	3	1、1、1	3	1	是
	1134跨学科内容	0	0	0	0	否
外研版	1131学习策略	2	9、1	10	0	弱
	1132文化意识	2	13、3	16	0.69	弱
	1133信息素养	1	1	1	1	是
	1134跨学科内容	0	0	0	0	否

依据《中国义务课标2022》，3个版本的教材都很缺乏在学习策略、文化意识、信息素养、跨学科方面的内容，而且内容分布不均衡，例如"学习策略"方面缺乏情感态度策略的内容，"文化意识"缺乏文化态度和文化批判意识的内容，文化知识方面对中国优秀文化重视不够。

第二节　韩国初中英语数字教材的纸质教材内容一致性

本节将对韩国 3 个版本初中英语数字教材的纸质教材内容进行一致性分析。纸质教材内容包括语言技能、语言知识、非语言知识三个子维度。内容一致性分析将借鉴 Webb 一致性分析模式，从知识种类、知识广度、知识深度和知识分布平衡性方面对纸质教材内容进行一致性水平。

一、语言技能一致性

《韩国课标》对听、说、读、写的语言技能进行了具体要求，并强调能将两种技能结合起来运用的能力，分为理解能力和表达能力。《韩国课标》没有对"看"的技能做出要求，在此"看"的指标仅用于观测，不做一致性分析。

（一）语言技能的种类一致性

3 个版本的教材都提供了丰富的听、说、读、写技能活动，在语言技能的知识种类上都具有可接受的一致性水平，如表 6-15 所示。

3 个版本的教材都设置了独立的听、说、读、写栏目。"说"的内容丰富，每个单元设置了 2—3 个"说"的栏目，例如 YBM 版的"Listen and Speak""Conversation""Communication Task"，东亚版的"Listen and Speak""Real Life Talk"，天才版的"Communicate：Speak""My Speaking Portfolio"。各类项目也通过口语交流完成，并通过描述演讲展示项目结果。

3 个版本的教材"读"的任务活动分为读前、读中、读后三个环节，每个环节有不同的练习，课前为思考题，课中为问答题，课后为课文的思维导图。另外，东亚版教材涉及了"看"的技能培养，在每个单元的"Real Life Talk"栏目中，首先是观看视频，根据视频内容回答相关问题，进而导入到真实性口语交流任务中。

表6-15　韩国初中英语数字教材语言技能的种类一致性（≥6可接受）

语言技能类型	不同版本教材的一致性情况								
	YBM版			东亚版			天才版		
	目标条目数	击中领域目标的内容数（H）	可接受水平	目标条目数	击中领域目标的内容数（H）	可接受水平	目标条目数	击中领域目标的内容数（H）	可接受水平
1111 听	3	60	是	3	42	是	3	68	是
1112 说	3	93	是	3	72	是	3	54	是
1113 读	3	61	是	3	49	是	3	38	是
1114 写	3	17	是	3	19	是	3	24	是
1115 看	0	0	否	0	19	是	0	0	否

（二）语言技能的深度一致性

韩国3个版本的教材在语言技能的知识深度一致性方面都具有可接受水平，如表6-16所示。教材中语言技能所涉及的内容都符合课程标准所要求的技能目标，即"听"和"读"的内容涉及了"识别""理解""推断"三个水平，"说"涉及了"朗读扮演""对话交流""描述演讲"三个水平，"写"涉及了"仿写复述""应用文""短文"三个水平。

表6-16　韩国初中英语数字教材语言技能的深度一致性（≥50%可接受）

语言技能类型	不同版本教材的一致性情况								
	YBM版			东亚版			天才版		
	击中目标的内容数（H）	符合目标深度的内容数	符合目标深度的内容百分比/%	击中目标的内容数（H）	符合目标深度的内容数	符合目标深度的内容百分比/%	击中目标的内容数（H）	符合目标深度的内容数	符合目标深度的内容百分比/%
1111 听	60	60	100	42	42	100	68	68	100
1112 说	93	93	100	72	72	100	54	54	100
1113 读	82	82	100	77	77	100	63	63	100
1114 写	17	17	100	19	19	100	24	24	100
1115 看	0	0	0.0	19	19	100	0	0	0

3个版本的教材各项语言技能的深度水平分布如表6-17所示，在"听"的方面，3个版本的教材都在一级水平的"识别"上设置了较多内容，分别占比76.6%、88.1%、79.4%，在二级水平的"理解"和三级水平的"推断"上设置的内容很少，仅占10.0%左右，反映了初级听力的设置方式。

表 6-17　韩国初中英语数字教材语言技能的深度分布

语言技能类型	不同版本教材的一致性情况								
	YBM 版			东亚版			天才版		
	击中目标的内容数（H）	符合目标深度的内容数	符合目标深度的内容百分比/%	击中目标的内容数（H）	符合目标深度的内容数	符合目标深度的内容百分比/%	击中目标的内容数（H）	符合目标深度的内容数	符合目标深度的内容百分比/%
1111 听	60	46 7 7	76.6 11.7 11.7	42	37 2 3	88.1 4.8 7.1	68	54 8 6	79.4 11.8 8.8
1112 说	93	9 42 42	9.7 45.2 45.2	72	10 43 19	13.9 59.7 26.4	54	0 38 16	0.0 70.4 29.6
1113 读	61	45 12 4	73.8 19.7 6.5	49	36 0 13	73.5 0.0 26.5	38	34 3 1	89.5 7.9 2.6
1114 写	17	15 1 1	88.2 5.9 5.9	19	16 2 1	84.2 10.5 5.3	24	16 3 5	66.7 12.5 20.8
1115 看	0	0	—	19	19	100	0	0	—

在"说"的方面，各版本更关注二级水平的"对话交流"训练，占比分别为 45.2%、59.7%、70.4%，主要根据单元的话题和功能意念目标设置，学生按照一定的句式进行对话交流练习。三级水平的"描述演讲"亦占有一定的比例，其中 YBM 版的"描述演讲"占比为 45.2%，重视"描述演讲"技能的培养。YBM 版注重将同一个对话交流任务继续上升为描述演讲任务，例如在每个单元的"Communication Task"栏目中，让学生就特定主题进行对话交流后进一步发表演讲；在每个单元的"Project"栏目的最后一步，也要求学生用描述演讲的方式向同学呈现项目结果；在课文阅读中设计口语问题（Talk）让学生发表看法；在每个单元的终结性评价中设置两个"说"的任务，其中之一是描述演讲。3 个版本的教材都较少关注一级水平的"朗读扮演"，其中天才版没有涉及一级水平"朗读扮演"的练习；YBM 版教材每个单元的"Conversation"栏目设计有"Cartoon Time"，东亚版教材每个单元的"Real Life Talk"栏目都提供技术支持，方便学生与数字教材进行交互角色扮演。

在"读"的方面，各版本教材采取的主要形式是在课文阅读中设置问答题和课文阅读后设置阅读理解题等。大部分"读"的内容是对一级水平"识别"的训练，YBM 版的"识别"占比 73.8%，东亚版占比 73.5%，天才版高达 89.5%；二级水平"理解"和三级水平"推断"的内容不够；其中东亚版没有涉及"理解"的内容，但有相对较多的"推断"内容，主要形式是对课文中的某一句话或某一短语进行内涵推断（Think More）。

在"写"的方面，各版本教材设置有专门的写作栏目，写作内容较关注一级水平的"仿写复述"，分别占比 88.2%、84.2%、66.7%。YBM 版的"写"首先是作为素材的句子仿写，其次是将句子组成段落的短文仿写；东亚版的"写"首先是作为素材的句子填空，其次是将句子组成段落的短文仿写；天才版的"写"首先是阅读范文并整理范文的思维导图，其次是模仿范文整理自己的思维导图，最后根据思维导图独立撰写文章。

（三）语言技能的广度一致性

韩国 3 个版本的教材在语言技能广度一致性上具有可接受水平，如表 6-18 所示。目标击中百分比为 100% 表示课程标准要求的目标条目数在教材中都有内容体现。东亚版的"读"和天才版"说"的广度都为 66.7%，但仍具有广度一致性的可接受水平。东亚版的"读"在三个水平层级中仅涉及"识别"和"推断"，没有二级水平"理解"的内容。天才版的"说"在三个水平层级中没有显性设置"朗读扮演"的活动，也没有提供可进行角色扮演的技术支持。"看"没有具体的课程标准参照，在此将东亚版"看"的内容全部设定为击中目标。

表 6-18　韩国初中英语数字教材语言技能的广度一致性（≥ 50% 可接受）

语言技能类型	不同版本教材的一致性情况								
	YBM 版			东亚版			天才版		
	目标条目数	目标击中数（O）	目标击中百分比 /%	目标条目数	目标击中数（O）	目标击中百分比 /%	目标条目数	目标击中数（O）	目标击中百分比 /%
1111 听	3	3	100	3	3	100	3	3	100
1112 说	3	3	100	3	3	100	3	2	66.7
1113 读	3	3	100	3	2	66.7	3	3	100
1114 写	3	3	100	3	3	100	3	3	100
1115 看	0	0	0	19	19	100	0	0	0

（四）语言技能的分布平衡性

语言技能的分布平衡性相对较差，YBM 版、东亚版和天才版都仅在"说"的方面达到了分布平衡性，平衡性指数分别为 0.76、0.74、0.80，即 YBM 版和东亚版在击中的"朗读扮演""对话交流""描述演讲"三个目标水平之间的内容数分布比较均衡，天才版在击中的"对话交流""描述演讲"两个目标之间内容数分布比较均衡，如表 6-19 所示。

在"听"的方面，3 个版本的教材的分布平衡性均没有达到可接受水平，分布平衡性指数分别为 0.57、0.45、0.54，3 个版本的教材在击中的"识别""理解""推断"三个水平上分布不均衡，76.6%—88.1% 的听力内容关注一级水平"识别"。

在"读"的方面，YBM 版仅达到知识分布的弱平衡，东亚版达到了知识分布平衡性的可接受水平，天才版没有达到知识分布平衡性的可接受水平。3 个版本的教材在击中的"识别""理解""推断"三个水平上分布不均衡，70.0% 以上的阅读内容关注一级水平"识别"。

在"写"的方面，YBM 版和东亚版没有达到知识分布平衡性可接受水平，仅为 0.45 和 0.49，两个版本的教材在击中的"仿写复述""应用文""短文"三个水平上分布不均衡，84.2%—88.2% 的内容进行句子和段落的"仿写"练习。天才版平衡性指数为 0.67，仅达到知识分布平衡性的弱一致性水平。天才版在三个水平之间分布较为均衡，在仿写的基础上将写作练习提升到独立写作水平层级。

表 6-19　韩国初中英语数字教材语言技能的分布平衡性（≥ 0.70 可接受）

教材版本	语言技术类型	目标击中数（O）	击中每个目标的内容数（I_K）	击中领域目标的内容数（H）	平衡性指数	可接受水平
YBM 版	1111 听	3	46、7、7	60	0.57	否
	1112 说	3	9、42、42	93	0.76	是
	1113 读	3	45、12、4	61	0.60	弱
	1114 写	3	15、1、1	17	0.45	否
	1115 看	0	0	0	0	否
东亚版	1111 听	3	37、2、3	42	0.45	否
	1112 说	3	10、43、19	72	0.74	是
	1113 读	2	36、0、13	49	0.77	是
	1114 写	3	16、2、1	19	0.49	否

教材版本	语言技术类型	目标击中数（O）	击中每个目标的内容数（I_K）	击中领域目标的内容数（H）	平衡性指数	可接受水平
东亚版	1115 看	—	0	19	1	是
天才版	1111 听	3	54、8、6	68	0.54	否
	1112 说	2	0、38、16	54	0.80	是
	1113 读	3	34、3、1	38	0.44	否
	1114 写	3	16、3、5	24	0.67	弱
	1115 看	0	0	0	0	否

二、语言知识一致性

《韩国课标》对话题、功能、词汇和语法进行了具体规定，并提供附录，其中对功能、词汇、语法的附录进行了学段区分。课程标准没有对"语音"和"语篇"进行具体规定，但各版本教材都设置有"语音"知识，多样"语篇"，因此纳入观测，但不做一致性分析。

（一）语言知识的种类一致性

按照语言知识种类一致性的判断标准，韩国 3 个版本的教材都具有知识种类一致性的可接受水平，如表 6-20 所示。

虽然课程标准没有对语音知识做出要求，但 3 个版本的教材都专设了"语音"栏目，例如 YBM 版的"Say Aloud"，东亚版的"Sound Tip"，天才版的"All Ears"和"Tongue Twister"，每个单元提供 2—4 句语音练习，语音知识种类一致性具有可接受水平。

韩国教材在教材目录和单元目标中罗列了每个单元需要掌握的两个主要"功能"目标，功能种类一致性具有可接受水平。YBM 版按照功能类型进行听说编排。东亚版主要围绕单元话题进行设置，较多功能不明确。

在"语法"方面，韩国教材在教材目录和单元目标中明确了每个单元需要掌握的两个语法项目，设置了专门的语法学习栏目，例如 YBM 版的"Language in Use"，东亚版的"Language Use"，天才版的"Fous on Language"，语法知识种类具有一致性可接受水平。

天才版教材没有设置分课单词、书末没有附词汇表，仅在数字教材的课文中以补充资源的方式进行注解，但因数字教材试用权限，无法统计所有单元的词汇，在此不做计算。

表6-20　韩国初中英语数字教材语言知识的种类一致性（≥6可接受）

语言知识类型	不同版本教材的一致性情况								
	YBM版			东亚版			天才版		
	目标条目数	击中领域目标的内容数（H）	可接受水平	目标条目数	击中领域目标的内容数（H）	可接受水平	目标条目数	击中领域目标的内容数（H）	可接受水平
1121 语音	－	16	是	－	7	是	－	16	是
1122 话题	19	10	是	19	10	是	19	11	是
1123 功能	121	16	是	121	18	是	121	18	是
1124 词汇	1250	89	是	1250	155	是	1250	－	－
1125 语法	40	20	是	40	17	是	40	17	是
1126 语篇	0	10	是	0	10	是	0	12	是

（二）语言知识的深度一致性

韩国课程标准没对语音和语篇做具体要求，在此设定全部内容符合深度一致性。《韩国课标》对功能、词汇、语法的附录进行了小学、初中、高中学段区分，研究者将出现在小学阶段的语言知识统计为不符合深度水平。如表6-21所示，"话题"都在课程目标深度范围内；课程标准对"功能"做了小学和中学的区别，YBM版、东亚版、天才版的功能深度分别为81.3%、83.3%、88.9%，每个版本有2—3个属于小学阶段应掌握的功能。YBM版和东亚版的"词汇"深度一致性的内容占比分别为61.8%和68.4%，即只有60%左右的词汇出现在课程标准的词汇列表（3000词）中，一致性水平不高，但仍在接受范围之内。YBM版、东亚版、天才版的"语法"深度一致性分别只有50.0%、41.2%、47.1%，未达到可接受水平，3个版本都有一半以上的内容在进行小学语法的复习。

表6-21　韩国初中英语数字教材语言知识的深度一致性（≥50%可接受）

语言知识类型	不同版本教材的一致性情况								
	YBM版			东亚版			天才版		
	击中目标的内容数（H）	符合目标深度的内容数	符合目标深度的内容百分比/%	击中目标的内容数（H）	符合目标深度的内容数	符合目标深度的内容百分比/%	击中目标的内容数（H）	符合目标深度的内容数	符合目标深度的内容百分比/%
1121 语音	16		100	7		100	16		100
1122 话题	10	10	100	10	10	100	11	11	100
1123 功能	16	13	81.3	18	15	83.3	18	16	88.9
1124 词汇	89	55	61.8	155	106	68.4	−	−	−
1125 语法	20	10	50.0	17	7	41.2	17	8	47.1
1126 语篇	10	10	100	10	10	100	12	12	100

使用Range词汇水平分析软件对韩国教材的词汇水平进行分析，结果如表6-22所示。YBM版仅在课文页面底部分散标有词汇，总共115个，去掉26个词块，纳入分析的单词为89个，结果显示常用词汇占35.96%，次常用词汇占31.46%，三级词汇占12.36%，基础词表以外词汇占20.22%。东亚版总词汇共158个（不包括两个特别单元的30个词汇），去掉3个词块，纳入分析的单词为155个。结果显示常用词汇占56.13%，次常用词汇占27.10%，三级词汇占7.10%，基础词表以外词汇占9.68%。相比较而言，YBM版教材的词汇深度水平略高一点。

表6-22　基于Range（BNC）词汇水平分析结果

教材版本	单词总量	表I/%	表II/%	表III/%	表I, II, III以外/%
YBM版	89	35.96	31.46	12.36	20.22
东亚版	155	56.13	27.10	7.10	9.68

除了了解教材与课程标准之间的一致性之外，本研究也对两版本教材之间的一致性进行了分析。两版教材共244个单词，仅19个单词一致，占比7.8%。韩国两版本初中第一册英语教材的词汇差异较大。

（三）语言知识的广度一致性

课程标准的"目标条目数"提供的是整个初中的知识目标，语言知识的广度一致性按照每册的目标条目数，并考虑每个单元的知识数量进行计算。例如整个初中的"话题"目标条目数为19，平均每册必须完成的3.16个话题，而 YBM 第一册涉及 10 个话题，因此每册目标击中百分比为 315.8%。具体的语言知识广度一致性如表 6-23 所示。

《韩国课标》没有对"语音"做出规定，按照《上海市课标》从"读音规则""国际音标""朗读"三个方面来分析，韩国 3 个版本的"语音"都只关注"朗读"的培养，例如连读、不完全爆破、重音等。

3 个版本的教材的"话题"广度一致性都具有可接受水平，各"话题"在各册教材之间会进行重复使用。从每个单元所涉及的话题来看，3 个版本的话题广度都具有可接受水平，对课程标准中有关职业生涯规划、品格教育、创造性思维、协作精神、甚至与数字教材相关的颈椎病防治话题都有涉及。

从"功能"来看，《韩国课标》提供了 11 大类 121 个具体功能及相应例句。功能数量众多，即使每单元学习两个具体功能，每册书八个单元，六册教材也只能完成 96 个具体功能的学习。因此 3 个版本的"功能"广度一致性水平不高，分别为 69.4%、52.2%、64.5%，但仍具可接受性，每个单元学习了 2 个具体功能。

从"词汇"来看，YBM 版教材词汇广度水平为 42.7%，不具有一致性可接受水平，每个单元涉及生词 10—12 个，常用词汇可能没有在单词表中罗列。东亚版教材词汇广度一致性水平为 74.7%，具有可接受一致性水平。

在"语法"方面，3 个版本的教材都具有一致性可接受水平。在"语篇"方面，天才版语篇丰富，涉及记叙文、说明文、诗歌、报刊文摘、儿童文学、日记、网站博客、漫画等多种语篇类型。

表 6-23 韩国初中英语数字教材语言知识的广度一致性（≥ 50% 可接受）

语言知识类型	不同版本教材的一致性情况								
	YBM 版			东亚版			天才版		
	目标条目数	目标击中数（O）	目标击中百分比 /%	目标条目数	目标击中数（O）	目标击中百分比 /%	目标条目数	目标击中数（O）	目标击中百分比 /%
1121 语音	0	1	—	0	1	—	0	1	—
1122 话题	19	10	315.8	19	9	284.2	19	8	252.6
1123 功能	121	14	69.4	121	11	52.2	121	13	64.5
1124 词汇	1250	89	42.7	1250	155	74.4	1250	—	—
1125 语法	40	11	165.0	40	13	195.0	40	11	165.0
1126 语篇	—	4	—	—	6	—	—	8	—

（四）语言知识的分布平衡性

3 个版本的教材语言知识分布平衡性较好，如表 6-24 所示，除东亚版的"功能"与"词汇"的分布平衡性为弱水平外，其他版本教材的语言知识都具有可接受的知识分布平衡性水平。

在"话题"方面，3 个版本的"话题"分布平衡性指数分别为 1、0.91、0.80，几乎每个单元都涉及了不同的话题。在"功能"方面，3 个版本的"功能"分布平衡性指数分别为 0.90、0.68、0.77，其中东亚版的"功能"分布平衡性为弱水平。在"词汇"方面，东亚版的词汇分布平衡性指数为 0.67，为弱水平，在四个词汇水平中，56.1% 的词汇分布在一级常用词汇层级。在"语法"方面，3 个版本的"语法"分布平衡性指数都为 0.84，击中领域目标的"语法"在各个目标中分布较为均衡，即几乎每个单元涉及了不同的语法学习。在"语篇"方面，虽然课程标准没有具体要求，但从 3 个版本教材的语篇分析来看，"语篇"分布平衡性指数分别为 0.70、0.73、0.79，具有较好的可接受水平。

表 6-24 韩国初中英语数字教材语言知识的分布平衡性（≥ 0.70 可接受）

教材版本	语言知识类型	目标击中数（O）	击中每个目标的内容数（I_K）	击中领域目标的内容数（H）	平衡性指数	可接受水平
YBM 版	1121 语音	1	16	16	1	是
	1122 话题	10	1、1、1、1、1、1、1、1、1、1	10	1	是
	1123 功能	14	1、1、1、1、1、2、2、1、1、1、1、1、1、1	16	0.90	是
	1124 词汇	89	32、28、11、18	89	0.83	是
	1125 语法	11	2、3、1、2、3、2、2、1、1、2、1	20	0.84	是
	1126 语篇	4	5、3、1、1	10	0.7	是
东亚版	1121 语音	1	7	7	1	是
	1122 话题	9	1、2、1、1、1、1、1、1、1	10	0.91	是
	1123 功能	11	1、7、1、1、1、1、1、1、1、2	18	0.68	弱
	1124 词汇	155	87、42、11、15	155	0.67	弱
	1125 语法	13	2、2、1、1、2、2、1、1、1、1、1、1、1	17	0.84	是
	1126 语篇	6	4、2、1、1、1、1	10	0.73	是

续　表

教材版本	语言知识类型	目标击中数（O）	击中每个目标的内容数（I_k）	击中领域目标的内容数（H）	平衡性指数	可接受水平
天才版	1121 语音	1	16	16	1	是
	1122 话题	8	2、3、1、1、1、1、1、1	11	0.80	是
	1123 功能	13	1、1、1、1、1、2、1、1、1、5、1、1、1	18	0.77	是
	1124 词汇	–	–	–	–	–
	1125 语法	11	2、2、2、1、1、2、2、1、2、1、1	17	0.84	是
	1126 语篇	8	3、2、1、1、1、2、1、1	12	0.79	是

三、非语言知识一致性

《韩国课标》对学习策略、文化意识、信息素养做出了要求，没有对跨学科内容做出要求，因此本研究仅对学习策略、文化意识、信息素养做一致性分析，对跨学科内容仅做观察分析。

（一）非语言知识的种类一致性

3 个版本都在非语言知识的种类一致性上达到了可接受水平，如表 6-25 所示。从"学习策略"来看，3 个版本的教材都设置了一定数量的学习策略，其中 YBM 版和东亚版教材以 Tip 小贴士、天才版教材以 DIY TOOL 小贴士的方式为每单元提供 1—2 条学习策略。

从"文化意识"来看，YBM 版每个单元设置文化栏目"Click the World"，介绍各种文化知识，并设置专门单元介绍韩国文化。东亚版每个单元设置文化栏目"Culture to Culture"，进行文化探究与学习。天才版没有专门的文化栏目，但在跨学科栏目"Have Fun Together"中有部分文化内容。

从"信息素养"来看，三版教材都在真实口语交流活动、文化项目和跨学科项目中，要求学生通过网络检索和分析完成任务，并以多媒体方式展示活动结果。例如，YBM 版的文化栏目"Click the World"要求学生通过网络搜索了解相关文化知识，东亚版的文化栏目"Culture to Culture"和跨学科栏目"Project"的部分内容需要学生借助互联网或多媒体完成。天才版设置通过网络检索了解相关内容的栏目"USE ICT"，另外"Project"栏目也涉及各种媒体的运用。

在"跨学科内容"方面，《韩国课标》没有对跨学科内容做出要求，但是3个版本的教材都在不同程度上涉及跨学科内容。YBM版没有显性的跨学科内容，仅在"Project"栏目对跨学科内容有所涉及，例如制作报纸进行报道、绘制旅行地图。东亚版教材设置了专门的跨学科栏目"Project"，并在栏目目标中注明所涉及的其他学科，例如媒体、体育、信息、音乐、美术、就业、家庭经济、社会等。天才版亦设置了激发学习兴趣的跨学科内容栏目"Have Fun Together"，并在栏目目标中注明所涉及的学科，例如"Connect to Art"，但所涉及的学科比较单一，内容比较浅显。目前跨学科内容的设计主要结合单元主题，以项目的方式进行，通过调动学生的多种语言技能和多学科知识，进行真实性任务的处理。

表6-25　韩国初中英语数字教材非语言知识的种类一致性（≥6可接受）

非语言知识类型	不同版本教材的一致性情况								
	YBM版			东亚版			天才版		
	目标条目数	击中领域目标的内容数（H）	可接受水平	目标条目数	击中领域目标的内容数（H）	可接受水平	目标条目数	击中领域目标的内容数（H）	可接受水平
1131 学习策略	4	7	是	4	11	是	4	11	是
1132 文化意识	3	14	是	3	20	是	3	13	是
1133 信息素养	4	33	是	4	35	是	4	25	是
1134 跨学科内容	0	2	否	0	9	是	0	4	否

（二）非语言知识的深度一致性

3个版本的教材均具有非语言知识深度一致性水平，即都达到或高于课程标准所要求的深度，如表6-26所示。在"学习策略"方面，3个版本的教材以认知策略为主，少量内容涉及元认知策略、交际策略，没有显性的情感管理策略内容。在"文化意识"方面，3个版本教材的内容以文化知识为主，文化交际能力为辅，少量涉及文化态度，甚至文化批判意识的内容。在"信息素养"方面，3个版本的教材都同时注重信息搜集、信息分析、媒体运用等能力的培养，没有显性的信息伦理内容。YBM版和天才版设置了专门的信息素养栏目"Click the World"和"Use ICT"。在"跨学科内容"方面，东亚版和天才版设置了专门的跨学科内容栏目，涉及的跨学科内容有体育、音乐、美术、社会、地理等。非语言知识深度一致性具有可接受水平。

表6-26　韩国初中英语数字教材非语言知识的深度一致性（≥50%可接受）

非语言知识类型	不同版本教材的一致性情况								
	YBM版			东亚版			天才版		
	击中领域目标的内容数（H）	符合目标深度的内容数	符合目标深度的内容百分比/%	击中领域目标的内容数（H）	符合目标深度的内容数	符合目标深度的内容百分比/%	击中领域目标的内容数（H）	符合目标深度的内容数	符合目标深度的内容百分比/%
1131 学习策略	7	7	100	11	11	100	11	11	100
1132 文化意识	14	14	100	20	20	100	13	13	100
1133 信息素养	33	33	100	35	35	100	25	25	100
1134 跨学科内容	2	2	100	9	9	100	4	4	100

（三）非语言知识的广度一致性

除天才版的"学习策略"外，3个版本都达到了非语言知识广度一致性的可接受水平，如表6-27所示。

"学习策略"从元认知策略、认知策略、交际策略、情感管理策略进行分析。YBM版教材的"学习策略"涉及认知策略和交际策略两个方面，广度一致性水平为50.0%，具有可接受水平。东亚版的"学习策略"涉及元认知策略、认知策略、交际策略三个方面，广度一致性水平为75.0%，具有可接受水平。天才版的"学习策略"仅涉及认知策略一个方面，广度一致性水平为25.0%，不具有可接受水平。

"文化意识"从文化态度、文化知识、文化交际能力三个方面进行分析。YBM版和天才版的"文化意识"涉及文化知识、文化交际能力两个方面，广度一致性水平都为66.7%，具有可接受水平。东亚版的"文化意识"涉及课程标准中要求的文化态度、文化知识、文化交际能力三个方面，同时个别内容为高于课程标准的"文化批判意识"，广度一致性水平为133.3%。

"信息素养"从信息收集、信息分析、媒体运用、信息伦理四个方面分析。3个版本的教材都涉及了信息收集、信息分析、媒体运用三方面，广度一致性水平都为75.0%。通过网络进行的学习活动，一般同时涉及信息收集、信息分析、媒体运用这三个方面。部分项目需要运用媒体进行制作和呈现。

"跨学科内容"方面,东亚版和天才版均设置了专门的跨学科专栏,因课程标准没有具体的目标要求,不做一致性分析。

表6-27　韩国初中英语数字教材非语言知识的广度一致性(≥50%可接受)

非语言知识类型	不同版本教材的一致性情况								
	YBM版			东亚版			天才版		
	目标条目数	目标击中数(O)	目标击中百分比/%	目标条目数	目标击中数(O)	目标击中百分比/%	目标条目数	目标击中数(O)	目标击中百分比/%
1131 学习策略	4	2	50.0	4	3	75.0	4	1	25.0
1132 文化意识	3	2	66.7	3	4	133.3	3	2	66.7
1133 信息素养	4	3	75.0	4	3	75.0	4	3	75.0
1134 跨学科内容	0	2	—	0	9	—	0	4	—

(四)非语言知识的分布平衡性

YBM版的"学习策略""文化意识"以及东亚版的"文化意识"的分布平衡性指数分别为0.64、0.64、0.60,具有弱分布平衡性,其余内容具有分布平衡性的可接受水平,如表6-28所示。

在"学习策略"方面,YBM版的分布平衡性指数为0.64,具有弱一致性水平,在击中的"认知策略"和"交际策略"两个目标中,"认知策略"占比高达85.7%,"交际策略"为14.3%,分布不平衡。另一方面,YBM版认知策略主要是听力策略,例如做听力之前使用预测、读图、调用常识及背景知识等等策略。东亚版的分布平衡性指数为0.70,具有可接受一致性水平,在击中的"元认知策略""认知策略"和"交际策略"三个目标中,"认知策略"占比63.6%,各击中目标之间分布略为均衡。总体来看,3个版本的"学习策略"都集中在"认知策略"的培养方面。

在"文化意识"方面,YBM版和东亚版的分布平衡性指数分别为0.64、0.60,为弱一致性水平。YBM版在击中的"文化知识"和"文化交际能力"中,"文化知识"(85.7%)的内容远远多于"文化交际能力"(14.3%)的内容。同样,东亚版在击中的四个方面,"文化知识"(45.0%)和"文化交际能力"(45.0%)的内容远远多于"文化态度"(5.0%)和"文化批判意识"(5.0%)的内容。天才版的分布平衡性指数为0.90,具有可接受水平,在击中的两个目标之间分布较为均衡。

3个版本教材的"跨学科内容"分布平衡性指数都具有可接受水平，每个跨学科内容涉及不同的学科知识。

表6-28　韩国初中英语数字教材非语言知识的分布平衡性（≥0.70可接受）

教材版本	非语言知识类型	目标击中数（O）	击中每个目标的内容数（I_K）	击中领域目标的内容数（H）	平衡性指数	可接受水平
YBM版	1131 学习策略	2	6、1	7	0.64	弱
	1132 文化意识	2	12、2	14	0.64	弱
	1133 信息素养	3	11、11、11	33	1	是
	1134 跨学科内容	2	1、1	2	1	是
东亚版	1131 学习策略	3	1、7、3	11	0.70	是
	1132 文化意识	4	1、9、9、1	20	0.60	弱
	1133 信息素养	3	11、11、13	35	0.96	是
	1134 跨学科内容	9	1、1、1、1、1、1、1、1、1	9	1	是
天才版	1131 学习策略	1	11	11	1	是
	1132 文化意识	2	8、5	13	0.90	是
	1133 信息素养	3	7、7、11	25	0.89	是
	1134 跨学科内容	4	1、1、1、1	4	1.0	是

韩国3个版本的教材在学习策略、文化意识、信息素养、跨学科内容方面均设置了相应内容，各方面内容的分布也较为均衡。

第三节　中韩初中英语数字教材的纸质教材内容一致性比较

本节对中国和韩国6个版本数字教材的内容一致性进行比较，以了解中韩数字教材的"纸质教材内容"在知识种类、知识深度、知识广度和知识分布平衡性方面各自的特征和优势。统计方法为分别计算中国3个版本教材和韩国3个版本教材平均值，然后依据课程标准进行解读，例如中国人教版第一单元提供45个听力任务，上海版7个听力任务，外研版13个听力任务，3个版本"听"的知识种类平均值为21.7，表明中国每个版本教材的每个单元平均提供21.7个听力任务。

一、知识种类一致性比较

中韩初中英语数字教材的"知识种类一致性"比较结果如图 6-1 所示，在语言技能方面，中韩教材都设置了独立的"听""说""读""写"栏目，因此这四项技能都达到了知识种类一致性水平。其中"看"的知识种类水平最低，除韩国 1 个版本的教材外，其余教材"看"的知识种类一致性都没有达到可接受水平。韩国数字教材的"听""说""读""写""看"的知识种类都高于中国，韩国教材设置了大量"听"的练习，"说"的任务在朗读表演和对话交流的基础上，进一步设置了描述演讲的口语展示任务，"写"的任务基本包括句子仿写、短文仿写、独立写作三个子任务，因此知识种类多于中国教材。中国数字教材在词汇练习和语法练习方面知识种类多于韩国。

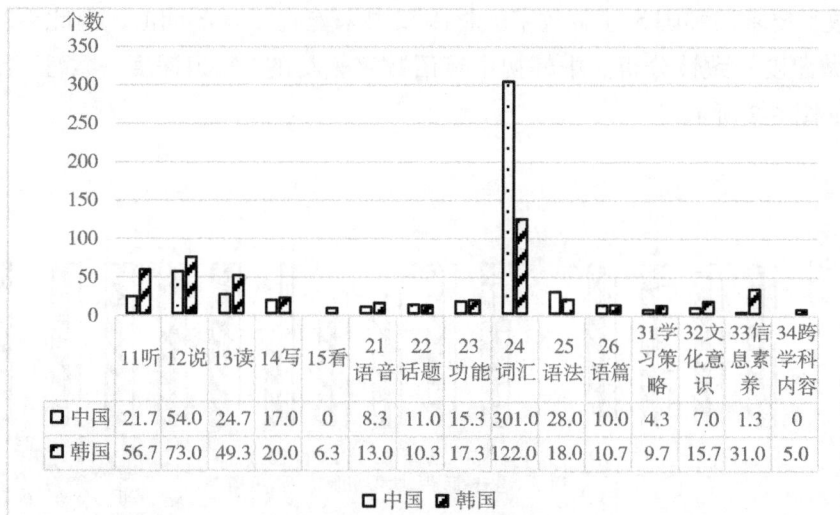

图 6-1　中韩初中英语数字教材的知识种类一致性比较

在语言知识方面，中韩数字教材在"话题""功能""词汇""语法""语篇"等语言知识都达到了知识种类一致性的可接受水平，其中中国数字教材的"话题""词汇""语法"的知识种类高于韩国，韩国的"语音""功能""语篇"的知识种类高于中国。韩国数字教材在教材目录和单元目标中提供了每个单元的语音、话题、功能、语法的学习目标，并设置独立的栏目进行语音、功能、语法的学习。中国部分教材在教材目录和单元目标中提供了语音、话题、功能、语法的学习目标，部分教材设置了独立的语音、功能、语法栏目。

在非语言知识方面，中国数字教材的"学习策略""信息素养""跨学科内容"和韩国数字教材的"跨学科内容"没有达到知识种类一致性可接受水平。韩国数字教材的"学习策略""文化意识""信息素养""跨学科内容"的知识种类一致性均高于中国。韩国 3 个版本教材几乎在每个单元设置了独立的学习策略、文化意识、信息素养和跨学科内容栏目。中国仅 1 个版本的教材在每个单元设置了学习策略和文化意识的内容。

二、知识深度一致性比较

中韩课程标准没对"看"和"语篇"做出要求，韩国课程标准没有对"语音"做出要求，韩国天才版数字教材因权限未能查阅全部词汇，因此不对这几项做深度一致性分析。中韩初中英语数字教材的"知识深度一致性"比较结果如图 6-2 所示。

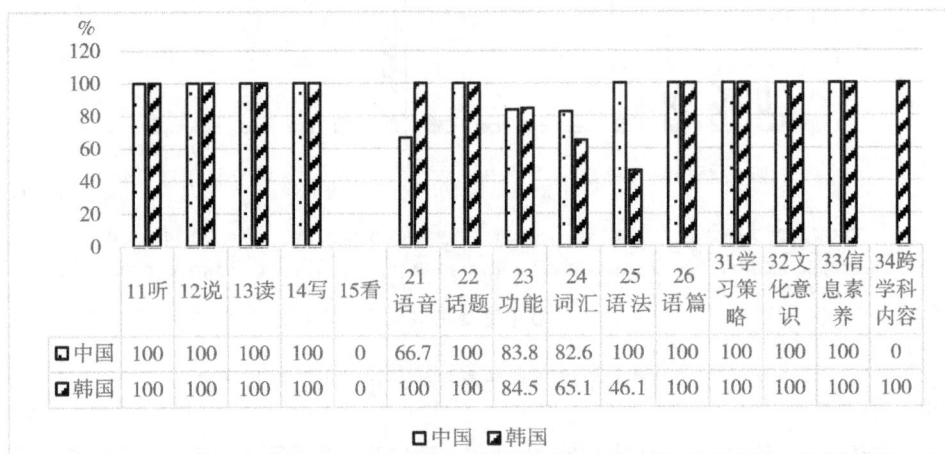

%	11听	12说	13读	14写	15看	21语音	22话题	23功能	24词汇	25语法	26语篇	31学习策略	32文化意识	33信息素养	34跨学科内容
中国	100	100	100	100	0	66.7	100	83.8	82.6	100	100	100	100	100	0
韩国	100	100	100	100	0	100	100	84.5	65.1	46.1	100	100	100	100	100

□中国 ▣韩国

图 6-2　中韩初中英语数字教材的知识深度一致性比较

在语言技能方面，中韩数字教材的"听""说""读""写"的知识深度一致性都为 100%，即语言技能内容都达到或高于课程标准所要求的水平层级。

在语言知识方面，仅韩国数字教材的"语法"没有达到知识深度的一致性水平。韩国数字教材的"语法"深度一致性水平为46.1%，语法内容偏简单，第一册较多内容是对小学语法的复习。另外，中国的"词汇""语法"深度一致性水平高于韩国，韩国的"语音""功能"的深度一致性水平高于中国。

除深度一致性水平外，研究者还将对"听""说""读""写"和"词汇"的深度水平进行了比较，如图6-3至图6-7所示。

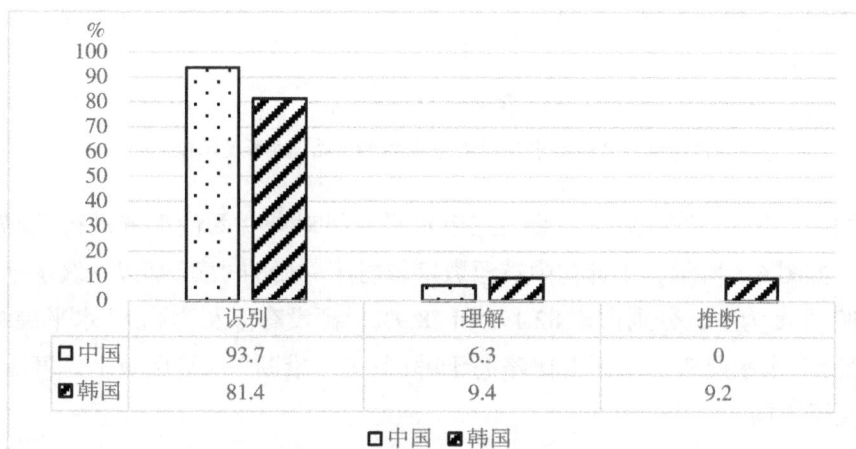

图6-3 中韩初中英语数字教材的"听"的深度比较

在"识别""理解""推断""评价"四个水平的"听"方面，中韩初中英语第一册数字教材都以一级水平的"识别"的"听"为主。中国数字教材"听"的深度水平略低于韩国，中国数字教材的"听"以"识别"为主，占比93.7%，没有"推断"水平的任务。

通过对教材中"说"的活动任务进行编码分析发现，中韩6个版本数字教材中"说"都以"对话交流"为主要的任务方式，分别占比62.2%和58.4%，学生根据特定的话题和功能意念以对话的方式进行自由口语交流，如图6-4所示。另一方面，中韩数字教材在"说"的活动方式上又存在一定的差别，中国数字教材除"口语交流"外，还有27.2%的口语活动以"朗读扮演"的方式进行，即学生配对分角色进行对话朗读和课文朗读；韩国教材除"对话交流"外，还有33.7%的口语内容是进行"描述演讲"，即学生以描述或演讲的方式在全班展示各小组合作完成的各类项目。

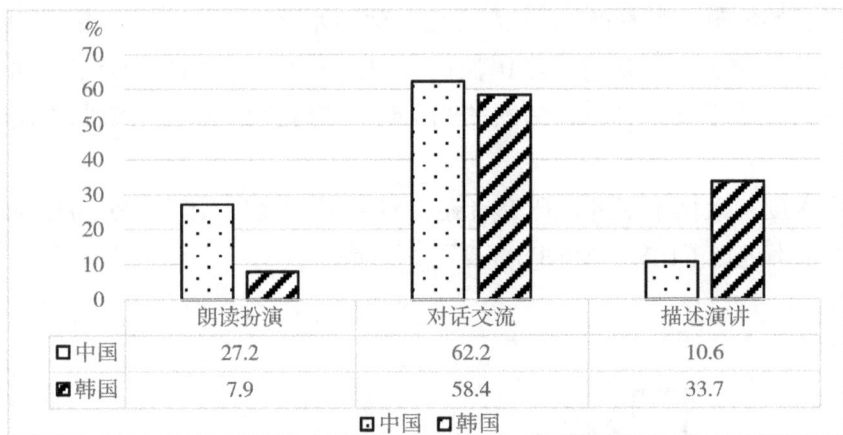

	朗读扮演	对话交流	描述演讲
中国	27.2	62.2	10.6
韩国	7.9	58.4	33.7

☐中国 ☑韩国

图 6-4　中韩初中英语数字教材的"说"的深度比较

按照"识别""理解""推断"三个水平层级对课文阅读理解进行编码和分析，如图 6-5 所示，中韩初中英语数字教材第一册的"读"都以一级水平的"识别"深度为主，分别占比 82.1% 和 78.9%，都没有涉及"评价"水平层级。在"理解"水平层级，中国占比略高于韩国；在"推断"水平层级上，韩国占比略高于中国。

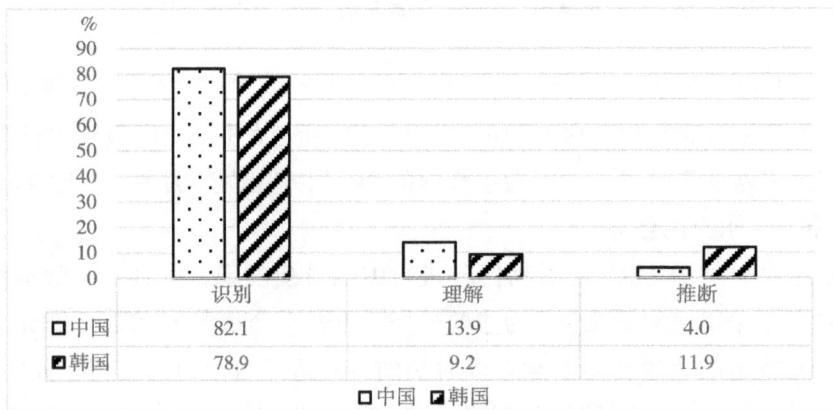

	识别	理解	推断
中国	82.1	13.9	4.0
韩国	78.9	9.2	11.9

☐中国 ☑韩国

图 6-5　中韩初中英语数字教材的"读"的深度比较

通过对中韩数字教材的写作任务进行比较发现，中韩数字教材在"仿写复述""应用文""短文"三个方面都进行了写作任务设置。韩国数字教材在"仿写复述"方面占比 79.7%，高于中国的 66.3%；中国在"应用文"写作方面占比为 19.6%，高于韩国的 9.6%，如图 6-6 所示。中国数字教材的"写"大部分分为句子仿写和段落仿写两个环节，韩国数字教材的"写"大部分分为句子仿写、段落仿写和独立写作三个环节。

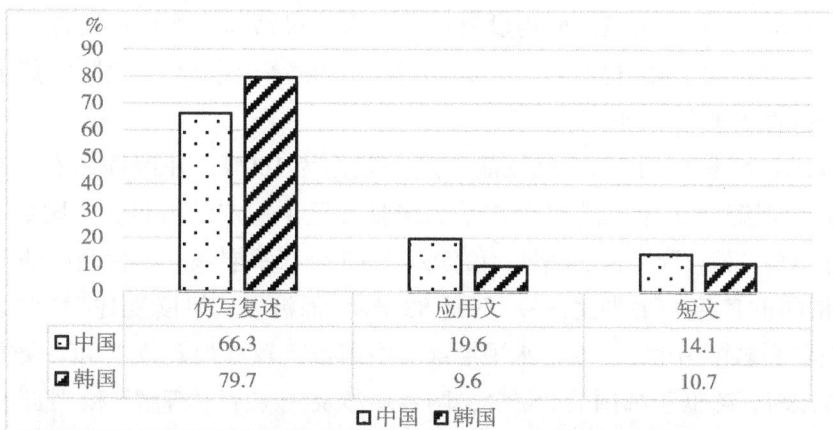

	仿写复述	应用文	短文
▢中国	66.3	19.6	14.1
◾韩国	79.7	9.6	10.7

▢中国 ◾韩国

图 6-6 中韩初中英语数字教材的"写"的深度比较

在"词汇"深度方面，词汇深度分析采用 Range（BNC）软件，将词汇由低到高分为"常用词汇""次常用词汇""三级词汇""三级以上"四个深度水平。如图 6-7 所示，中韩两国数字教材都以"常用词汇"为主，分别占比 62.9% 和 46%，中国数字教材的"词汇"深度略低韩国。

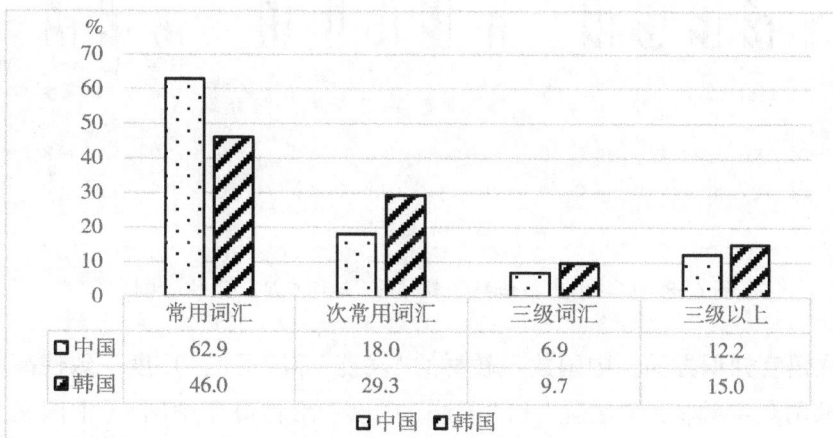

	常用词汇	次常用词汇	三级词汇	三级以上
▢中国	62.9	18.0	6.9	12.2
◾韩国	46.0	29.3	9.7	15.0

▢中国 ◾韩国

图 6-7 中韩初中英语数字教材的"词汇"深度比较

三、知识广度一致性比较

"知识广度一致性"的比较如图 6-8 所示，在语言技能方面，中韩两国数字教材的"听""说""读""写"的技能广度一致性都达到了可接受水平。在"看"的方面，中韩课程标准均没有目标要求，仅韩国一本教材设置了"看"的任务。韩国数字教材的"听""读"的技能广度高于中国，"说""写"技能广度一致性水平和中国一样。

韩国数字教材的"听"的技能广度一致性为 100%，在课程标准要求的"识别""理解"和"推断"三个水平层级都设置了一定的内容，中国数字教材"听"的广度一致性为 55.6%，仅涉及 1—2 个水平层级。中韩两国的"说"具有相同的广度一致性水平，都是 88.9%，都涉及"朗读复述""对话交流""描写复述"中的 2—3 个水平层级。中国数字教材"读"的广度一致性水平是 77.8%，略低于韩国的 88.9%，两者均涉及"识别""理解"和"推断"中的 2—3 个水平层级。中韩教材"写"的广度一致性水平都为 100%，即在"仿写复述""应用文""短文"三个水平层级都设置有相应的内容。

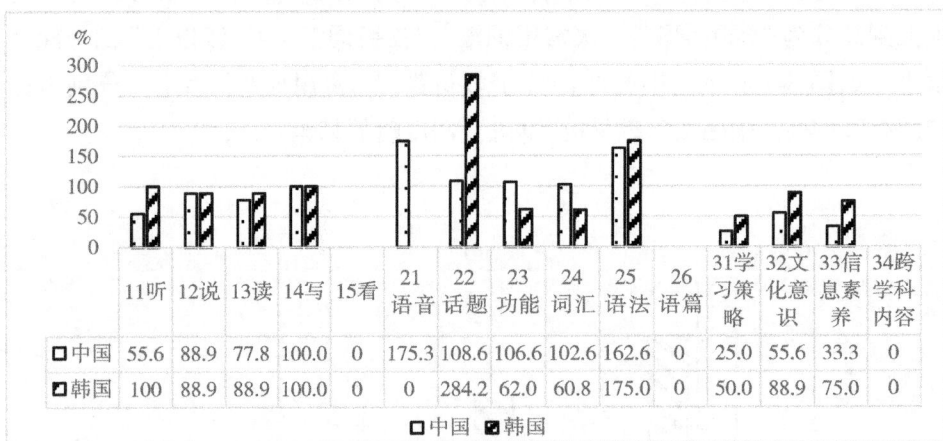

	11听	12说	13读	14写	15看	21语音	22话题	23功能	24词汇	25语法	26语篇	31学习策略	32文化意识	33信息素养	34跨学科内容
中国	55.6	88.9	77.8	100.0	0	175.3	108.6	106.6	102.6	162.6	0	25.0	55.6	33.3	0
韩国	100	88.9	88.9	100.0	0	0	284.2	62.0	60.8	175.0	0	50.0	88.9	75.0	0

图 6-8　中韩初中英语数字教材的"知识广度一致性"比较

在语言知识方面，中国数字教材的"功能"和"词汇"广度一致性高于韩国，韩国数字教材的"话题"和"语法"广度一致性高于中国。《中国义务课标 2011》中"话题"（85 个）目标数远远高于韩国（19 个），而《韩国课标》

中"功能"（121个）目标数远远高于《中国义务课标2011》（62个）。中国数字教材的"语音"以元辅音读音规则为主，韩国数字教材以句子朗读为主。中国数字教材的课文主要是对话和段落的形式，韩国数字教材的课文是篇章形式。中国数字教材的单元话题以家庭生活、学校生活为主，韩国数字教材的单元话题涉及学校生活、创新思维、职业规划、协作关怀、审美心态等多元话题。

在非语言知识方面，中国数字教材的"学习策略"和"信息素养"没有在知识广度上达到一致性可接受水平。韩国数字教材的"学习策略"、"文化意识"和"信息素养"的广度一致性水平都高于中国。韩国文化意识涉及了"文化态度""文化知识""文化交际能力""文化批判意识"四个方面，例如让学生对自己看待文化的态度进行自评，对文化作品发表评论等；中国数字教材的"文化意识"主要是对"文化知识"和"文化交际能力"的培养。韩国数字教材设置专门任务让学生运用网络或计算机进行"信息收集"与"信息分析"，并注重让学生运用不同的媒体完成项目，培养"媒体运用"能力；中国仅1个版本涉及了"信息收集""信息分析""媒体运用"的信息素养培养。

四、知识分布平衡性比较

知识分布平衡性用于测定教材内容在所击中的各个目标上的分布平衡性。判断标准是大于等于0.7为可接受水平，0.6—0.69为弱水平，小于0.6为不可接受水平。较高水平的分布平衡性说明教材对各方面的内容做到了较好的兼顾，而不是顾此失彼只关注了某几个方面而忽略另外几个方面的内容。中韩初中英语数字教材的"知识分布平衡性"比较如图6-9所示。

在语言技能方面，中韩两国数字教材的"听""说""读""写"的分布平衡性指数整体偏低，仅中国的"听""说"和韩国的"说"达到了分布平衡性可接受水平。潜在的解释是：所分析的中韩数字教材是初中第一册，为了遵循由易到难、循序渐进的编制原则，各版教材第一册的听说读写的内容，更多关注一、二级水平，而较高级别的三、四级水平很少或没有涉及。

在语言知识方面，韩国数字教材的"话题""功能""词汇""语法""语篇"都达到了分布平衡性可接受水平。中国数字教材的"语音"没达到分布平衡性可接受水平，"词汇"和"语法"为知识分布平衡性为弱水平，第一册大部分词汇为常用词汇。中国数字教材的"话题""功能""语篇"的分布平衡性高于韩国，达到了可接受水平，即每个单元基本都进行了不同话题、功能和语篇的学习。韩国数字教材的"词汇"和"语法"分布平衡性高于中国。

在非语言知识方面，韩国数字教材的"学习策略""文化意识""信息素养""跨学科内容"的分布平衡性都达到了可接受水平。中国数字教材的"文化意识"的分布平衡性，达到可接受水平，且高于韩国。另外，中国数字教材的"信息素养"分布平衡性为弱水平，"学习策略"分布平衡性未达标，教材大部分学习策略内容仅涉及"认知策略"。

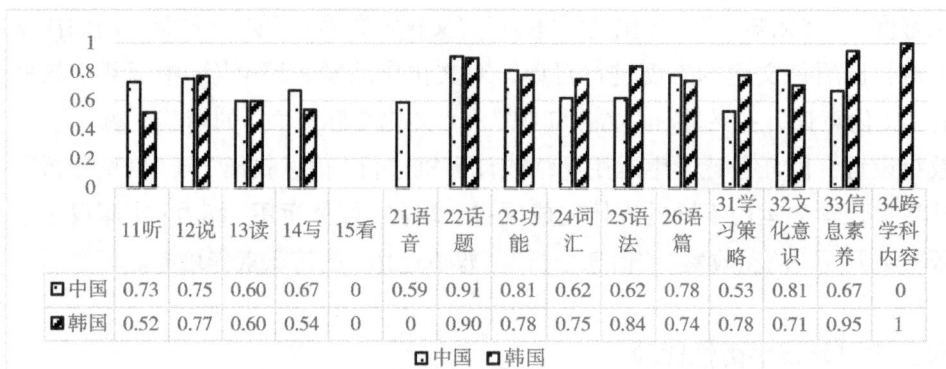

	11听	12说	13读	14写	15看	21语音	22话题	23功能	24词汇	25语法	26语篇	31学习策略	32文化意识	33信息素养	34跨学科内容
中国	0.73	0.75	0.60	0.67	0	0.59	0.91	0.81	0.62	0.62	0.78	0.53	0.81	0.67	0
韩国	0.52	0.77	0.60	0.54	0	0	0.90	0.78	0.75	0.84	0.74	0.78	0.71	0.95	1

图 6-9　中韩初中英语数字教材的"知识分布平衡性"比较

本章使用 Webb 一致性模型对中韩 6 个版本初中英语数字教材第一册的语言技能、语言知识、非语言知识的"纸质教材内容"部分进行了一致性分析，从知识种类、知识深度、知识广度、知识分布平衡性四个方面进行了统计描述和比较分析，以了解中韩初中英语数字教材各自的编制特征和优势。

第七章

中韩初中英语数字教材的内嵌资源、工具维度和技术维度一致性

本章回答第三个研究问题，即中韩初中英语数字教材在内嵌资源、工具维度、技术维度上的课程一致性水平如何？共性水平如何？本章首先探讨中韩初中英语数字教材的一致性水平和特性；其次，在此基础上进一步探究其共性特征，并做出解释。数据来自中国4个版本和韩国11个版本初中英语数字教材的第一册，以国家为单位进行比较。

第一节　中韩初中英语数字教材的一致性比较

内嵌资源、工具维度、技术维度属于数字教材的增值部分，主要依据技术标准建设而成。本节的一致性分析是各维度中功能指标的实现程度分析，即功能指标实现百分比分析。虽然功能指标并不是越多越好，但在某种程度上，资源的丰富性和功能的多样性能为师生提供更多选择机会。另外，本分析框架中所观测的功能指标是数字教材研究认为实现课程目标所需要的指标。为了系统地呈现数字教材的功能特征，比较分析将按从一级维度到三级维度的顺序进行。

一、一级维度一致性比较

内容维度包括纸质教材内容和内嵌资源。"内嵌资源"属于数字教材的增值部分，因此被纳入功能指标一致性分析，而不是和"纸质教材内容"一起

进行 Webb 一致性分析。

在内嵌资源方面，中韩数字教材^①的一致性水平分别为 30.0% 和 53.5%。在工具功能方面，中韩数字教材的一致性水平分别为 35.1% 和 46.8%。在界面技术支持方面，中韩数字教材的一致性水平分别为 50.0% 和 90.3%，如图 7-1 所示。

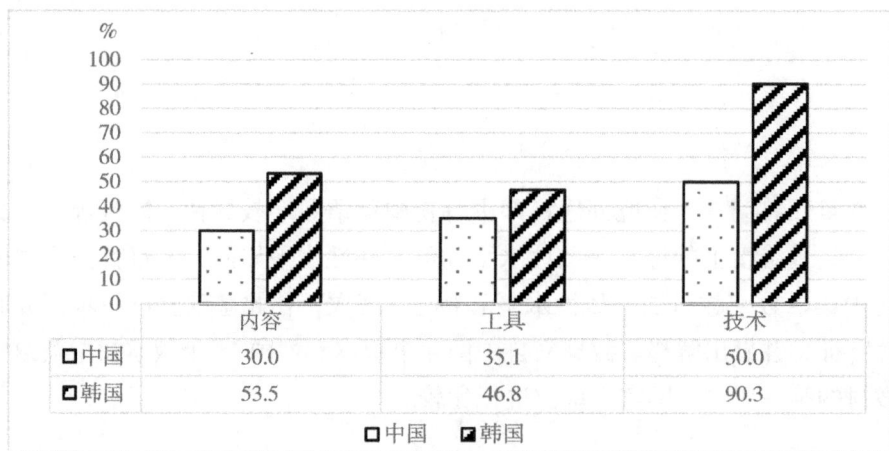

	内容	工具	技术
中国	30.0	35.1	50.0
韩国	53.5	46.8	90.3

图 7-1　中韩初中英语数字教材一级维度的一致性水平

从国家之间的差别来看，第一，中国数字教材在内嵌资源、工具维度、技术维度三个方面的一致性水平都低于韩国。中国教育部虽然在 2013 年明确要求全面启动人教版数字教材的研发，但多数数字教材的研发和使用仍处于初级探索阶段。北师版数字教材主要以手机 APP 形式为学生提供知识服务，因此技术维度的功能实现也略为有限。韩国数字教材自 2007 年启动中长期"数字教材商业化推广计划"以来，政府斥巨资进行研发和推广，一直坚持数字教材的开发、应用和研究，目前在系统化和标准化方面积累了一定的经验，因此韩国数字教材的各项功能实现比中国略占优势。第二，中国数字教材的"内嵌资源"一致性水平最低，韩国数字教材的"内嵌资源"一致性水平相对较高。中国数字教材仍以纸质教材数字化为主，内嵌资源补充不足；而韩国数字教材的技术标准对内嵌资源有明确规定，因此内嵌资源比较丰富。

从不同维度的情况来看，技术维度的一致性水平最高，内嵌资源和工具属性的一致性水平相对较低。这反映了当今数字教材主要由技术人员开发、

_____

① 为表述简洁，本章分析中将"初中英语数字教材"简写为"数字教材"，图表中保留完整名称。

教育专业或者英语专业人员参与不足的现象。因此，数字教材的开发应吸收更多学科专业教师的加入。同时也反映了技术与教育初步融合的特征，即数字教材的开发注重纸质教材的数字化、注重数字技术，对教育功能关注不够。各部门试图通过技术改变学习环境来促进教学，将注意力和资源集中在开发所需的软件组件（例如平台、查看器等）上，而不是设计教材的内容，没有对数字教材应扮演的角色和职能进行充分的考量。未来数字教材的开发应更多地从教学资源和教学工具的设计出发，实现技术与学科教学融合。

二、二级维度一致性比较

在内嵌资源方面，中韩数字教材的一致性水平分别为 30% 和 53.5%。在教学工具方面，中国数字教材的一致性水平分为 47.7%，韩国数字教材平台没有显示此项功能。在学习工具方面，中韩数字教材的一致性水平分别为 30.8% 和 59.7%，以支持学生学习。在评价工具方面，中韩数字教材的一致性水平分别为 36.8% 和 47.6%。在界面技术方面，中韩数字教材的一致性水平分别为 50% 和 90.3%，如图 7-2 所示。

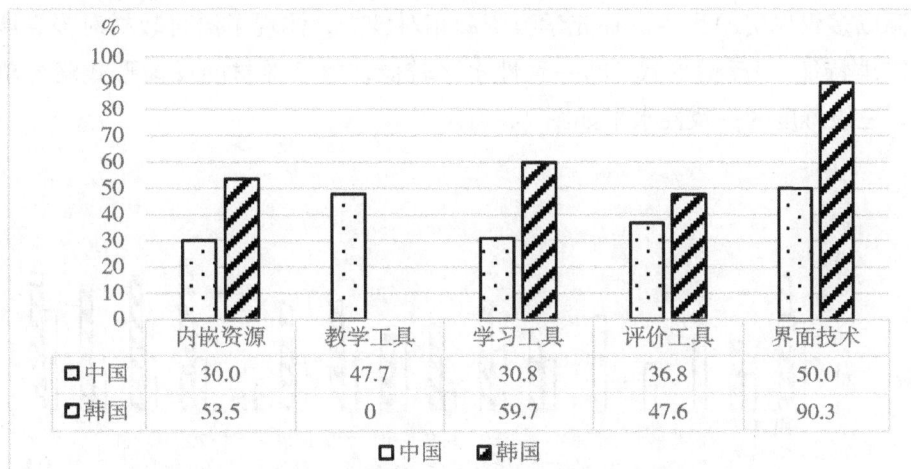

	内嵌资源	教学工具	学习工具	评价工具	界面技术
□中国	30.0	47.7	30.8	36.8	50.0
▨韩国	53.5	0	59.7	47.6	90.3

图 7-2　中韩初中英语数字教材二级维度的一致性水平

从国家之间的差别来看，韩国数字教材在内嵌资源、学习工具和界面技术方面更胜一筹，而中国数字教材在教学工具方面占有绝对优势，更方便教师在课堂教学中使用数字教材。潜在的解释是中韩数字教材的编制理念不同，韩国更关注数字教材对学生学习的促进作用，因此在学习资源和学习工具方面投入较多；而中国数字教材更关注教师的教学功能，以提高课堂教学水平，抓好学习第一阵地。从维度之间来看，中韩两国在界面技术的实现程度上占绝对优势。

三、三级维度一致性比较

从国家之间的差别来看，中国数字教材的"多媒体资源""管理工具"和"界面呈现"的一致性水平最高，分别为58.3%、62.5%和66.7%；"补充学习资源""探究学习"和"教材可及性"的一致性水平最低，分别为25.0%、12.5%、25.0%。韩国数字教材的"多媒体资源""交互功能""导航功能""教材可及性""界面呈现"的一致性水平均在80.0%以上，而KERIS数字教材平台上没有"备课工具""授课工具"和"管理工具"，这部分功能可能是通过智慧教育平台或者Wedorang社区实现。

从维度之间来看，中韩两国数字教材均在"多媒体资源""评价类型""交互功能"和"界面呈现"上具有较高的一致性水平。中韩两国的内嵌资源以多媒体资源为主，补充学习资源相对较少，体现了语言教材对多媒体的需求特征。"反馈形式"的一致性水平较低，数字教材的反馈形式略显单一。三级维度的一致性水平如图7-3所示。

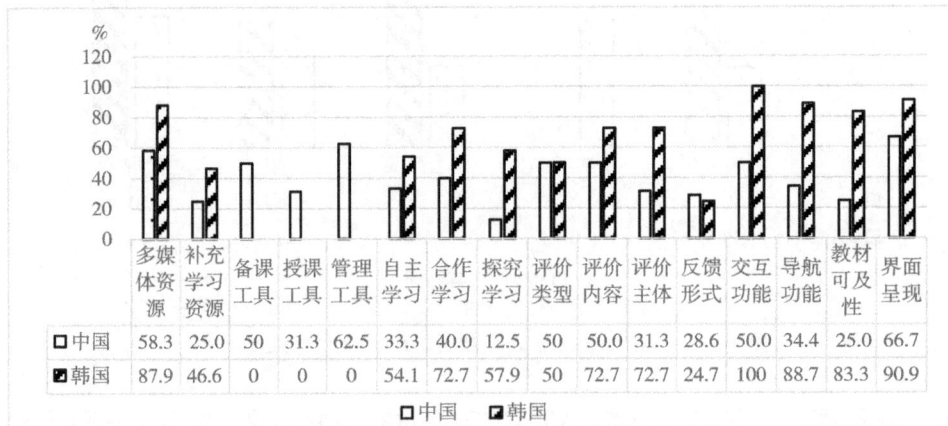

	多媒体资源	补充学习资源	备课工具	授课工具	管理工具	自主学习	合作学习	探究学习	评价类型	评价内容	评价主体	反馈形式	交互功能	导航功能	教材可及性	界面呈现
中国	58.3	25.0	50	31.3	62.5	33.3	40.0	12.5	50	50.0	31.3	28.6	50.0	34.4	25.0	66.7
韩国	87.9	46.6	0	0	0	54.1	72.7	57.9	50	72.7	72.7	24.7	100	88.7	83.3	90.9

图7-3　中韩初中英语数字教材三级维度的一致性水平

（一）多媒体资源

中国数字教材"多媒体资源"的一致性水平为58.3%，多媒体资源以"音频"和"动画"为主，视频较少。韩国数字教材多媒体资源一致性水平为87.9%，多媒体资源数量众多，种类齐全，几乎每个单元都包括"音频""视频"和"动画"三种形式，视频以韩国和外国的同年龄学生所饰演的真实场景为主。

（二）补充学习资源

中国数字教材"补充学习资源"的一致性水平为25.0%，主要为"参考答案"。部分教材提供了"听力文本"和"课文语法注解"。个别教材补充了练习题、测试题和拓展阅读，这些资源和教材的单元学习联系比较松散，更像是题库。个别教材将纸质教材的附录或练习册的习题数字化作为"补充练习资源"，这并非真正意义上的补充资源。中国数字教材主要以数字化纸质教材内容为主，甚少补充其他学习资源。

韩国数字教材"补充学习资源"的一致性水平为87.9%。除"参考答案"外，多数教材还提供了"听力文本""补充练习资源""补充单元评价""听力文本翻译""课文翻译""全册词汇索引"等（按一致性水平高低排列）。在"全册词汇索引"中，学生可以选择按照单元或者按照字母顺序排列单词，可以勾选某个单元的单词或者某些单词进行单词学习或者单词闪卡操练，可以勾选某个单元的单词进行词汇游戏等。另外，部分教材为每个单元录制了"单词诵唱"（chant），以动画形式，配以图片、音乐伴奏帮助学生在韵律中记住单词。部分教材为补充练习资源提供"可打印作业纸"和"补充游戏"。韩国数字教材补充资源类型丰富、数量多，也具有一定的趣味性。

（三）备课工具

中国数字教材"备课工具"的一致性水平为50.0%，提供导教资源协同教师备课，具有"备授课导入导出"和"共享课件"等功能。人教版数字教材在"创作工具"方面极具优势，如图7-4所示，教师在数字教材平台上可以直接进入PPT制作空间，该空间提供PPT制作所需的几乎所有功能，并配备丰富的学科教学资源，例如每个单元的音频素材、动画素材、视频素材、课堂活动、习题等，教师也可以自行补充或共享资源素材。人教版教材还可以让教师在课件中直接插入数字教材的页面，利用所提供的思维导图进行备课。韩国数字教材平台没有显示备课工具功能。

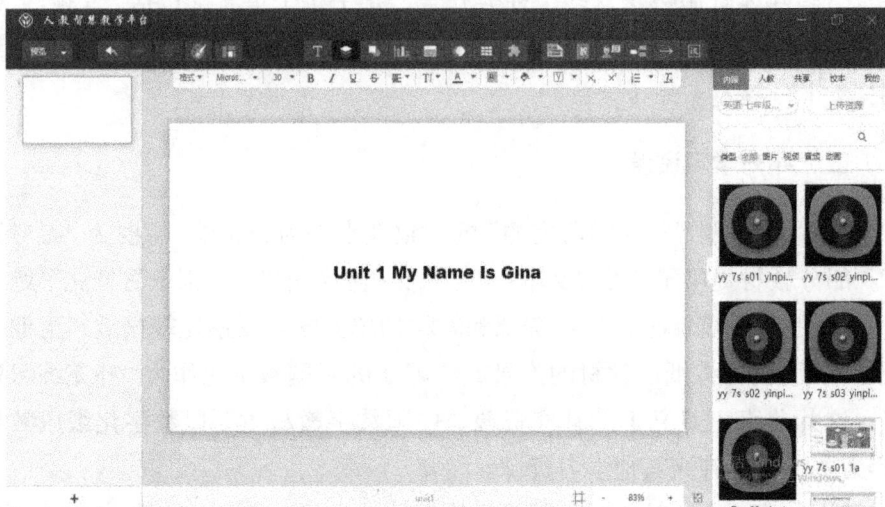

图7-4　人教版初中英语数字教材的备课工具

（四）授课工具

中国数字教材"授课工具"的一致性水平为31.3%，人教版提供了极其方便的授课功能。在上课模式中，教师可以进行锁屏、多屏控制、同屏等"屏幕控制"；可以通过抢答模式或随机选人模式进行"练习提问"；可以通过截图提问或直接在数字教材上进行"在线练习"；提供投票工具、黑板、计时器、聚光灯等"互动工具"和"学科工具"；支持数字教材和课件之间的自如切换。这些授课功能极大方便了课堂教学。韩国数字教材平台没有显示授课工具功能。

（五）管理工具

中国数字教材"管理工具"的一致性水平为62.5%。"课堂管理"功能可以对学生答题总数、答题时长、正确率、点赞数等授课数据进行可视化；"作业管理"功能支持教师布置作业、批改作业、数据统计、组卷等；"资源管理"功能支持教师管理课件和教学资源等;"班级管理"功能主要是班级或群组的组建及管理。韩国数字教材平台没有显示管理工具功能。

（六）自主学习

培养自主学习能力、支持自主学习方式是中韩英语课程标准的一致目标。中国数字教材的"自主学习"的一致性水平为33.3%。中国数字教材提供"总学习目标""单元学习目标""字幕开关""课文句子点读"和"跟读/背诵/连读/重复"等支持学生自主学习。在提供"差异化学习内容"和"定制化学习过程"方面，中国数字教材有待加强，除外研版提供隐藏模式（全文不可见）和提示模式（第一个单词可见）两种难度的背诵外，没有其他差异化学习内容。中国英语数字教材的一大特色是75%的教材提供"语音评测"功能，对学生的朗读进行整体评分，其中外研版教材还提供流利度、准确度、韵律等单项评分，如图7-5所示。

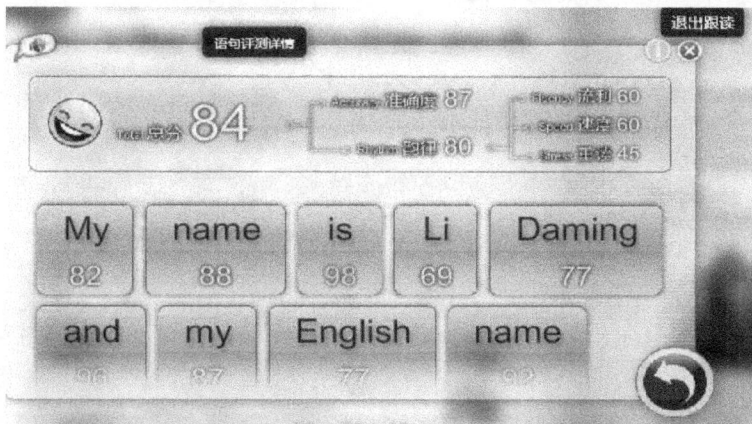

图 7-5　外研版英语数字教材的语音评测

韩国数字教材的"自主学习"的一致性水平为54.1%。韩国数字教材提供了"总学习目标"和"单元学习目标"，1/3以上的教材还为各栏目提供了"分课学习目标"，让学生明白每一个环节重点。近1/2的教材提供"学习目标自主"机会，让学生依据单元目标设定自己的单元学习目标。韩国数字教材在支持自主学习方面最大的优点在于提供差异化学习内容和允许学生定制化学习过程。

在差异化内容方面，18.2% 的教材提供"不同语速的听力""不同语速的朗读""双语字幕"，36.4% 的教材提供"多种难度的游戏"，90.9% 的教材提供"多种水平的练习"，例如补充水平和深度水平两种不同的水平，或者初级水平、中级水平、高级水平三种不同水平，部分教材每单元提供多达 8 份两种水平的练习（即 16 份练习）。例如，韩国能率出版社的数字教材（K8）为"听 & 说"栏目补充了两种水平的复合式听写练习，同时承担提供听力文本的功能，如图 7-6 所示，上面为补充水平，下面为深度水平。

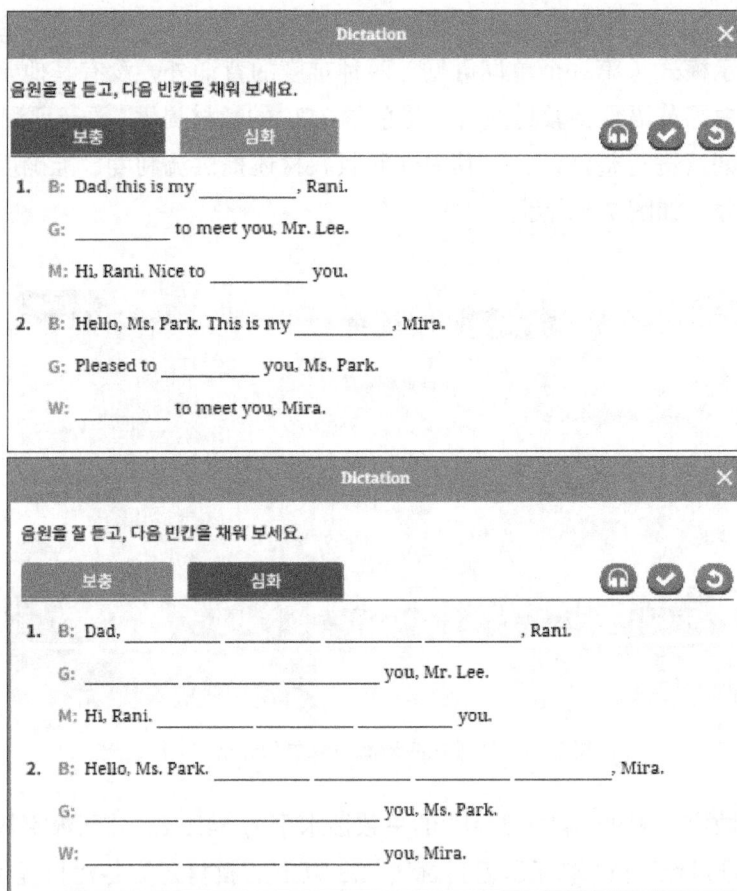

图 7-6　能率版英语数字教材（K8）的两种水平补充练习

Visang 教育出版社的数字教材（K11）为所有音频、视频和动画都提供了介于 0.5—2.0 的 15 种语速的选择（1.0 表示正常语速），如图 7-7 所示。

图 7-7　Visang 版英语数字教材（K11）的多种语速音频

在"定制化学习过程"方面，韩国数字教材都允许学生自主"选择差异化内容"。81.8% 的教材提供"选择角色扮演"功能，学生可以选择角色 A 或者角色 B，或者同时选择角色 A 和角色 B 与数字教材进行角色扮演。27.3% 的教材提供分角色的"视频点读"功能，AB 既表示角色，也代表一句话，学生可以单击任何句子观看、聆听、跟读或扮演，如图 7-8 所示。除此之外，学生还可以自主选择"字幕开关"（72.7%）、"课文句子点读"（72.7%）、"翻译开关"（63.6%）、"全书句子点读"（54.5%）等定制化学习过程。

图 7-8　东亚版英语数字教材（K2）的角色扮演和视频句子点读功能

目标自主、差异化学习内容和定制化学习过程为学生提供了自主选择学习目标、内容和过程的机会。自主学习能力并非先天特质，而是在后天经过训练塑造和习得的（郭文娟、刘洁玲，2017：19）。数字教材营造的自主学习环境和"支架式"内容引导有助于提高学生的自主学习能力。

（七）合作学习

中国数字教材"合作学习"的一致性水平为40.0%。合作内容仅为"口语合作"，每个单元平均提供5.8个口语合作任务。合作形式有"同伴合作"（100%）、"小组协作"（25.0%）、"班级合作"（50.0%）。在合作支架方面，25.0%的教材提供与数字教材之间的角色扮演功能。中国数字教材的合作内容单一，对合作过程和合作评价的指导不足。

韩国数字教材"合作学习"的一致性水平为72.7%。在合作内容方面，100%的教材设置了"口语合作"，54.5%的教材设置了"写作合作"，81.8%的教材设置了"项目合作"。每个单元平均提供6.5个合作任务，其中"口语合作"4.6个，"写作合作"0.6个、"项目合作"1.3个。"写作合作"分为合作创作和作文互评两种形式。在合作形式方面，100%的教材采用了"同伴合作"，81.8%采用了"小组协作"，没有采用"班级合作"。在合作支架方面，36.4%的教材通过引导学生对合作学习进行自评提供策略指导，90.9%的教材为合作任务提供了技术支持，例如支持角色扮演、信息检索、利用媒体完成项目制作等。总的来说，韩国数字教材合作内容丰富，合作形式注重"同伴合作"和"小组协作"，为合作学习提供了策略指导和技术支持。

（八）探究学习

中国数字教材"探究学习"的一致性水平为12.5%。探究内容以"一般性话题"为主，采取"自主探究"的形式，提供范例作为过程支架。仅个别教材的个别单元设置了探究学习任务。

韩国数字教材"探究学习"的一致性水平为57.9%。在探究内容方面，90.9%的教材对"语言文化"进行探究，27.3%的教材对"课文理解"等相关主题进行探究。每个单元平均提供1.4个探究任务，其中"语言文化"探究1.1个，"其他主题"探究0.3个。在探究形式方面，63.6%的教材采取"自主探究"的形式，45.5%的教材采取"合作探究"的形式。在探究支架方面，

63.6% 的教材通过分解任务提供过程支架；36.4% 的教材对探究学习进行评价，但仍以探究结果评价为主，对探究过程关注不够；36.4% 的教材为探究学习提供内嵌资源，例如检索词、备选建议和相关资料。韩国数字教材平台内嵌两个网站：韩国教育网 Edunet 和韩国著名的搜索门户 NAVER，为信息检索提供技术支持。美国研究院调查指出，学生使用中最有前途的技术实践之一是扩展至课堂以外学习的技术，例如虚拟实地考察探究，学生可以眼看世界并与世界各地的人交谈（Margolin et al., 2014：33）。数字教材可以尝试更多面向合作的探究学习、网络发布、虚拟田野旅行以及在线探险等探究学习。

（九）评价类型

中国和韩国数字教材"评价类型"的一致性水平均为 50.0%。两个国家的教材中都没有"诊断性评价"，也没有基于诊断性评价而进行的自适应学习资料或路径的推送。关于"形成性评价"，中国数字教材主要是以听、说、读、写等书面练习为主；韩国数字教材除了书面练习之外，还提供了大量的真实性活动评价，例如真实情境交流、项目合作等。关于"终结性评价"，50.0% 的中国数字教材提供了单元终结性评价，但仅仅是纸质教材中终结性评价的数字化，没有额外补充单元终结性评价；所有韩国数字教材都提供了两种终结性评价，一种是数字化的纸质教材单元终结性评价，一种是补充的单元终结性评价，18.2% 的韩国数字教材提供了补充、深度两种水平的终结性评价。关于"内嵌评价"，50.0% 的中国数字教材对学习行为、过程、结果进行了记录。

（十）评价内容

中国数字教材"评价内容"的一致性水平为 50.0%，以"认知能力"评价为主。韩国数字教材"评价内容"的一致性水平为 72.7%，除"认知能力"评价之外，还对学生的"情感能力"和"社会能力"进行了评价，以满足课程标准对学生认知技能和情感技能进行平衡性评价的要求，例如东亚版（K3）"Check Yourself"对认知能力、社会能力、情感能力的自评：

· 是不是忠实地完成了所有的任务？
· 是否在集体活动中仔细倾听对方和积极参与活动？

- 是否为了达到自己制定的学习目标而努力了？

（十一）评价主体

中国数字教材"评价主体"的一致性水平为 31.3%，主要是"教师评价"、在线核对答案的"学生自评"，以及个别教材中自我反思的"学生自评"。韩国数字教材"评价主体"的一致性水平为 72.7%，评价主体多元化。除"教师评价"和在线核对答案的"学生自评"外，所有韩国数字教材都使用了自我反思的"学生自评"，63.6% 的教材使用了"同伴互评"，27.3% 的教材使用了"小组互评"。其中"同伴互评"包括对同伴的合作行为和学习行为的评价以及对同伴作文的评阅。"小组互评"主要涉及对组内成员的合作行为评价和对小组的整体评价。

（十二）反馈形式

中国数字教材"反馈形式"的一致性水平为 28.6%，所有教材均提供了"参考答案"，25.0% 的教材提供了"详细解析""分数 / 等级 / 个数""可视化成绩"或"错题本"反馈形式。"错题本"将所有错题及详细解析自动汇总到错题本供学生巩固复习。韩国数字教材"反馈形式"的一致性水平为 24.7%，反馈形式略显单一。韩国所有数字教材均提供了"参考答案"，72.7% 的教材为补充单元终结性评价提供了"详细解析"，包括答案解析、听力文本及文本翻译、阅读文章翻译，方便学生自主练习。中韩数字教材都没有根据评价结果"推送相应水平练习"的反馈形式。

（十三）交互功能

中国数字教材"交互功能"的一致性水平为 50.0%，个别教材因通过手机APP 使用而功能受限。韩国数字教材"交互功能"的一致性水平为 100%，包括画笔、荧光笔、笔记本、备忘书签、录音和我的档案袋。档案袋中包括学生创建的备忘书签、网站和超链接、高亮文字、收藏的页面、学生的录音文件等，但创新功能仍可改进。

（十四）导航功能

中国数字教材"导航功能"的一致性水平为 34.4%，主要包括"目录跳转"和"页面跳转"。部分教材可以进行"教材内容检索"和"笔记内容检索",即通过关键词在教材或者笔记中检索特定的知识点或单词,有利于知识融会贯通。上海版数字教材在笔记功能方面极具优势,如图 7-9 所示,可以进行划线标注、自由圈划重点、插入文本、插入附件等;具有强大的笔记管理和流转功能,例如搜索笔记、筛选笔记、标签管理、上传到云笔记、共享笔记、删除笔记等;学生在数字教材上所做的笔记全部存储在"本地笔记"中,学生可以通过选中某一章节查看笔记详情;可以根据笔记目录、时间、类型、标签进行笔记筛选;可以给笔记贴标签,新增、编辑或者删除标签;师生可以通过共享笔记来布置作业和提交作业等等。韩国数字教材"导航功能"的一致性水平为 88.7%,所有教材支持"教材内容检索""笔记内容检索""网站检索""目录跳转""页面跳转""页面预览"。

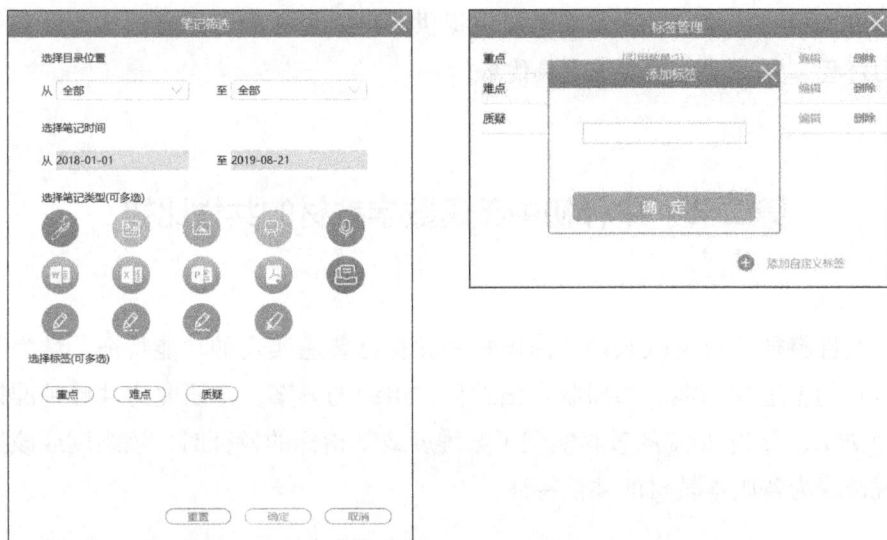

图 7-9　上海版英语数字教材的笔记功能

（十五）教材可及性

中国数字教材在"教材可及性"方面实现了 25.0% 的功能,主要是"导入导出资源""同步上传云端"等功能。韩国数字教材实现了 83.3% 的功能,可以进行"文字复制""页面收藏""导入导出资源""同步上传云端""教材打印"等功能。

（十六）界面呈现

中国数字教材"界面呈现"的一致性水平为 66.7%，韩国数字教材"界面呈现"的一致性水平为 90.9%。中韩数字教材都实现了"风格 / 布局 / 按钮统一""单双页""页面缩放""左右翻页"等功能。韩国所有数字教材提供"平台按钮说明"和"自定义界面"，部分数字教材提供"教材按钮说明"。75.0%的中国数字教材通过"弹出页面"的交互练习进行文本输入，72.7% 的韩国数字教材支持"嵌入页面"的文本输入。

通过对中韩数字教材功能特征的比较发现，第一，韩国数字教材提供了更丰富的资源，实现了更多样的功能；第二，中韩两国的数字教材各具特色，中国的数字教材在支持教师备授课和管理、支持语音评测、支持笔记管理和流转方面更有优势，韩国数字教材在提供多种差异化学习内容、支持定制化学习过程、支持学生学习等更具优势。

第二节　中韩初中英语数字教材的共性比较

共性特征可以反映某国或两国数字教材已普遍实现的功能特征，常为数字教材的普适性功能。参照联合国教科文组织的方案，本研究将共性基准设定为 70%，即当 70% 的教材实现了某维度或某指标的特征时，该维度或该指标视被视为各版本教材的共性特征。

一、中国初中英语数字教材的共性

除纸质教材内容外，本章分析的内嵌资源、工具维度和技术维度共有 3 个一级维度、5 个二级维度、16 个三级维度和 116 项指标。通过对中国 4 个版本数字教材进行共性分析发现，中国数字教材之间共性不足，差异较大，如表 7-1 所示。

从一级维度来看，体现中国数字教材共性的维度有 3 个，占比 100%，即所有教材都从内嵌资源、工具维度、技术维度三个方面进行数字教材的编制。

从二级维度来看，体现中国数字教材共性的维度有5个，占比100%，即所有教材都从内嵌资源、教学工具、管理工具、评价工具和界面技术五个方面推进数字教材的研发，以促进信息技术与教学材料的融合。

从三级维度来看，体现中国数字教材共性的维度有12个，占比75.0%，中国数字教材在多媒体资源、补充学习资源、管理工具、自主学习、合作学习、评价类型、评价内容、评价主体、反馈形式、交互功能、导航功能、界面呈现12个方面存在共性。在备课工具、授课工具、探究学习和教材可及性四个方面不具备共性，说明中国初中英语数字教材在这四个方面仍不具备普及性，仍有待加强。

表7-1　中国初中英语数字教材内嵌资源、工具维度和技术维度的共性

类型	维度总数量	共性维度数量	共性百分比 /%
一级维度	3	3	100
二级维度	5	5	100
三级维度	16	12	75.0
指标	116	28	24.1

从具体指标来看，体现中国数字教材共性的指标仅有28项（占指标总数的24.1%），数字教材之间的具体功能差异较大。在内嵌资源方面，中国数字教材基本上都提供了"音频"和"动画"的多媒体资源，以满足语言学习的特殊要求。音频主要是对话和课文的录音，动画主要为对话或课文提供情景，并支持学生进行角色扮演[①]。作为补充学习资源，中国各版本教材都为练习评价提供了"参考答案"，方便学生进行自评。在工具维度，中国数字教材为教师提供了作业布置与批改的"作业管理"和"班级管理"功能，为学生提供了"总学习目标"和"单元学习目标"，方便学生进行目标自主和过程自主，例如设定"字幕开关"、选择"课文句子点读"、选择内容"跟读／连读／复读"、反复"重置再做"。中国数字教材主要采取"同伴合作"的形式进行"口语合作"。"形成性评价"主要对听、说、读、写等"认知能力"进行评价，并

---

① 本研究中，动画仅指情景演示动画和游戏交互动画，不包括习题交互动画，习题交互在本研究中作为文本输入放在界面技术中进行分析。

提供"参考答案"作为反馈形式,"教师评价"是主要的评价主体。在技术维度,中国数字教材多数实现了"画笔""荧光笔"的交互功能,"单元目录跳转""页码跳转"的导航功能,并在"风格/布局/按钮统一""单双页""页面缩放""左右翻页""文本输入""从离开位置继续"的界面呈现中具有共性。在进行练习交互时,中国数字教材在弹出页面进行文本输入。中国数字教材内嵌资源、工具维度、技术维度的共性如表7-2所示。

表7-2　中国初中英语数字教材内嵌资源、工具维度和技术维度的共性(≥70%)

一级维度	二级维度	三级维度	指标	
1. 内容	1.2　内嵌资源	1.2.1　多媒体资源	1.2.1.1	音频
			1.2.1.3	动画
		1.2.2　补充学习资源	1.2.2.1	参考答案
2. 工具	2.1　教学工具	2.1.3　管理工具	2.1.3.1	作业管理
			2.1.3.3	班级管理
	2.2　学习工具	2.2.1　自主学习	2.2.1.1	总学习目标
			2.2.1.2	单元学习目标
			2.2.1.13	字幕开关
			2.2.1.15	课文句子点读
			2.2.1.17	跟读/连读/复读
			2.2.1.21	重置再做
		2.2.2　合作学习	2.2.2.1	口语合作
			2.2.2.4	同伴合作
			2.2.2.8	过程支架
	2.3　评价工具	2.3.1　评价类型	2.3.1.2	形成性评价
		2.3.2　评价内容	2.3.2.1	认知能力
		2.3.3　评价主体	2.3.3.4	教师评价
		2.3.4　反馈形式	2.3.4.1	参考答案
3. 技术	3.1　界面技术	3.1.1　交互功能	3.1.1.1	画笔/橡皮
			3.1.1.2	荧光笔
		3.1.2　导航功能	3.1.2.4	单元目录跳转
			3.1.2.6	页码跳转
		3.1.4　界面呈现	3.1.4.1	风格/布局/按钮统一
			3.1.4.2	单双页
			3.1.4.3	页面缩放
			3.1.4.4	左右翻页
			3.1.4.5	文本输入
			3.1.4.7	从离开位置继续

中国数字教材都以课程标准为指导,以纸质教材为蓝本,根据信息化教学的需求进行设计开发,因此各版本数字教材在研发思路上基本相同,但产

品的具体设计仍存在较大的差异。一方面，早期中国数字教材没有统一的技术标准和规范，也没有统一的数字教材平台；另一方面，目前中国中小学数字教材的开发单位涉及教材出版社、数字公司和教研机构等多个单位，而各出版单位的数字教材开发和推广各自为政。因此各数字教材无论是在工具功能，还是在界面技术方面都存在较大差异。

不同版本的数字教材之间标准不一、互不兼容，势必给师生带来诸多不便，影响数字教材的普遍化和常态化应用（王志刚，2020：27）。为了保证数字教材的兼容性和可靠性，建议依据中国 2022 年首批发布的中小学数字教材国家标准编写相对统一的数字教材，建立统一的数字教材平台，为数字教的有序开发、质量控制以及数字教材的规模化和普遍化应用提供基本保障。

二、韩国初中英语数字教材的共性

通过对韩国 11 个版本数字教材进行共性分析发现，韩国各版本数字教材之间共性较多，如表 7-3 所示。

从一级维度来看，韩国数字教材都从内嵌资源、工具维度、技术维度 3 个维度进行数字教材编制，占比 100%。

从二级维度来看，韩国数字教材只在"内嵌资源""学习工具""评价工具""界面技术" 4 个维度实现了共性功能，占比 80%。韩国 KERIS 数字教材平台没有显示"教学工具"功能。Taizan 等（2012）通过对日韩数字教材的比较发现，韩国数字教材更倾向于为学生提供多种表达方式、多种参与方式和多种交互方式，在支持教学方面的功能相对较少，这一结论似乎印证了本研究的发现。另外，韩国 KERIS 数字教材平台没有显示"教学工具"功能的可能原因有三：（1）韩国数字教材可能是通过智慧教育平台或 Wedorang 学习社区进行授课与管理的。师生可以从数字教材平台直接进入 Wedorang 学习社区，参与讨论活动、资料下载、相互反馈、班级交流、协作学习、辅助教学等。（2）韩国数字教材技术有待加强，功能有待完善。（3）可能对数字教材的理念和定位不同，韩国数字教材更关注学生学习。Kempe（2019：29）指出，不同的数字教材并不是规模水平上的不同，而是因不同的理念而专注于不同的事物。例如部分研究将数字教材最主要的功能定位为学习工具，而不是教学工具，认为数字教材应重在培养学生的自主学习能力，为学生提供个性化学习路径和方案。王志刚（2020：25）同样指出，有的数字教材是针对教师和学生使用，有的数字教材只把学生作为主要的服务对象。但从某种程度来看，数字教材若不为教师教学提供方便，教师势必将数字教材摒弃在课堂教学之外，从而限制其功能的发挥。

从三级维度来看，韩国数字教材除教学工具下的备课工具、授课工具、管理工具3个维度没有实现共性功能外，其余所有三级维度的功能都存在共性特征。

表7-3　韩国初中英语数字教材内嵌资源、工具维度和技术维度的共性

类型	维度总数量	共性维度数量	共性百分比/%
一级维度	3	3	100
二级维度	5	4	80
三级维度	16	13	81.3
指标	116	58	50.0

从具体指标来看，韩国数字教材虽然教学工具维度欠缺，但共性指标总数比中国数字教材多，共有58项指标，占比50.0%，即韩国数字教材在这58个方面存在共性。

在内嵌资源方面，除了"音频"和"动画"外，韩国数字教材还提供了"视频"等多媒体资源。视频主要由韩国和其他国家初中生饰演，为对话、课文、文化以及项目提供情境支持。除"参考答案"外，韩国数字教材还补充了"听力文本""听力文本翻译""补充练习资源"和"补充单元评价"等学习资源。韩国《数字教材制作指南》对补充、深度等多种水平的学习资源和评价项目作为必需的内嵌资源进行了明确要求，所以韩国数字教材有别于中国数字教材的最大特点之一是提供了与教材内容密切相关的补充练习资源和单元评价资源。例如为教材中的听力补充复合式听写练习，为单词学习补充英汉互译或运用操练，为语法提供练习等。这些资源都以补充、深度两种水平，或者初级、中级、高级三种水平形式呈现，例如听力文本的复合式听写中，初级水平可能每句话只需听写一个单词，中级水平可能每句话要求听写两个单词，高级水平每句话可能要求听写三个单词。学生可以根据自己的水平选择相应的级别进行练习。成绩略差的学生可以从初级开始练习，每一级练习就像一级梯子，为学生学习提供良好的支撑作用。

在工具维度，韩国数字教材提供了"总学习目标""单元学习目标"等目标自主，提供了"多种水平的练习""多种媒体呈现方式"等差异化内容，为同一课文同时提供音频、视频/动画两种媒体形式。信息呈现方式的多样性是韩国英语数字教材原型的设计原则之一（Joo et al., 2014），并力求对信息进行有效排列以符合学生的认知能力。数字教材允许学生根据自身特征选择信息的呈现方式，"选择差异化内容""字幕开关""课文句子点读""选择角色扮演""重置再做"等，通过定制化学习过程改善学生的自主学习能力。合作学习不仅有"口语合作"，还有"项目合作"。除了"同伴合作"之外，"小组合作"也是常见的合作方式。数字教材通过分解任务提供"过程支架"，为合作学习过程中的角色扮演、在线资源检索与结果呈现提供"技术支持"。探究学习主要以"文化探究"为主，同样为探究学习提供信息检索、结果呈现等"技术支持"。除"形成性评价"外，韩国数字教材每个单元都提供了2—3份"终结性评价"，部分补充终结性评价分为补充和深度两个水平。韩国数字教材注重"教师评价"和学生对自己的学习行为、任务达成、学习态度等进行的"学生自评"。除了提供"参考答案"外，还为补充的终结性评价提供"详细解析"，包括正确答案解析、听力文本、听力文本翻译、阅读文本翻译等，支持学生自主完成终结性评价。

在技术维度，韩国数字教材提供了"画笔""荧光笔""笔记本""备忘/书签""录音"和"我的文档"等交互功能，尽量达到与纸质教材相似的用户体验。为了改善导航功能，使查找特定主题的信息变得更容易，韩国数字教材提供了"教材内容检索""笔记内容检索""网站检索""单元目录跳转""主题目录跳转""页码跳转""页面预览"等导航功能。学生可以通过输入检索词对同一册教材的任意内容进行检索，检索结果以列表形式将页面及简要内容呈现出来，只需点击链接即可跳转至相应页面。也可以通过笔记检索功能，在学生自己创建的笔记中查找特定的笔记内容。教材内容检索和笔记内容检索功能帮助学生在新旧知识之间进行关联，并对特定内容形成知识网络。另外，韩国数字教材平台内嵌两个信息检索网站：韩国教育网Edunet和韩国著名的搜索门户NAVER。韩国数字教材除了单元目录外，还提供了单元栏目的目录，即根据单元中的栏目名称设置目录，为学生直接查找栏目并跳转到相应页面提供了极大方便。韩国数字教材平台为所有教材提供了"文字复制""页面收藏""导入导出资源""同步上传云端""教材打印"

等教材可及性功能。在界面呈现方面，各版本数字教材在"风格 / 布局 / 按钮""单双页""页面缩放""左右翻页""文本输入""自定义界面""从离开的位置继续""平台按钮说明"等方面提供了相应的界面呈现功能。在文本输入方面，韩国大多数数字教材在教材原始嵌入页面进行文字输入以进行练习交互。韩国初中英语数字教材内嵌资源、工具维度、技术维度的共性如表 7-4 所示。

表 7-4　韩国初中英语数字教材内嵌资源、工具维度和技术维度的共性（≥ 70%）

一级维度	二级维度	三级维度	指标	
1. 内容	1.2　内嵌资源	1.2.1　多媒体资源	1.2.1.1	音频
			1.2.1.2	视频
			1.2.1.3	动画
		1.2.2　补充学习资源	1.2.2.1	参考答案
			1.2.2.2	听力文本
			1.2.2.4	听力文本翻译
			1.2.2.11	补充练习资源
			1.2.2.12	补充单元评价
2. 工具	2.2　学习工具	2.2.1　自主学习	2.2.1.1	总学习目标
			2.2.1.2	单元学习目标
			2.2.1.5	多种水平的练习
			2.2.1.10	多种媒体呈现方式
			2.2.1.12	选择差异化内容
			2.2.1.13	字幕开关
			2.2.1.15	课文句子点读
			2.2.1.20	选择角色扮演
			2.2.1.21	重置再做
		2.2.2　合作学习	2.2.2.1	口语合作
			2.2.2.3	项目合作
			2.2.2.4	同伴合作
			2.2.2.5	小组协作
			2.2.2.7	过程支架
			2.2.2.10	技术支持
		2.2.3　探究学习	2.2.3.1	语言文化探究
			2.2.3.8	技术支持
	2.3　评价工具	2.3.1　评价类型	2.3.1.2	形成性评价
			2.3.13	终结性评价
		2.3.2　评价内容	2.3.2.1	认知能力
		2.3.3　评价主体	2.3.3.1	自评
			2.3.3.4	教师评价
	2.3　评价工具	2.3.4　反馈形式	2.3.4.1	参考答案
			2.3.4.2	详细解析

一级维度	二级维度	三级维度	指标
3. 技术	3.1　界面技术	3.1.1　交互功能	3.1.1.1　画笔／橡皮 3.1.1.2　荧光笔 3.1.1.3　笔记本 3.1.1.4　备忘／书签 3.1.1.5　录音 3.1.1.6　我的档案袋
		3.1.2　导航功能	3.1.2.1　教材内容检索 3.1.2.2　笔记内容检索 3.1.2.3　网站检索 3.1.2.4　单元目录跳转 3.1.2.5　主题目录跳转 3.1.2.6　页码跳转 3.1.2.7　页面预览
		3.1.3　教材可及性	3.1.3.1　文字复制 3.1.3.2　页面收藏 3.1.3.4　导入导出资源 3.1.3.5　同步上传云端 3.1.3.6　教材打印
		3.1.4　界面呈现	3.1.4.1　风格／布局／按钮统一 3.1.4.2　单双页 3.1.4.3　页面缩放 3.1.4.4　左右翻页 3.1.4.5　文本输入 3.1.4.6　自定义界面 3.1.4.7　从离开位置继续 3.1.4.8　平台按钮说明

无论是纸质教材内容，还是数字教材功能与平台，韩国各版本的初中英语数字教材都呈现出较多的共性。韩国数字教材开发应用模式是政府主导、自上而下的统一运行模式。韩国教育学术信息院于 2012 年发布《数字教材制作指南》，对数字教材的开发应用环境、组件规范、制作指南、包装管理等做出明确说明。另外，韩国还有统一的数字教材平台，甚至开发出数字教材评价标准和包括英语在内主要科目的数字教材原型。因此，韩国初中英语数字教材在功能特征和界面技术方面共性较多。

韩国统一的数字教材开发管理模式利弊兼具。一方面，由政府主导的数字教材开发过程能确保数字教材提供教学必备的基本功能和各版本之间的兼容，另一方面也可能会阻碍出版商开发原创的、多样化的内容，抑制数字教材的创造力。

三、中韩初中英语数字教材的共性

中韩英语数字教材共性指同时出现在中国和韩国初中英语数字教材共性中的功能特征。其中二级维度中内嵌资源、学习工具、评价工具、界面技术4个方面具有共性，占比80.0%。

三级维度中多媒体资源、补充学习资源、自主学习、合作学习、评价类型、评价内容、评价主体、反馈形式、交互功能、导航功能、界面呈现共11个维度具有共性，占比68.8%；在备课工具、授课工具、管理工具、探究学习、教材可及性5个方面不具备共性，如表7-5所示。

表7-5 中韩初中英语数字教材内嵌资源、工具和技术维度的共性

类型	维度总数量	共性维度数量	共性百分比 /%
一级维度	3	3	100
二级维度	5	4	80.0
三级维度	16	11	68.8
指标	116	25	21.6

116个指标中有25项指标存在共性，即中韩数字教材在这25个方面实现了相同的功能，占比21.6%。频次指共享此指标的中韩数字教材数量，例如15个版本的教材全部提供了"音频"形式的多媒体资源，12个版本的教材使用了"动画"形式的多媒体资源，如表7-6所示。

表7-6 中韩初中英语数字教材内嵌资源、工具和技术维度的共性（≥70%）

一级维度	二级维度	三级维度	指标	频次
1. 内容	1.2 内嵌资源	1.2.1 多媒体资源	1.2.1.1 音频	15
			1.2.1.3 动画	12
		1.2.2 补充学习资源	1.2.2.1 参考答案	15
2. 工具	2.2 学习工具	2.2.1 自主学习	2.2.1.1 总学习目标	15
			2.2.1.2 单元学习目标	14
			2.2.1.13 字幕开关	11
			2.2.1.15 课文句子点读	11
			2.2.1.21 重置再做	15
		2.2.2 合作学习	2.2.2.1 口语合作	15
			2.2.2.4 同伴合作	15
			2.2.2.7 过程支架	15
	2.3 评价工具	2.3.1 评价类型	2.3.1.2 形成性评价	15
		2.3.2 评价内容	2.3.2.1 认知能力	15

续　表

一级维度	二级维度	三级维度	指标	频次
2. 工具	2.3　评价工具	2.3.3　评价主体	2.3.3.4　教师评价	15
		2.3.4　反馈形式	2.3.4.1　参考答案	15
3. 技术	3.1　界面技术	3.1.1　交互功能	3.1.1.1　画笔／橡皮	14
			3.1.1.2　荧光笔	14
		3.1.2　导航功能	3.1.2.4　单元目录跳转	14
			3.1.2.6　页码跳转	14
		3.1.4　界面呈现	3.1.4.1　风格／布局／按钮统一	15
			3.1.4.2　单双页	14
			3.1.4.3　页面缩放	15
			3.1.4.4　左右翻页	15
			3.1.4.5　文本输入	15
			3.1.4.7　从离开位置继续	15

　　本章对中韩 15 个版本初中英语数字教材的内嵌资源、工具属性和技术属性进行了统计分析。首先，分析并比较中韩初中英语数字教材的一致性水平和特性。其次，在一致性分析的基础上，探讨了中韩初中数字教材的共性，并对结果进行了讨论与解释。

第八章

结论与启示

第一节　研究结论

　　本研究聚焦初中英语数字教材，以课程一致性理论为基础对中韩初中英语数字教材进行比较研究，旨在为英语数字教材编制提供建议。首先，研究者在广泛阅读数字教材文献的基础上，确定研究问题，即数字教材的编制问题。再次，研究者选择课程一致性理论和信息系统工件理论为基础，依据课程标准和数字教材技术标准制定数字教材分析框架——课程一致性分析框架，总共 3 个一级维度，6 个二级维度，19 个三级维度，131 项指标。接着，研究者根据课程一致性分析框架，采用内容分析法对选定的中韩初中英语数字教材进行编码和数据收集。数字教材的纸质教材内容数据来自 6 个版本中韩初中英语数字教材第一册，内嵌资源、工具维度和技术维度的数据来自 15 个版本中韩初中英语数字教材第一册的第一单元。最后，研究者对量化数据进行分析，纸质教材内容主要采用的是 Webb 一致性分析，内嵌资源、工具维度和技术维度进行的是技术实现程度的一致性分析和共性分析。在量化分析和质化解读的基础上，形成本研究的结论。

（一）数字教材的总体结构特征

　　本研究从框架结构、单元结构、结构布局三个方面对中韩 15 个版本初中英语数字教材的总体结构进行比较分析发现，中国数字教材倾向于风格各异，韩国数字教材倾向于形式统一。

　　在框架结构方面，中韩数字教材都由前页、目录、主体内容和附录组成，但具体内容差别较大。韩国数字教材的"前页"设置了版权页、教材结构与特点。中国数字教材设置了一个表格式目录，韩国则设置了页码目录和表格式目录两个目录。中国一半的数字教材设置了衔接小学与初中的预备单元，韩国全部为常规单元。中国数字教材的"附录"以分课词汇表、总词汇索引、课文注释和语法运用为主，韩国数字教材的"附录"以听力文本、参考答案、活动材料和参考资料版权来源为主，提供参考答案有利于学生自主学习。

在单元结构方面，中韩数字教材差异也比较大。中国数字教材主要以"模块＋单元"的嵌套模式呈现；各版本教材设置的栏目数量差异较大，栏目类型以语言知识和语言技能为主。韩国数字教材各单元彼此独立；各版本设置的栏目数量基本相同，每个单元约为 11 个；栏目类型丰富，除语言知识和语言能力外，还设有专门的文化意识、学习策略、项目、跨学科等栏目。

在内容布局上，中国数字教材采取与纸质教材完全一致的高保真形式，韩国数字教材对纸质教材的内容布局做了少量调整，例如隐藏零碎知识点、多图并列转换成左右滑动卡片、图片转换成视频、零碎知识位置微调等。在功能布局上，因版本和平台均不同，中国数字教材的教材功能按钮和平台功能按钮在不同版本之间各不相同；韩国数字教材的教材功能按钮因版本不同而略有不同，但平台功能按钮因使用统一平台而完全相同，减少了跨平台操作带来的认知负荷。

（二）纸质教材内容的课程一致性水平

在知识种类一致性上，中国教材的"看""学习策略""信息素养""跨学科内容"和韩国教材的"跨学科内容"没有达到知识种类一致性可接受水平。整体而言，韩国教材的知识种类数量高于中国教材。

在知识深度一致性方面，韩国教材的"语法"知识深度一致性水平弱。中国教材的"词汇"和"语法"深度一致性水平高于韩国。韩国教材的词汇仅 65.1% 是课程标准中要求的词汇，语法内容偏简单，较多内容是对小学语法的复习。从深度水平分布来看，作为初中第一册英语教材，中韩 6 个版本教材的大部分内容聚集在听的一级水平"识别"、说的二级水平"对话交流"、读的一级水平"识别"、写的一级水平"仿写复述"、词汇的一二级水平"常用词汇"和"次常用词汇"上。整体上韩国教材的知识深度略深于中国教材。

207

在知识广度方面，仅中国教材的"学习策略"和"信息素养"没有达到广度一致性水平，中国教材的学习策略较多关注"认知策略"，对"元认知策略""交际策略"，尤其"情感管理策略"关注不够。韩国教材的"听"的技能在课程标准要求的"识别""理解""推断"三个水平层级都设置了一定的内容，中国教材"听"的技能仅涉及1—2个水平层级。中国教材的"功能"和"词汇"的广度一致性高于韩国，韩国教材的"话题"和"语法"的广度一致性高于中国。总的来说，在语言技能和非语言知识方面，韩国数字教材的知识广度一致性高于中国；在语言知识方面，中国数字教材的知识广度一致性略高于韩国。

在知识分布平衡性方面，中国教材的"语音""学习策略"和韩国的"听""写"没有达到分布平衡性可接受水平。中韩两国"听""说""读""写"的分布平衡性指数整体偏低，仅中国教材的"听""说"和韩国教材的"说"达到了分布平衡性可接受水平。这一现象潜在的解释是教材是初中第一册，所以大部分内容分布在一级和二级水平上。

（三）内嵌资源、工具维度、技术维度的课程一致性水平

在中国数字教材的一致性水平方面，一级维度的"内嵌资源""工具属性""界面技术"一致性水平分别为30.0%、35.1%和50.0%。二级维度的"内嵌资源"的一致性水平为30.0%，"教学工具"为47.7%，"学习工具"为30.8%，"评价工具"为36.8%，"界面技术"为50.0%。中国数字教材的一致性水平整体不高，其中"内嵌资源"和"学习工具"一致性水平最低，说明中国数字教材在补充学习资源和支持学生自主学习、合作学习和探究学习方面有待加强。但中国部分数字教材在支持教师备授课和管理、支持语音训练和评测、支持笔记管理和笔记流转方面具有优势。

在韩国数字教材的一致性水平方面，一级维度的"内嵌资源""工具属性""界面技术"的一致性分别为53.5%、46.8%和90.3%。二级维度的"内嵌资源"一致性水平为53.5%，"学习工具"为59.7%，"评价工具"为47.6%，"界面技术"为90.3%。韩国数字教材平台没有显示教学工具功能，在支持教师教学方面有待加强。韩国数字教材的功能实现程度整体高于中国，"界面技术"一致性水平最高，数字教材的平台建设方面相对完善。另外，韩国数字教材在提供多种差异化学习资源、定制化学习过程、支持学生学习和评价

方面更具优势。

在中国数字教材的共性方面，通过对中国 4 个版本的数字教材进行共性分析发现，中国数字教材之间共性不足，差异较大。从一级维度来看，体现中国 4 个版本数字教材共性的维度有 3 个，占比 100%。从二级维度来看，体现教材共性的维度有 5 个，占比 100%。从三级维度来看，体现中国数字教材共性的维度有 12 个，占比 75.0%。从具体指标来看，体现中国数字教材共性的指标仅有 28 项，占比 24.1%。中国数字教材早期没有统一的技术标准，没有统一的数字教材平台，数字教材由各教材出版社、数字公司和教研机构开发，因此各版本数字教材无论是在功能特征方面还是界面技术方面都存在较大差异。

在韩国数字教材的共性方面，从一级维度看，韩国数字教材在内容、工具、技术三个方面具有共性，占比 100%。从二级维度来看，韩国数字教材只在 4 个维度实现了数字教材功能，占比 80%。从三级维度来看，韩国数字教材除教学工具下的维度外，其余 13 个三级维度都存在共性，占比 81.3%。从指标来看，韩国数字教材虽然教学工具维度欠缺，但共性指标有 58 项，占比 50.0%。韩国数字教材因有统一的数字教材制作指南、统一的数字教材平台，有相应的数字教材评价标准和包括英语在内主要科目的数字教材原型，因此在功能特征方面共性较多。

在中韩数字教材的共性方面，一级维度在内容、工具、技术三个方面都具有共性，占比 100%。二级维度中有 4 个维度具有共性，占比 80.0%。三级维度中有 11 个维度具有共性，占比 68.8%。116 个指标中有 25 项指标存在共性，即中韩数字教材仅在这 25 个方面实现了相同的功能，占比 21.6%。信息技术与教学材料的融合有待加强，以形成更多的普适性功能。

第二节　研究启示

通过对中韩初中英语数字教材的一致性分析发现，中韩数字教材各具特色，各有优点。经验共享、取长补短能有效促进中韩两国数字教材的发展。本研究立足于中国实践，因此仅对中国英语数字教材建设和课程标准研制提供参考建议。

（一）对中国英语数字教材编制的启示

（1）总体结构上，中国英语数字教材增设"版权页"和"参考资料版权来源"，在保护教材的版权同时尊重他人版权，在潜移默化中培养学生的版权意识。增设"教材的组织与特点"，以全览地图的形式对教材的主要构成、特点和使用建议进行说明，以提高教材使用效果。附录中增设"听力文本"和"参考答案"，以支持学生自主学习。在单元结构上，建议增设文化意识、学习策略、跨学科内容的栏目，增设项目、游戏等形式以丰富教学活动，并尽量分解任务过程。在结构呈现上，尽量使用统一的数字教材平台，统一的功能布局，以降低不必要的认知负荷。

（2）内容维度上，在语言技能方面，建议适量增加"理解"和"推断"，甚至尝试"评价"水平层级的"听"和"读"练习，注重学生观察与辨析、归纳与推断、批判与创新等思维品质的培养。适量增加"描述演讲"水平层级的"说"的活动任务。口语交际活动的功能意念目标尽量明确化，以利于学生抓住重点。除传统的阅读性技能外，还需要培养能理解多模态语篇的技能，例如"看"。理解性技能和表达性技能在语言学习过程中应该相辅相成、相互促进，教材应提供内容以培养学生能将两种及以上技能结合运用的能力，例如听说能力、读写能力，而不仅仅是培养听、说、读、写、看的单项技能。

在语言知识方面，"话题"应更多元化，除了贴近学生生活与学习的话题外，还需补充劳动实践、工匠品质、理财意识、理性消费、自我认识、自我管理、个人信息安全、国家安全意识、身份认同、文化自信、创新思维、职业规划、协作关怀等深度话题，以拓展学生的知识面，拓宽学生的思维广度。除了提供社会交往、态度情感表达等"功能"知识外，还需要设计更多真实交际情景和交际活动来培养学生在语言运用中得体交流、灵活应变的语用能力。"语法"内容尽量围绕单元目标进行编排，每个单元无须涉及太多语法要点，需重点突出，做到"形式—意义—使用"的统一体。适量增加非连续性文本的"语篇"类型，并补充有关语篇的写作目的、结构特征、语言特点和信息组织方式等语篇知识，为学生的语篇鉴赏、篇章建构、逻辑缜密打好基础。课程内容的组织以主题为引领，以不同类型的语篇为依托，以单元的形式呈现，融语言知识、文化知识、语言技能和学习策略于一体。

在非语言知识方面，建议在学习策略、文化意识、信息素养和跨学科内容方面增加相应的内容。在学习策略方面，尤其需要补充情感管理策略，引导学生保持对英语学习的积极性和主动性，乐于参与课内外活动，调控自己的情绪等，为终身学习奠定基础。该部分内容可以策略知识和评价量规等形式呈现出来。补充文化知识内容，例如革命传统文化、习近平新时代中国特色社会主义思想、党的领导等相关内容，促进中华优秀传统文化进课本、进课堂、进校园，以涵养家国情怀，树立文化自信，形成正确的价值观。补充跨学科内容，设立跨学科主题活动，以加强学科间相互关联，提升学生运用跨学科知识创造性地解决问题的能力。

在内嵌资源方面，除了将纸质教材内容进行数字化外，数字教材更应补充一些与课程内容紧密关联的数字学习资源，更多学科专业教师参与数字教材编制工作能更好解决这一资源关联性问题。另外建议内嵌资源以多种水平的差异化资源形式呈现，以满足不同学生的需求。

（3）工具维度上，中国数字教材应更关注作为学习工具的功能，以支持学生进行自主、合作和探究的学习。合作方式可以更多样化，例如增加小组合作的项目。探究学习方式在教材中应有更多所体现，以充分利用数字教材的网络优势进行网络探究能力的培养。评价工具不仅要评价学生的认知能力，还要评价元认知能力、社会能力和情感能力等，注重评价主体的多元化。丰富教材的反馈形式，例如通过自适应技术提供更多相关知识点的练习供学生巩固错题。继续发挥数字教材作为教学工具的功能优势和基于语音评测技术的学习工具的功能优势。

（4）技术维度上，建议提供更多必备功能，例如导航功能、教材可及性。使用普适性技术，提高数字教材的可用性和易用性，以方便师生使用数字教材。运用卡诺模型（KANO），以分析用户需求和用户满意度为基础，提供必备功能、期望功能、魅力功能，并避免反向功能。

（5）建议依据中国2022年首批发布的中小学数字教材国家标准编写相对统一的数字教材，建立统一的数字教材平台，打破多个平台、多个终端的障碍，以保证各版本数字教材的兼容性和可靠性，为数字教材的有序开发和质量控制以及数字教材的规模化和普遍化应用提供基本保障。

（二）对中国英语课程标准研制的启示

根据课程标准搭建一致性分析框架并进行教材一致性分析，研究者对中韩英语课程标准以及课程标准与数字教材之间的一致性关系有了一定的了解。中韩两国都没有独立的数字教材课程标准，而纸质教材课程标准没有对数字教材的编制提供指导；课程标准没有对技术如何促进教、学、评进行具体说明；课程标准中个别目标要求不够明确，或不具有可测量性，因此无法保证教材编制人员完全理解其真正含义而进行教材编制。中国英语课程标准中目标要求比较多，并对目标进行了细化，但是教材并没有很好地体现这些目标要求，例如除了语言技能和语言知识外，教材对课程标准所要求的情感态度、学习策略和文化意识方面涉及不多。课程标准的要求并没有很好地传达给教材编制者，可能的原因是课程标准指令不清，不具有可操作性或操作起来有难度。韩国课程标准并没有像中国课程标准一样对情感态度、学习策略和文化意识提供详细的分级标准，但学习策略、文化意识、情感态度等在韩国数字教材中得到了较好的体现，甚至高于课程标准的要求。相比较而言，中国课程标准更宏观，韩国课程标准更微观。鉴于以上现象，对中国英语课程标准的编制提出以下建议：

（1）在现行的英语课程标准中纳入数字教材元素，对技术如何支持教、学、评提供具体的指导。随着数字教材研究的深入，未来应编制独立的数字教材课程标准，对数字教材建设和应用提供更具针对性的指导，例如，为编制者运用现代教育技术设计教、学、评等活动提供建议，为教师基于现代教育技术进行英语教学活动设计提供案例说明。这不仅有利于教材编制者编制出信息技术与教育教学深度融合的教材，也有利于提高教师运用信息技术进行教学的能力。关于如何发挥技术的服务功能，实现技术与教学的深度融合，课程标准还应借鉴现有的研究结果，以提供更多、更具体操作性的建议。

（2）课程标准的目标要求应具有可测量性，目标实现路径应具有可操作性。避免使用宏观术语，尽量提供微观指导，这样课程标准才能将目标、理念、方法等更好地传达给教材编制者和教材使用者，从而发挥课程标准应有的效力。韩国课程标准，除了总目标和总的教学建议外，还对每个学段的听、说、读、写的达成目标进行分项说明，从达成目标、内容要素、达成目标解说、教学方法与说明、评估方法与说明五个方面为每一项技能提供具体指导，例如对于初中的"听"，韩国课程标准还提供了 9 条达成目标，4 条内容要素，对达成目标中 3 条重要且难懂的条目进行解说，提供具体的教学活动建议以及评价方法建议。课程标准的目标要求比较明确具体，所以韩国数字教材课程一致性水平相对略高。

（3）将语言技能与布鲁姆认知目标水平进行对接。按认知水平对听、说、读、写等语言技能进行能力分级，将语言知识和语言能力进行二维矩阵排列，清晰体现语言能力发展的不同阶段，或许能让目标要求更具科学性和体系性。韩国课程标准尝试将语言能力与布鲁姆认知目标水平进行对接，从一般知识、内容要素和认知目标等多个维度对语言技能进行目标界定。在"读"的技能方面，在一般知识的层级上分为拼写、词汇与句子、细节信息、主旨内容、脉络语境、隐含意义，在认知目标层级上分为识别、应用、掌握和推论，并将知识和认知目标进行配对，即每个级别的"读"除了涉及不同层级的一般知识外，还涉及不同水平的能力目标。

第三节　研究创新

本书以课程一致性理论为基础对中韩初中数字教材进行比较研究，以探讨数字教材的编制问题。研究具有一定的创新性，具体如下：

（1）研究主题新，聚焦新形态"数字教材"的建设研究，契合国家需求。数字教材作为一种新型的教材形态，是深入推进教育现代化的切入点，承担着落实国家教育方针和战略任务的责任。目前关于数字教材的研究仍不多见，而且以宏观层面的理论探讨为主，真正涉及数字教材本身的研究极少。本研究以数字教材编制为切入点，探讨如何建设高质量的数字教材，这是进行数字化教学的前提和基础。样本为中韩正在使用的数字教材，改变过去数字教材研究"见研究不见教材"的现象。

（2）跨学科视角新，结合语言学、教育学、计算机科学进行研究。本研究遵循语言学习的规律，以教育学的课程一致性理论为核心，以计算机科学的信息系统工件理论为辅助，力求在编制研究中实现课程教学资源、教学交互工具、信息技术支持的深度融合。

（3）研究工具新，运用课程一致性分析框架和 Webb 一致性分析模式进行分析。本研究采用内容分析法，在对数据量化处理的基础上，进行质化解读，采用 Webb 一致性分析工具对数字教材进行课程一致性分析，采用全球教育质量监测的分析方法进行国际比较分析。权威的分析工具和分析方法有利于保证研究结果的可信度。

第四节　研究局限

数字教材是教育、出版和信息技术三个领域相互融合的新兴产物，目前国内外的研究成果尚不丰富，为研究实施带来一定的难度。为了更好地了解数字教材编制现状，并在此基础上为数字教材编制提供建议，研究者尽最大努力对此课题进行了探讨。虽然通过实证研究已经获得了一定的研究结果，但由于研究者的能力以及条件有限，本研究仍存在不足之处。

首先，在研究对象方面，本研究仅关注初中英语数字教材，没有涉及小学和高中英语数字教材。如果能对小学英语数字教材、初中英语数字教材和高中英语数字教材进行全面的研究，研究结果将更具说服力，并且能为不同学段的数字教材编制提供更贴切的建议。但鉴于研究者个人时间及精力有限，无法对跨学段的数字教材进行深入研究。教材编制的最重要原则是课程一致性原则，不同学段有不同的课程标准和不同的课程要求，在课程一致性理论基础上探讨三个学段的数字教材更是难上加难。因此，研究者选择了目前数字教材重点关注的且具有挑战性的初中阶段英语数字教材为研究对象。

其次，在研究样本方面，数字教材的特殊性给样本的获取带来了巨大的困难。在中国各数字教材平台上，研究者可以试用数字教材的所有科目、所有单元，但在韩国统一数字教材平台上，研究者仅可试用所有科目的前两个单元。每个版本的数字教材的单元结构和技术功能基本保持统一，故试用一个单元还是多个单元对研究结果影响很大。因此，内嵌资源、工具属性和技术属性的分析样本为中韩 15 个版本初中英语数字教材的第一册的第一单元。另外，因本研究重点在于工具和技术等增值属性，所以纸质教材内容维度的分析样本是中韩 6 个版本初中英语数字教材的第一册，未对 15 个版本初中三年的内容做一个连贯性的一致性分析。

最后，在数字教材版本方面，中国数字教材的数字部分为近年开发的版本，但其对应的纸质教材编写已久，3 个版本的教材是在 2012—2013 年审定，1 个版本的教材于 2016 年审定，所参考的课程标准也分别是 2011 年版和 2004 年版，至今都已有 10 年左右距离。韩国数字教材和对应的纸质教材都是 2018 年版，所参考的课程标准为 2015 年版，因此教材和课程标准都已经做了更新，并注入新内容和新理念。从版本新旧来看，韩国数字教材比中国数字教材新，以至于中韩数字教材在一定程度上不具有绝对可比性，但比较的目的不在于区分高下，在于取长补短。中国即将进行新一轮的教材编写，并积极探索数字教材的开发模式，走在数字教材改革前列的韩国也许能为中国提供经验借鉴，中国数字教材的优势特色也将为韩国提供参考建议。

参考文献

Anderson, L. W. Curricular alignment: A re-examination. *Theory into Practice*, 2002, 41(4): 255-260.

Baek, E. O., & Monaghan, J. Journey to textbook affordability: An investigation of students'use of eTextbooks at multiple campuses. *The International Review of Research in Open and Distributed Learning*, 2013, 14(3): 1-26.

Bando, R., Gallego, F., Gertler, P., & Fonseca, D. R. Books or laptops? The effect of shifting from printed to digital delivery of educational content on learning. *Economics of Education Review*, 2017, 61: 162-173.

Benavot, A. Cross-national commonalities and differences in the intended curriculum in primary school reading and mathematics. *Report of the International Working Group on Assessing and Improving Quality Learning*. UNESCO Institute for Statistics, 2011.

Benavot, A. *Primary School Curricula on Reading and Mathematics in Developing Countries*. Montreal: UNESCO Institute for Statistics, 2012.

Bill & Melinda Gates Foundation. *Early Progress: Interim Research on Personalized Learning*, 2014.

Bingimlas, K. A. Barriers to the successful integration of ICT in teaching and learning environments: A review of the literature. *Eurasia Journal of Mmathematics, Science & Technology Education*, 2009, 5(3): 235-245.

Birenbaum, M. Assessment 2000: Towards a pluralistic approach to assessment. In *Alternatives in Assessment of Achievements, Learning Processes and Prior Knowledge*. Springer, Dordrecht, 1996: 3-29.

Byram, M. *Teaching and Assessing Intercultural Communicative Competence: Revisited*. Multilingual Matters, 2020.

Bliss, T. J. A model of digital textbook quality from the perspective of college students. Brigham Young University (Doctoral Dissertation), 2013.

Bruillard, E. Digital textbooks: Current trends in secondary education in France. In Rodríguez Rodríguez, J., Bruillard, E., & Horsley, M. *Digital Textbooks, Whats New*. Universidade de Santiago de Compostela, 2015: 188-202.

Cartwright, S. Diffusion of e-textbooks in K-12 education: A Delphi study. Walden University (Doctoral Dissertation), 2015.

CAST. *Universal Design for Learning Guidelines Version 1.0*. Wakefield, MA: The Center for Applied Special Technology, 2008.

Chin, C. Digital textbooks for schools soon. *The Star Online*. (2018-10-27)[2022-07-30]. https://www.thestar.com.my/news/nation/2018/10/27/digital-textbooks-for-schools-soon-surprise-announcement-gets-mixed-reaction-from-parents-and-educat/

Chulkov, D. V., & Van Alstine, J. College student choice among electronic and printed textbook options. *Journal of Education for Business*, 2013, 88(4): 216-222.

Chung, J., & Choi, T. English education policies in R. O. Korea: Planned and enacted. In *English Language Education Policy in Asia*. Springer, Cham, 2016: 281-299.

Chung, T. M., & Nation, P. Identifying technical vocabulary. *System*, 2004, 32(2): 251-263.

Courcier, I. Teachers' perceptions of personalised learning. *Evaluation & Research in Education*, 2007, 20(2): 59-80.

Creswell, J. W., & Clark, V. L. P. *Designing and Conducting Mixed Methods Research*. 3rd ed. Thousand Oaks: Sage publications, 2017.

Denzin, N. K., & Lincoln, Y. S. (eds.). *The Sage Handbook of Qualitative Research*. 5th ed. Sage Publications, 2017.

Dodge, B. WebQuests: A technique for internet-based learning. *Distance Educator*, 1995, 1(2): 10-13.

Duff, P. *Case Study Research in Applied Linguistics*. Lawrence Erlbaum Associates, 2008.

Dwyer, K. K., & Davidson, M. M. General education oral communication assessment and student preferences for learning: E-textbook versus paper textbook. *Communication Teacher*, 2013, 27(2): 111-125.

Emine, Ç. İ. L. Alignment between Turkish middle school science curriculum standards and high school entrance examination. *Journal of Turkish Science Education*, 2015, 12(2): 33-48.

Fulmer, G. W. Estimating critical values for strength of alignment among curriculum, assessments, and instruction. *Journal of Educational and Behavioral Statistics*, 2011, 36(3): 381-402.

Gamoran, A., Porter, A. C., Smithson, J. et al. Upgrading high school mathematics instruction: Improving learning opportunities for low-achieving, low-income youth. *Educational Evaluation and Policy Analysis*, 1997, 19(4): 325-338.

Goodlad, J. I. *Curriculum Inquiry. The Study of Curriculum Practice*. Columbus: McGraw-Hill Book Company, 1979.

Grönlund, Å., Wiklund, M., & Böö, R. No name, no game: Challenges to use of collaborative digital textbooks. *Education and Information Technologies*, 2018, 23(3): 1359-1375.

Gu, X., Wu, B., & Xu, X. Design, development, and learning in e-Textbooks: What we learned and where we are going. *Journal of Computers in Education*, 2015, 2(1): 25-41.

Gueudet, G., Pepin, B., Restrepo, A., et al. E-textbooks and connectivity: Proposing an analytical framework. *International Journal of Science and Mathematics Education*, 2018, 16(3): 539-558.

Hamedi, M. A., & Ezaleila, S. M. Digital textbook program in Malaysia: Lessons from R. O. Korea. *Publishing Research Quarterly*, 2015, 31(4): 244-257.

Hansche, L. N. *Meeting the Requirements of Title I: Handbook for the Development of Performance Standards*. Washington, DC: US Department of Education, 1998.

Hao, Y., & Jackson, K. Student satisfaction toward e-textbooks in higher education. *Journal of Science & Technology Policy Management*, 2014, 5(3): 231-246.

Hashmi, A., Hussain, T., & Shoaib, A. Alignment between mathematics curriculum and textbook of Grade VIII in Punjab. *Bulletin of Education and Research*, 2018, 40(1): 57-76.

Hattie, J., & Timperley, H. The power of feedback. *Review of Educational Research*, 2007, 77(1): 81-112.

IBE-UNESCO and UIS. Monitoring progress towards SDG 4.1: Comparative analysis of national assessment frameworks and national curriculum frameworks for reading. *Current and Critical Issues in Curriculum, Learning and Assessment*, 2018.

iNACOL. National standards for quality online courses (v2). *International Association for K-12 Online Learning*, 2011.

Ismail, R. A. Digital textbooks for schools still in early stages, says deputy minister. *The Edge Markets*. (2018-12-06) [2022-07-30]. https://apps.theedgemarkets. com/ article/digital-textbooks-schools-still-early-stages-says-deputy-minister.

Jang, D. H., Yi, P., & Shin, I. S. Examining the effectiveness of digital textbook use on students' learning outcomes in R. O. Korea: A meta-analysis. *The Asia-Pacific Education Researcher*, 2016, 25(1): 57-68.

Jeong, H., & Kim, A. The digital textbook in R. O. Korea: Opportunities and challenges. In Lin, T. B., Choy, W., Lin, T. B. et al. (eds.), *New Media and Learning in the 21st Century*. Springer, Singapore, 2015: 77-91.

Jiji. Japan to test digital textbooks in schools from next April, with focus on English. (2021-12-13) [2022-08-09]. https://www.japantimes.co.jp/news/2021/12/13/ national/digital-textbooks-schools-englishapril-2022/

Johnson, D. W., & Johnson, R. T. *Learning Together and Alone: Cooperative, Competitive, and Individualistic Learning*. Prentice-Hall, Inc, 1987.

Johnson, J. W. A comparison study of the use of paper versus digital textbooks by undergraduate students. Indiana State University (Doctoral Dissertation), 2013.

Joo, H. M., & Ahn, C. U. A study on the development of evaluation criteria for digital textbooks in Korea. In *EdMedia+ Innovate Learning*. Association for the Advancement of Computing in Education (AACE), 2013: 86-89.

Joo, H. M., Ka, E. A., Ahn, C. U. et al. *A Study on the Development of Digital Textbooks: Designing a Prototype of Digital English Textbooks (PIM 2014-11-2)*. Seoul: Korea Institute for Curriculum and Evaluation, 2014.

Joo, Y. J., Park, S., & Shin, E. K. Students' expectation, satisfaction, and continuance intention to use digital textbooks. *Computers in Human Behavior*, 2017, 69: 83-90.

Karsenti, T., & Fievez, A. *The iPad in Education: Uses, Benefits, and Challenges—A Survey of 6,057 Students and 302 Teachers in Quebec, Canada*. Montreal, QC:

CRIFPE, 2013.

Kempe, A. L., & Grönlund, Å. Collaborative digital textbooks—A comparison of five different designs shaping teaching and learning. *Education and Information Technologies*, 2019, 24(5): 2909-2941.

KERIS. *2017 White Paper on ICT in Education Korea*. Daegu: Korea Education and Research Information Service, 2017.

KERIS. *2018 White Paper on ICT in Education Korea*. Daegu: Korea Education and Research Information Service, 2018.

KERIS. *2016 White Paper on ICT Education in Korea*. Daegu: Korea Education and Research Information Service, 2016a.

KERIS. *A Korean Model for Using ICT in Education: Curriculum and Metho*d. Daegu: Korea Education and Research Information Service, 2016b.

KERIS. *A Korean Model for Using ICT in Education: Educational Content*. Daegu: Korea Education and Research Information Service, 2016c.

KERIS. *A Korean Model for Using ICT in Education: Overview*. Daegu: Korean Education & Information Service, 2016d.

KERIS. *A Korean Model for Using ICT in Education: Policy*. Daegu: Korea Education and Research Information Service, 2016e.

KERIS. *2007 Adapting Education to the Information Age*. Seoul: Korea Education and Research Information Service, 2007.

KERIS. *The KERIS 2007 Annual Report*. Seoul: Korea Education and Research Information Service, 2007.

Kim, J.S. *Education in Korea*. Seoul: Korea Institute for Curriculum and Evaluation, 2013.

Kim, J. H. Y., & Jung, H. Y. Korean digital textbook project. *Computers in the Schools*, 2010, 27(3/4): 247-265.

Klinmanee, N., & Sopprasong, L. Bridging the EFL vocabulary gap between secondary school and university: A Thai case study. *Guidelines*, 1997,19(1): 1-10.

KMOE. *The National Curriculum for the Primary and Secondary School*. Korean Ministry of Education, 2015a.

Kurz, A., Elliott, S. N., Wehby, J. H. et al. Alignment of the intended, planned, and enacted curriculum in general and special education and its relation to student achievement. *The Journal of Special Education*, 2009, 44(3): 131-145.

Kwok-kwan, H. C., (Interviewer) & Kevin, Y. (Interviewee). LCQ8: Use of e-textbooks and e-learning resources in schools. (2019-02-27) [2022-07-30]. https://www.info. gov.hk/gia/general/201902/27/P2019022700 349.htm.

La Marca, P. M., Redfield, D., & Winter, P. C. State Standards and State Assessment Systems: A Guide to Alignment. Washington: Council of Chief State School officers, 2000.

Laufer, B., & Paribakht, T. S. The relationship between passive and active vocabularies: Effects of language learning context. *Language Learning*, 1998, 48(3): 365-391.

Lee, A. S., Thomas, M., & Baskerville, R. L. Going back to basics in design science: from the information technology artifact to the information systems artifact. *Information Systems Journal*, 2015, 25(1): 5-21.

Lee, B. C., Yoon, J. O., & Lee, I. Learners' acceptance of e-learning in R. O. Korea: Theories and results. *Computers & Education*, 2009, 53(4): 1320-1329.

Leem, J., & Sung, E. Teachers' beliefs and technology acceptance concerning smart mobile devices for SMART education in R. O. Korea. *British Journal of Educational Technology*, 2019, 50(2): 601-613.

Levin, D. A. Digital content: Making learning relevant. *Principal Leadership*, 2011, 12(1): 32-36.

Levin, T. In a digital future, textbooks are history. *The New York Times*. (2009-08-09) [2022-07-30]. https://www.nytimes.com/2009/08/09/education/09textbook. html.

Liang, Y., & Cobern, W. W. Analysis of a typical Chinese high school biology textbook using the AAAS textbook standards. *Eurasia Journal of Mathematics Science & Technology Education*, 2013, 9(4): 329-336.

Lim, C., Song, H. D., & Lee, Y. Improving the usability of the user interface for a digital textbook platform for elementary-school students. *Educational Technology Research and Development*, 2012, 60(1): 159-173.

Lin, Y. C. , Liu, T. C. , & Kinshuk. Research on teachers' needs when using e-textbooks in teaching. *Smart Learning Environments,* 2015, 2(1): 1-17.

Mahmood, K. Textbook evaluation in Pakistan: Issue of conformity to the national curriculum guidelines. *Bulletin of Education and Research*, 2010, 32(1) :15-36.

Mahmood, K. Conformity to quality characteristics of textbooks: The illusion of textbook evaluation in Pakistan. *Journal of Research and Reflections in Education*, 2011, 5(2): 170-190.

Marczak, M. Selecting an e-(text) book: Evaluation criteria. *Teaching English with Technology*, 2013, 13(1): 29-41.

Mardis, M. A., Everhart, N., Smith, D. et al. *From Paper to Pixel: Digital Textbooks and Florida's Schools*. The Florida State University Partnerships Advancing Library Media Center, 2010.

Mardis, M., & Everhart, N. The promise and challenge of digital textbooks for K-12 schools: the case of Floridas statewide adoption. In Rodríguez, J., Bruillard, E., & Horsley, M. (eds.). *Digital Textbooks, What's New*. Universidade de Santiago de Compostela, 2015: 141-168.

Margolin, J., Haynes, E., Heppen, J. et al. *Evaluation of the Common Core Technology Project*. Washington, DC: American Institutes for Research, 2014.

McGehee, J. J., & Griffith, L. K. Large-scale assessments combined with curriculum alignment: Agents of change. *Theory into Practice*, 2001, 40(2): 137-144.

Merriam, S. B. *Case Study Research in Education: A Qualitative Approach*. Hoboken Jossey-Bass, 1988.

MEXT. *The Vision for ICT in Education*. Tokyo: Ministry of Education, Culture, Sports, Science and Technology, 2011.

MEXT. *Final Report on Experimental Study on Learning Innovation Project*. Tokyo: Ministry of Education, Culture, Sports, Science and Technology, 2014.

Millar, M., & Schrier, T. Digital or printed textbooks: Which do students prefer and why?. *Journal of Teaching in Travel & Tourism*, 2015, 15(2): 166-185.

Mullis, I. V., Martin, M. O., Kennedy, A. M. et al. *PIRLS 2011 Assessment Framework*. Boston: TIMSS & PIRLS International Study Center, 2012.

Nunan, D. *The Learner Centred Curriculum: A Study in Second Language Teaching*. Shanghai: Shanghai Foreign Language Education Press, 2011.

Öngöz, S., & Mollamehmetoğlu, M. Z. Determination of secondary students' preferences regarding design features used in digital textbooks. *Digital Education*

Review, 2017 (32): 1-21.

Oxford, R. Transformations: New Ways of Learning Languages in the Digital Age. *Digital Stream Proceedings*, 2009.

Pearson (Firm). *The Global Learner Survey*, 2019.

Pingel, F. *UNESCO Guidebook on Textbook Research and Textbook Revision*. Unesco, 2010.

Polikoff, M. S. Instructional alignment under no child left behind. *American Journal of Education*, 2012, 118(3): 341-368.

Polikoff, M. S., Zhou, N., & Campbell, S. E. Methodological choices in the content analysis of textbooks for measuring alignment with standards. *Educational Measurement: Issues and Practice*, 2015, 34(3): 10-17.

Polikoff, M. S. How well aligned are textbooks to the common core standards in mathematics?. *American Educational Research Journal*, 2015, 52(6): 1185-1211.

Porter, A. C., & Smithson, J. L. Are content standards being implemented in the classroom? A methodology and some tentative answers. *Yearbook-National Society for the Study of Education*, 2001(2): 60-80.

Porter, A. C. Measuring the content of instruction: Uses in research and practice. *Educational Researcher*, 2002, 31(7): 3-14.

Porter, A. C., Polikoff, M. S., Zeidner, T. et al. The quality of content analyses of state student achievement tests and content standards. *Educational Measurement: Issues and Practice*, 2008, 27(4): 2-14.

Railean, E. (ed.). *Psychological and Pedagogical Considerations in Digital Textbook Use and Development*. Hershey: IGI Global, 2015.

Railean, E. A. *User Interface Design of Digital Textbooks: How Screen Affects Learning*. Singapore: Springer Singapore, 2017.

Reguiera, N. R., & Rodriguez, J. R. The digital textbook. A look at the current state of art. In Rodríguez, J., Bruillard, E., & Horsley, M. (eds.). *Digital Textbooks, What's New*. Galicia: Universidade de Santiago de Compostela, 2015: 9-50.

Reints, A. J. C. How to learn from digital textbooks: Evaluating the quality. In Rodríguez, J., Bruillard, E., & Horsley, M. (eds.). *Digital Textbooks, What's New*. Universidade de Santiago de Compostela, 2015: 204-224.

Roberts, K. Electronic versus traditional print textbooks: an evaluation of student achievement and instructor levels of use of the innovation in a community college. University of Alabama (Doctoral Dissertation), 2016.

Rockinson-Szapkiw, A. J., Courduff, J., Carter, K. et al. Electronic versus traditional print textbooks: A comparison study on the influence of university students' learning. *Computers & Education*, 2013, 63(2): 259-266.

Rothman, R., Slattery, J. B., Vranek, J. L., et al. Benchmarking and alignment of standards and testing. *CSE Technical Report*, 2002.

Roy, N., Beauchamp, Y., & Boyer, P. Descriptive analysis of e-textbook multimedia and interaction. In *E-Learn: World Conference on E-Learning in Corporate, Government, Healthcare, and Higher Education*. Association for the Advancement of Computing in Education (AACE), 2018: 65-73.

Schmidt, W. H., McKnight, C. C., Valverde, G. et al. (eds.). *Many Visions, Many Aims: A Cross-national Investigation of Curricular Intentions in School Mathematics (Vol. 1)*. Heidelberg: Springer Science & Business Media, 1997.

SETDA. *State K12 Instructional Materials Leadership Trends Snapshot*. dmaps.setda. org, 2019.

Shepperd, J. A., Grace, J. L., & Koch, E. J. Evaluating the electronic textbook: Is it time to dispense with the paper text?. *Teaching of Psychology*, 2008, 35(1): 2-5.

Simon, H A. *The Sciences of the Artificial*. Cambridge, MA: MIT Press, 1996.

Smart Education. E-textbook and e-textbook market development scheme. (2013-08-16) [2019-07-21]. https://www.mysmartedu.com/tc/mysmartetextbook.

Smith, L. K., Hanks, J. H., & Erickson, L. B. Secondary biology textbooks and national standards for English learners. *Science Education*, 2017, 101(2): 302-332.

Stake, R. E. Qualitative case studies. In Denzin, N. K., Lincoln, Y. S. (eds.). *The Sage Handbook of Qualitative Research*. Thousand Oaks. CA: Sage Publications Ltd, 2005: 443-466.

Stern, H. H. *Fundamental Concepts of Language Teaching*. Shanghai: Shanghai Foreign Language Education Press, 1999.

Sulaiman, W. N. A. W., & Mustafa, S. E. Usability elements in digital textbook development: A systematic review. *Publishing Research Quarterly*, 2020, 36(1):

74-101.

Sung, E., & Jung, H. An exploratory case study on types of teaching and learning with digital textbook in primary schools. *Educational Technology International*, 2018, 19(1): 35-60.

Taizan, Y., Bhang, S., Kurokami, H. et al. A comparison of functions and the effect of digital textbook in Japan and Korea. *International Journal for Educational Media and Technology*, 2012, 6(1): 85-93.

Tamura, Y. & Nakajima, T. Individual learning support in digital textbook with use of contents of teachers'edition. *Society for Information Technology & Teacher Education International Conference*. Association for the Advancement of Computing in Education (AACE). Las Vegas, NV, March 1-6, 2015.

Taylor, A. K. Students learn equally well from digital as from paperbound texts. *Teaching of Psychology*, 2011, 38(4): 278-281.

Thomas, A. L. The effect of textbook format on mental effort and time on task. Walden University (Doctoral Dissertation), 2014.

Tomassini, J. Educators weigh e-textbook cost comparisons. *Education Week*, 2012, 31(30): 1-18.

Tomlinson, B. (Ed.). *Materials Development in Language Teaching*. Cambridge: Cambridge University Press, 2011.

Underwood, J., & Banyard, P. Managers', teachers' and learners' perceptions of personalised learning: Evidence from Impact 2007. *Technology, Pedagogy and Education*, 2008, 17(3): 233-246.

Walton, E. W. From the ACRL 13th National Conference: E-book use versus users' perspective. *College & Undergraduate Libraries*, 2008, 14(4): 19-35.

Webb, N. L. *Criteria for Alignment of Expectations and Assessments in Mathematics and Science Education. Research Monograph No.6*. Washington, DC: National Institute for Science Education Publications, 1997.

Webb, N. L. *Alignment of Science and Mathematics Standards and Assessments in Four States. Research Monograph No.18*. Washington, DC: National Institute for Science Education Publications, 1999.

Webb, N. L. Depth-of-knowledge levels for four content areas. *Language Arts*, 2002,

28(3): 1-9.

Webb, N. L. Issues related to judging the alignment of curriculum standards and assessments. *Applied Measurement in Education*, 2007, 20(1): 7-25.

Webb, N. L., Horton, M., & O'Neal, S. An analysis of the alignment between language arts standards and assessments in four states. Annual Meeting of the American Educational Research Association. New Orleans, Louisiana, April 1-5, 2002.

Wilson, R. & Landoni M. *EBONI Electronic Textbook Design Guidelines*. London: JISC Project, 2002.

Wijaya T. T., Zhou, Y., Houghton, T. et al. Factors affecting the use of digital mathematics textbooks in Indonesia. *Mathematics*, 2022, 10(11): 1808.

Woody, W. D., Daniel, D. B., & Baker, C. A. E-books or textbooks: Students prefer textbooks. *Computers & Education*, 2010, 55(3): 945-948.

Yan, P. T. Education ministry to introduce digital textbooks in stages this year. (2014-02-10)[2022-07-30]. Lowyat.net.

Yin, R. K. *Case Study Research: Design and Methods*. 6th ed. Thousand Oaks: Sage, 2018.

You, J., Lee, H., & Craig, C. J. Remaking textbook policy: Analysis of national curriculum alignment in Korean school textbooks. *Asia Pacific Journal of Education*, 2019, 39(1): 14-30.

변호승, 류지헌, 송연옥. 디지털교과서의 연구동향과 학업성취도 효과성 연구에 대한 메타분석. 교육방법연구, 2011, 23(3): 635-663. [Byun, H., Ryu, J., & Song, Y. Research trends on digital textbook and meta-analysis on its academic achievement. *The Korean Journal of Educational Methodology Studies*, 2011, 23(3): 635-663.]

김민채, 김영환. 디지털교과서 관련 연구 동향분석: 텍스트 네트워크 분석을 적용하여. 교육정보미디어연구, 2018, 24(2): 387-413. [Chae, M. K., & Hwan, K. Y. Analysis of research trends on digital textbook: Based on text network analysis. *Journal of Korean Association for Educational Information and Media*, 2018, 24(2): 387-413.]

박찬진, 김정렬. 영어 수업에서 디지털교과서 적용 효과 메타분석. Multimedia-Assisted Language Learning, 2015, 18(3):166-197. [Chanjin, P., & Jeong-ryeol, K. A meta-analysis of the effects of digital textbooks in English classrooms. *Multimedia-Assisted Language Learning*, 2015, 18(3): 166-197.]

홍후조, 민부자, 김대석, 신원석, 이민정. 디지털교과서 도입에 대한 교사 수요 조사. 한국교육, 2013, 40(1): 109-130. [Hong, H. J., Min, B. J., Kim, D. S. et al. Teacher survey on the adoption of digital textbooks. *The Journal of Korean Education*, 2013, 40(1): 109-130.]

주형미, 안종욱, 가은아, 남창우. 디지털교과서의 검·인정 심사 절차 개발. 교육과정평가연구, 2013, 16(2): 31-58. [Joo, H. M., Ahn, C. U., Ka, E. A.et al. A study on the development of evaluation process for digital textbook. *Journal of Curriculum Evaluation*, 2013, 16(2): 31-58.]

강진. 정보기술수용모형을 이용한 초등학생들의 영어 디지털교과서 수용 가능성에 대한 연구. *Multimedia-Assisted Language Learning*, 2013, 16(1): 11-36. [Kang, J. A study on elementary school students' acceptance of English digital textbooks using Technology Acceptance Model. *Multimedia-Assisted Language Learning*, 2013, 16(1): 11-36.]

김정렬, 정명기. 영어과 디지털 교과서 분석 준거 개발. 영어영문학, 2014, 19(4):233-254. [Kim, J. R., & Jeong, M. G. Development of English digital textbook analysis criteria. *The Mirae Journal of English Language and Literature*, 2014, 19(4): 233-254.]

교육부. 교육부 고시 제2015-74호 [별책 14]: 영어과 교육과정. 교육부, 2015b. [KMOE. *Ministry of Education Notice 2015-74 [Annex 14]- The English Curriculum*. Korean Ministry of Education, 2015b.]

구덕회. 디지털 교과서 활용 일반화를 위한 개선방안 연구. 한국초등교육, 2018, 29(2): 81-91. [Koo, D. H. A study on the improvement plan for the application of digital textbooks. *Korean Journal of Elementary Education*, 2018, 29(2): 81-91.]

임철일, 송해덕, 이예경, 이영태. 디지털 교과서 플랫폼 사용성 평가도구 개발 및 적용에 관한 연구. 교육공학연구, 2009, 25(4):127-157. [Lim, C., Song, H., Lee, Y. et al. Development and implementation of a digital textbook platform usability assessment instrument. *Journal of Educational Technology*, 2009, 25(4): 127-157.]

송문현, 김자미, 김현철. 초등학생의 디지털교과서 활용 만족도에 영향을 미치는변인 분석. 한국정보교육학회 논문지, 2015, 19(3): 287-298. [Song, M., Kim, J., & Kim, H. A study of factors influencing on digital textbook satisfaction of elementary school. *Journal of the Korean Association of Information Education*, 2015, 19(3): 287-298.]

한국교육학술정보원. 디지털교과서 제작 가이드라인(안) V 1.0. 서울: 한국 교육학술정보원, 2012. [KERIS. *Digital Textbook Production Guidelines (Draft) V 1.0*. Daegu: Korea Education and Research Information Service, 2012.]

한국교육학술정보원. 중학교교사를위한디지털교과서활용가이드. 한국 교육학술정보, 2017. [KERIS. *Digital Textbook Guidebook for Teachers*. Daegu: Korea Education and Research Information Service, 2017.]

한국교육학술정보원. 학부모를위한디지털교과서가이드북. 한국교육 학술정보, 2016. [KERIS. *Digital Textbook Guidebook for Parents*. Daegu: Korea Education and Research Information Service, 2016.]

白倩, 沈书生. 韩国中小学"数字教科书计划"及其对我国的启示. 外国中小学教育, 2019(09): 64-70+53.

鲍贵, 王霞. RANGE 在二语产出性词汇评估中的应用. 外语电化教学, 2005(04): 54-58.

鲍敏, 李霄翔. 信息化环境下数字化大学英语教材研究. 外语电化教学, 2017(03): 80-84+96.

陈桄, 黄荣怀. 中国基础教育电子教材发展战略研究报告. 北京: 北京师范大学出版社, 2013.

陈坚林. 计算机网络与外语课程的整合. 上海: 上海外语教育出版社, 2010.

程实. 语料库工具 Range 在文体研究中的应用——以美国总统就职演说为例. 语文学刊(外语教育与教学), 2009(09): 42-44+46.

崔允漷, 王少非, 夏雪梅. 基于标准的学生学业成就评价. 上海: 华东师范大学出版社, 2008.

戴维·乔纳森, 简·豪兰, 乔伊·摩尔, 罗斯·马尔拉. 学会用技术解决问题——一个建构主义者的视角. 任友群, 李妍, 施斌飞, 译. 北京: 教育科学出版社, 2007.

邓莉. 如何在教学上落实 21 世纪技能: 探究性学习及其反思和启示. 教育发展研究, 2017, 37(08): 77-84.

丁巧燕, 曾家延. 课程标准与评价一致性实证研究的文献评论. 现代基础教育研究, 2018, 29(01): 58-64.

傅伟. 富媒体技术在数字化学习终端上的应用探索. 远程教育杂志, 2011, 29(04): 95-102.

高路. 我国第一代电子教材——人教电子教科书问世. 课程·教材·教法, 2002(05): 40.

龚朝花, 陈桄. 电子教材: 产生、发展及其研究的关键问题. 中国电化教育, 2012(09): 89-94.

龚朝花, 陈桄, 黄荣怀. 电子教材在中小学应用的可行性调查研究. 电化教育研究, 2012, 33(01): 94-99.

顾明远. 教育大辞典. 上海: 上海教育出版社, 1998.

顾小清, 傅伟, 齐贵超. 连接阅读与学习: 电子课本的信息模型设计. 华东师范大学学报(自然科学版), 2012(02): 81-90.

顾小清, 胡梦华. 电子书包的学习作用发生了吗?——基于国内外 39 篇论文的元分析. 电化教育研究, 2018(05): 19-25.

广东省教育厅. 广东省教育厅关于印发国家课程数字教材化应用全覆盖实施方案的通知. (2019a-03-28) [2020-01-01].http://www.zhjy.gov.cn/ywgz/jyjx/201904/P020190416581595176459.pdf.

广东省教育厅. 广东省教育厅关于做好 2019 年国家课程数字教材规模化应用全覆盖项目试点县(市、区)遴选工作的通知. (2019b-03-29) [2020-01-01]. http://www.zhjy. gov.cn /ywgz/jyjx /201904/t20190416_53463695.html.

郭文娟, 刘洁玲. 核心素养框架构建: 自主学习能力的视角. 全球教育展望, 2017, 46(03): 16-28.

何安平. 学生英语拼写错误分析. 外语教学与研究, 2001(03): 199-205.

何克抗. 信息技术与学科教学"深度融合"的路径与实现方法. 中小学数字化教学, 2018(02): 17-20.

河南省电教教材审定委员会. 关于河南省中小学"教师用数字教材"建设意见的通知. (2018-07-16)[2022-07-30].https://www.hner.cn/index.php?id=218367&r=portal/content/view

河南省教育厅. 河南省中小学数字教材建设规范(试行). (2017-12-15) [2022-07-30]. http://jyt.henan.gov.cn/2017/12-15/1604145.html.

河南省教育厅. 河南省教育厅公布河南省中小学数字教材应用样本校名单的通

知 . (2018-11-07)[2022-07-30].http://jyt.henan.gov.cn/2018/11-07/1604630.html.

胡军 . 外察与内省：数字教材与资源评价标准研究 . 课程·教材·教法，2021，41(05): 32-39.

胡畔，蒋家傅 . 中小学生对数字教材的技术接受度及其影响因素研究 . 现代远距离教育，2019(04): 77-83.

胡畔，王冬青，许骏，等 . 数字教材的形态特征与功能模型 . 现代远程教育研究，2014(02): 93-98+106.

江丰光，孙可 . 电子书包教学应用家长态度的调查研究——以北京、海南和河北为例 . 中国电化教育，2016 (07): 73-79.

江丰光，郑娟，贺平 . 电子书包满意度与需求调查——基于一线教师的视角 . 开放教育研究，2013(04): 68-73.

教育部办公厅 . 2020 年教育信息化和网络安全工作要点 . （2020-02-26）[2023-02-19].https://www.edu.cn/xxh/focus/rd_xin_wen/202003/t20200303_1714814.shtml

姜英敏 . 韩国中小学教科书制度理念变迁刍议 . 比较教育研究，2009，31(08): 67-71.

金贞淑 . 韩国数字教科书计划及其实施情况 . 世界教育信息，2015，28(15): 62.

靳晓燕 . 教材建设是国家事权——对话国家教材委员会委员 . 光明日报，2017-07-14(06).

玖拾伍 . 日本令和时代学校标准的启示 . 教育科学研究，2021(07): 1.

康合太，沙沙 . 数字教材的理论探索与实践——以第二代"人教数字教材"为例 . 课程·教材·教法，2014，34(11): 33-39.

课程教材研究所 . 20 世纪中国中小学课程标准·教学大纲汇编·课程（教学）计划卷 . 北京：人民教育出版社，1999.

李芒，孙立会，村上隆一 . 日本中小学教材建设管理体系及其发展趋势 . 比较教育研究，2021，43(08): 30-39.

李秋实，刘学智 . 美国"课程实施调查"项目新进展：教科书与课程标准一致性分析模式研究 . 外国教育研究，2019，46(07): 15-28.

勒伯特 . 电子书出版简史 . 刘永坚，译 . 广州：世界图书出版广东有限公司，2013.

廖晓丹 . 国外个性化学习 15 年研究述评 . 语言政策与语言教育，2018(01): 84-97+122-123.

刘翠航 . 美中小学电子教科书的使用现状及分析——加利福尼亚州电子教科书政

策引发的争议.课程·教材·教法,2011,31(04): 104-106.

刘东虹.词汇量在英语写作中的作用.现代外语,2003(02): 180-187.

刘敏,周政.法国数字教材发展研究.出版科学,2021,29(03): 115-121.

刘向永,王萍.义务教育学校电子书包应用状况调查研究——以长三角地区为例.电化教育研究,2017,38(04): 98-102.

刘学智,张雷.学业评价与课程标准的一致性:韦伯模式本土化探究.外国教育研究,2009(12): 13-17.

毛小红.德国中小学教材出版业现状与发展困境.中国出版,2014(03): 59-63.

梅德明,王蔷.新时代义务教育英语课程新发展——义务教育英语课程标准(2022年版)解读.基础教育课程,2022(10): 19-25.

孟庆茂.教育科学研究方法.北京:中央广播电视大学出版社,2001.

南国农.教育现代化的必由之路:南国农电化教育论文集.北京:高等教育出版社,2000.

牛瑞雪.我国数字教科书的研究现状、不足与展望.课程·教材·教法,2014,34(08): 19-25.

彭雪庄.教育信息化2.0时代优质数字教育资源普及模式探究——以广东省数字教材规模化应用调研为例.中国电化教育,2018(09): 138-146.

人教数字出版有限公司.人教数字教材初中英语教学应用手册.北京:人教数字出版有限公司,2018.

人教数字教育研究院.依托试点,促应用、塑典型,人教社启动数字化教学模式研究项目.北京:人教数字教育研究院,2017.

人教社在榕发布第三代数字教材.(2018-04-02)[2020-09-01].http://www.pep.com.cn/rjdt/rjdt/201804/t20180402_1923672.shtml.

任友群,陈超,吴旻瑜.从"开创局面"到"全面推动"——从两次"全国教育信息化工作会议"看中国教育信息化的走向.远程教育杂志,2016,35(02): 19-25.

邵征锋,张文兰,李喆.基于电子书包的PBL教学模式应用探究——以小学数学课为例.现代教育技术,2016,26(05): 37-43.

石娟.数字教科书发展的现实境遇与因应策略.课程·教材·教法,2019,39(03): 43-47.

石鸥.最不该忽视的研究——关于教科书研究的几点思考.湖南师范大学教育科学学报,2007(05): 5-9.

石鸥,刘学利.跌宕的百年:现代教科书发展回顾与展望.湖南师范大学教育科学学报,2013,12(03):28-34.

沙沙.中小学数字教材标准化建设的思考.科技与出版,2017(07):90-93.

上海市中小学课程改革委员会.上海市中小学英语课程标准(征求意见稿)(2004年版).上海:上海教育出版社,2004.

上海市教育委员会教学研究室.复合型教材与数字教材建设研究与实践.上海:上海教育出版社,2020.

数字教材与电子书包发展研究项目组.中国基础教育数字教材与电子书包发展研究报告.北京:人民教育出版社,2017.

孙众,骆力明.数字教材关键要素的定位与实现.开放教育研究,2013,19(04):60-67.

索丰,孙启林.韩国基础教育.上海:同济大学出版社,2015.

中国台湾地区教育主管机构.数位学习教材认证指标及评定规准//办理数位学习教材与课程认证审查及认证申请须知,2014.

汪贤泽.基于课程标准的学业成就评价的比较研究.北京:教育科学出版社,2010.

王安琳,毕海滨.德国教育出版及数字化管窥.现代出版,2012(02):67-69.

王保中.革命还是融合——对当前日本教育信息化及电子教科书开发应用状况的评析.中国电化教育,2015(09):17-21.

王连照.数字教科书知识的基本特征和认识向度.课程·教材·教法,2017,37(01):42-47.

王攀峰.教科书研究方法的现状、问题与建议.课程·教材·教法,2017,37(01):34-41.

王润,余宏亮.数字教材评价的指标体系与观测要领.教育研究与实验,2022(02):77-82.

王润,张增田.数字教科书的问题诊断与防治路径.课程·教材·教法,2018,38(09):80-86.

王涛,朴宣运.韩国2015课程方案及其对中国课程改革的启示.全球教育展望,2018,47(11):3-13.

王佑镁,陈慧斌.近十年我国电子书包研究热点与发展趋势——基于共词矩阵的知识图谱分析.中国电化教育,2014(05):4-10.

王志刚，沙沙．中小学数字教材：基础教育现代化的核心资源．课程·教材·教法，2019, 39(07): 14-20.

王志刚．我国中小学数字教材开发现状及发展建议——基于中小学数字教材典型产品调研的分析．出版科学，2020, 28(05): 22-30.

吴永和，等．电子课本和电子书包标准工作组总体组．电子课本与电子书包术语规范．上海：华东师范大学，2011.

吴永和，雷云鹤，马晓玲．电子书包中的电子课本应用需求研究——基于电子课本标准的视角．中国电化教育，2013(05): 73-77.

香港特别行政区政府教育局课本委员会．电子教科书选书原则．2016.

肖晓羽，李佳，赵晓嬿．中小学数字教材出版的实践与思考——以北师数字教材为例．传播力研究，2020, 4(07): 117-118+120.

新华网．北京版纸质教材今年全面电子化．中小学信息技术教育，2013(05): 5.

徐淀芳，等．应用数字教材，促进教学方式优化．上海课程教学研究，2016(Z1): 138-141+156.

徐红．教育科学研究方法．武汉：华中科技大学出版社，2013.

杨德军．北京市电子教材标准的研制思路．中小学管理，2016(02): 29-31.

杨勇．韩国教育研究信息院概览．世界教育信息，2012, 25(13): 50-51.

袁华莉，王珺燕，李如意．我国中小学数字教材应用现状调研及建议．中小学数字化教学，2020(07): 13-17.

乐进军．从纸质教材到电子教材——教材数字化变革研究．北京：北京师范大学出版社，2017.

余文森．论自主、合作、探究学习．教育研究，2004(11): 27-30+62.

曾家延，章婷婷．课程标准与评价一致性评估新方法——一致性通用评估工具介评．当代教育科学，2019(05): 52-57.

张德成．中美电子课本学习资源建设的比较研究．中国电化教育，2013(12): 74-77.

张贺．2021 年我国成年国民综合阅读率为 81.6%．人民日报，2022-04-25(01).

张倩，黄毅英．教科书研究之方法论建构．课程·教材·教法，2016, 36(08): 41-47.

张文兰，成小娟，夏小刚．中学生基于电子书包学习的动机现状及其归因分析．中国电化教育，2016(07): 80-86.

张文兰，江毓君，卢美杏．中美电子书包教学应用的比较研究．现代教育技术，2016, 26(11): 40-46.

张新宇, 刘嘉秋. 优化数字教材应用 支持教学方式深度转型——上海市系统推进数字教材应用研究. 中小学数字化教学, 2018(01): 76-78.

张振妍. 中日初中英语教材深层结构比较研究. 呼和浩特: 内蒙古师范大学硕士学位论文, 2014.

张治, 刘德建, 徐冰冰. 智能型数字教材系统的核心理念和技术实现. 开放教育研究, 2021, 27(01): 44-54.

赵志明. 重新定义教科书. 长沙: 湖南师范大学博士学位论文, 2014.

钟岑岑. 国内数字教材研究现状文献综述. 数字教育, 2016, 2(05): 12-18.

中国互联网络信息中心. 第 49 次中国互联网络发展状况统计报告. (2022-02-25) [2022-07-30]. http://cnnic.cn/hlwfzyj/hlwxzbg/hlwtjbg/202202/P020220721404263787858.pdf

中华人民共和国教育部. 基础教育课程改革纲要 (试行). 北京: 人民教育出版社, 2001.

中华人民共和国教育部. 义务教育英语课程标准（2011 年版）. 北京: 北京师范大学出版社, 2012.

中华人民共和国教育部. 义务教育英语课程标准（2022 年版）. 北京: 北京师范大学出版社, 2022.

中华人民共和国教育部. 2013 年教育信息化工作要点. 中国教育信息化, 2013(07): 3-5.

中华人民共和国教育部. 国务院办公厅关于成立国家教材委员会的通知. (2017-07-06) [2022-07-30]. http://www.moe.gov.cn/jyb_xxgk/moe_1777/moe_1778/201707/t20170706_308824.html.

中华人民共和国教育部. 教育部关于印发《教育信息化 2.0 行动计划》的通知. (2018-04-18) [2022-07-30]. http://www.moe.gov.cn/srcsite/A16/s3342/201804/t20180425_334188.html

中华人民共和国教育部. 教育部召开课程教材研究所成立大会, 首个国家级课程教材研究专业机构成立. (2018-05-23) [2022-07-30]. http://www.moe.gov.cn/jyb_xwfb/gzdt_gzdt/moe_1485/201805/t20180523_336821.html.

中华人民共和国教育部. 中共中央、国务院印发《中国教育现代化 2035》. (2019-02-23) [2022-07-30]. http://www.moe.gov.cn/jyb_xwfb/s6052/moe_838 /201902/t20190223_370857.html.

中华人民共和国中央人民政府.教育部 2019 年工作要点.(2019-02-23) [2022-07-30]. http://www.gov.cn/xinwen/2019-02/23/content_5367914.htm

钟启泉.从《课程标准》的要素谈什么是"好教材".基础教育课程,2011(09): 67-70.

钟启泉.现代教学论发展.北京:教育科学出版社,1998.

钟启泉.从"纸质教材"到"数字教材"——网络时代教材研究的课题与展望.教育发展研究,2019,39(06): 1-7.

周晨蕊,孙众.电子书包满意度影响因素研究.中国远程教育,2016(02): 17-25+50+79.

周业虹.基于数字教材的教学模式研究——以义务教育人教化学数字教材为例.教育理论与实践,2019,39(14): 62-64.

GB/T 5271.36-2012,信息技术词汇 第 36 部分:学习、教育和培训.

GB/T 36095-2018,信息技术、学习、教育和培训电子书包终端规范.

GB/T 41469-2022,数字教材中小学数字教材元数据.

GB/T 41470-2022,数字教材中小学数字教材质量要求和检测方法.

GB/T 41471-2022,数字教材中小学数字教材出版基本流程.

附　录

附录1 《义务教育英语课程标准（2022年版）》中关于"学习"的编码

维度编码	例证	数量
自主学习	"自主" 29个，其中自主学习25个： 1. 学会自主探究，合作互助。 2. 其中，元认知策略有助于学生计划、监控、评价、反思和调整学习过程，提升自主学习能力。 3. 做好课前预习和课后复习，借助图表及时梳理和归纳所学内容，自主进行课外阅读和英语视听活动…… 4. 引导学生树立目标意识并做好远期、中期、近期的学习规划，激发学生的责任感和自主性，提升学生的自律意识和情绪管理能力…… 5. 借助音标准确读出和记忆单词，为学生开展自主学习奠定基础。 6. 指导学生借助构词法知识和词典、词表等工具学习词语，大胆使用新的词块自主表达意义、解决新问题。 7. 指导学生自主建构和内化新知，发展独立思考和合作解决问题的能力。 8. ……自主建构基于语篇的结构化新知。 9. 综合运用其他相关课程的知识自主开展项目学习…… 10. 确立并引导学生围绕复杂的、来自真实情境的主题，自主、合作参与实践和探究…… 11. 定期反思学习情况，调整学习计划，学会自主探究，主动与他人合作…… 12. 帮助学生选择适合自己的学习方式和方法，利用各种资源和工具书等进行自主阅读…… 13. 基于互联网平台开发和利用丰富的、个性化的优质课程资源，为学生搭建自主学习平台。 14. ……提升语言和思维能力，发挥学习潜能，促进自主学习。 15. 英语教材要引导学生开展自主学习，要便于教师指导学生开展合作和探究式学习。 16. 在此过程中体验、感知、学习和运用语言，自主归纳、总结语言规律。 17. 应尽可能创造条件设置视听室等，定时向学生开放，为学生自主学习创造条件。	25

维度编码	例证	数量
自主学习	18. 计算机和数字技术为学生个性化学习和自主学习创造了有利条件…… 19. 能进行自主学习、合作学习和探究学习。 20. 能在教师引导和协助下，自主采用用合适的方式、方法，观察和理解所学语篇中语言和文化的各种现象。 21. 利用多种资源开展学习，初步形成自主学习的意识，基本养成良好的学习习惯。 22. 指导学生运用已有的拼读经验，自主尝试拼读单词，发展拼读能力，拓展、积累词汇。 23. 能主动利用图书馆和其他资源进行拓展学习，初步具备自主学习、合作学习、探究学习的能力，养成良好的学习习惯。 24. 引导学生通过体验、参与、自主发现、合作探究等方式，最终独立解决问题。 25. 激发学生对南极的好奇心和求知欲，引发学生自主思考，激活学生与语篇之间知识和经验的关联……	25
差异化学习	"差异" 21 个，其中差异化学习 9；"不同" 92 个，其中差异化学习 10 个： 1. 充分考虑学习条件、学习时限和学生学习经验等方面的差异。 2. 兼顾小学英语开设起始年级区域差异，设置预备级和三个 "级别 +"。 3. 设计不同难易程度的学习任务，布置体现差异化的作业。 4. 教师要遵循学习规律，满足差异化需求…… 5. 教学评价应充分关注学生的个体差异。 6. 基于单元教学目标，兼顾个体差异。 7. 教材的编写应考虑城乡差异…… 8. 地区差异…… 9. 以及学生个体差异。 10. 关注学生不同的学习需求，采用多种教学方式激发学生的学习兴趣，为学生创设体验成功的机会…… 11. 因材施教，针对不同能力水平…… 12. 不同学习风格的学生…… 13. 设计不同难易程度的学习任务…… 14. 选择和设计既有层次又强调整合的不同类型的练习和活动。 15. 设计和提出指向不同思维层次的问题，引导学生独立思考，促进他们的思维从低阶向高阶稳步发展，逐渐形成对问题的认识和态度。 16. 根据不同学段学生的年龄、认知和语言发展水平，设计由浅入深、关联递进、形式多样的学习活动，以及与目标对接的评价活动。 17. 教师要引导学生尽可能通过不同渠道。 18. 以不同形式学习英语。 19. 依据学生不同的学习风格、生活经历、能力层次和语言水平，选择和组织教材内容。	19

续 表

维度编码	例证	数量
个性化学习	"个性"9个，其中个性化学习8个： 1. 凸显学生主体地位，关注学生个性前沿化、多样化的学习和发展需求，增强课程适宜性。 2. 为满足学生个性化学习需要提供支撑，促进义务教育均衡发展。 3. 要减少对教学的过度控制与统一要求，为学生提供多样化的选择和个性化的指导，如让学生选择自己感兴趣的内容开展学习，用自己喜欢的方式完成学习任务，展示学习收获等。 4. 基于互联网平台开发和利用丰富的、个性化的优质课程资源，为学生搭建自主学习平台。 5. 评价与考试旨在评测学生核心素养的发展水平，促进学生全面、健康而有个性地发展。 6. 充分考虑学生的年龄、心理特征、认知水平、个性特点，以及发展潜力，选用合理的评价方式。 7. 引导学生建立和利用自己个性化的学习资源，并以适当方式进行交流与分享。 8. 计算机和数字技术为学生个性化学习和自主学习创造了有利条件。	8
定制化学习	无	0
合作学习	"合作"48个，其中合作学习41个： 1. 学会自主探究，合作互助。 2. 能在学习活动中尝试与他人合作。 3. 能在学习活动中与他人合作，共同完成学习任务。 4. 能在学习活动中积极与他人合作，共同完成学习任务。 5. 独立或者小组合作完成角色扮演等活动。 6. 有与同伴合作学习的愿望，乐于与他人共同完成学习任务。 7. 主动与同学开展合作学习，乐于与他人分享学习资源和策略方法。 8. 经常和同学组成小组，合作学习英语。 9. 独立或合作演唱学过的歌曲和歌谣。 10. 既要对知识技能进行评价，也要将同伴合作、问题解决、创造性思维等方面纳入评价范围。 11. 帮助学生了解世界主要国家人们待人接物的基本礼仪和交际方式，有效实现与他人的沟通与合作。 12. 指导学生自主建构和内化新知，发展独立思考和合作解决问题的能力。 13. 充分利用课堂的交互性和社会性特点，为学生创造合作学习的机会，如阅读圈、读者剧场等，引领学生多角度分析、审视、赏析和评价语篇，比较文化异同，产生思维碰撞。 14. 在英语综合实践活动中，确立并引导学生围绕复杂的、来自真实情境的主题，自主、合作参与实践和探究，用英语完成设计、计划、问题解决、决策、作品创作和成果交流等一系列项目任务。 15. 积极参加课堂活动，愿意与同学合作、交流。 16. 二级学业质量标准：对英语学习有兴趣，主动参与课堂活动，与同伴一起围绕相关主题进行讨论，合作完成学习任务。	41

维度编码	例证	数量
合作学习	17. 定期反思学习情况，调整学习计划，学会自主探究，主动与他人合作，共同完成学习任务。	41
	18. 三级学业质量标准：积极参与课堂活动，与同伴一起就相关主题进行讨论，合作完成学习任务。	
	19. 教学过程中，教师应引导学生成为各类评价活动的设计者、参与者和合作者。	
	20. 对于学习能力的测评，要设计能够体现学生独立或合作运用学习方法及策略的试题。	
	21. 核心素养学段特征：在学习活动中尝试与他人合作，共同完成学习任务。	
	22. 核心素养学段特征：在学习活动中主动探究，与他人合作，共同完成学习任务。	
	23. 核心素养学段特征：能进行自主学习、合作学习和探究学习。	
	24. 学习能力学段分项特征：积极参与合作学习，初步养成良好的学习习惯。	
	25. 学习能力学段分项特征：积极参与合作学习，初步养成良好的学习习惯。	
	26. 学习能力学段分项特征：能主动利用图书馆和其他资源进行拓展学习，初步具备自主学习、合作学习、探究学习的能力，养成良好的学习习惯。	
	27. 在教师指导下，同伴合作，完成角色扮演或向同伴转述、介绍对话中人物所做的家务。	
	28. 基于所提取的信息，与同伴合作，尝试介绍元宵节。	
	29. 根据花灯制作步骤的说明性指示语，独立或与同伴合作制作花灯，体验制作过程。	
	30. 独立或与同伴合作设计、编写灯谜，参与猜灯谜活动，体验元宵节的文化意涵。	
	31. 阅读介绍元宵节的语篇，提取相关信息，与同伴合作，尝试介绍元宵节。	
	32. 学生独立或与同伴合作，用喜欢的方式（图文结合的小书、海报、演示文稿等）展示阅读收获。	
	33. 学生在教师指导下，独立或与同伴合作设计、制作花灯，体验制作过程。	
	34. 评价内容：我能与同伴合作简单介绍元宵节。	
	35. 发展合作、实践和创新能力。	
	36. 与同伴合作尝试用自己喜欢的方式介绍元宵节，体会元宵节的文化意涵。	
	37. 与同伴合作设计并制作花灯，发展动手实践和创新能力。	
	38. 小组合作设计环保项目，参加班级优秀环保项目评选。	
	39. 教师设计的小组合作输出活动从课堂延伸至课外，学生可以用一段时间完成作业，进一步优化和完善语言产出，并以不同形式的作品体现单元学习的阶段性成果。	
	40. 引导学生通过体验、参与、自主发现、合作探究等方式，最终独立解决问题。	
	41. 教师还组织学生以自评和互评的方式进行有意义的反馈和修改，不仅培养了学生的批判评价能力，还培养了学生合作学习的能力，增强了学生学习英语的兴趣和自信心。	

续　表

维度编码	例证	数量
任务学习	"任务" 65 个，其中任务学习有 23 个，"学习任务" 未算在内： 1. 表达性技能：围绕相关主题，用简短的表达方式进行口头交流，完成交际任务。 2. 在特定的情境中引出主题，并用所学语言与他人进行口头交流，有效询问，恰当表达，完成交际任务。 3. 借助课堂任务单和板书，采用问答、描述和表演等活动内化所学语言和文化知识。 4. 因材施教，针对不同能力水平、不同学习风格的学生，设计不同难易程度的学习任务。 5. 英语综合实践活动学习主题的确定要充分考虑学生的学习兴趣，根据英语学习内容和现实生活确定任务及问题。 6. 通过语言、内容和思维融合的学习方式，引领学生在真实情境中，利用结构化新知完成真实任务，解决实际问题。 7. 引导学生结合个人生活经验和社会生活需要，围绕特定主题，由真实的问题或任务驱动，综合运用其他相关课程的知识自主开展项目学习，如与化学联合的"大气污染调查"。 8. 用英语完成设计、计划、问题解决、决策、作品创作和成果交流等一系列项目任务。 9. 情境和任务应为学生所熟悉，体现交际的真实性。 10. 完成真实任务的过程中体现出的语言能力、文化意识、思维品质和学习能力。 11. 严格依据课程内容和学业质量标准，确保命题框架、试题情境、任务难度等准确体现课程目标。 12. 以具体情境为载体，设计典型、多样的问题任务。 13. 确定试卷的任务类型（如独立型任务、综合型任务等）。 14. "明确测试意图和指标—预估测试难度和水平—选择测试题型和比例—设计测试情境和任务—命制试题和参考答案—确定评分标准和阅卷方法" 的流程进行。 15. 使阅读始终服务于写作任务的达成。 16. 在教学中，教师首先通过感知与注意的活动，布置写作任务，明确写作对象，激发学生思考如何设计篇章结构、筛选内容和遣词造句。 17. 这种读写结合的设计不仅使学生的阅读有了明确的目的和意义，也为学生完成写作任务搭建了台阶，使写作过程变得水到渠成，体现了读与写的互惠性。 18. 在学生完成写作任务的过程中，教师始终是课堂资源的提供者和学生学习的引导者。 19. 基于主题的写作任务，促进学生养成健康的生活方式。 20. 本课的写作任务是请学生向某网站以"健康生活方式"为主题的征文活动投稿。 21. 写作任务贴近学生的生活实际，具有较强的交际性。 22. 根据新情境整合运用相关语言表达，模拟电话通话，完成交际任务，学以致用。	23

维度编码	例证	数量
任务学习	23. 本课的输出任务是学生运用电话语言，请对方转达班级野餐计划并完成留言条，得体、有效地使用语言。	23
项目学习	"项目" 17 个，其中项目学习 6 个： 1. 综合运用其他相关课程的知识自主开展项目学习。 2. 结合教材内容，遵循项目学习的路径，适当运用信息化手段，将语言学习和内容学习 有机融合。 3. 用英语完成设计、计划、问题解决、决策、作品创作和成果交流等一系列项目任务。 4. 单元学习结果评价可重点关注学生项目学习的成果、口语和书面产出任务的整体水平、单元学习的总结归纳和反思、单元纸笔测试表现等。 5. 小组合作设计环保项目，参加班级优秀环保项目评选。 6. 并通过参与环保项目设计，形成绿色生活理念，承担环保社会责任。	6
探究学习	"探究" 30 个，其中探究学习 29 个： 1. 参与到指向主题意义探究的学习理解、应用实践和迁移创新等一系列相互关联、循环递进的语言学习和运用活动中。 2. 学会自主探究，合作互助。 3. 学习能力之阶段目标：能在学习过程中认真思考，主动探究，尝试通过多种方式发现并解决语言学习中的问题。 4. 学习能力之阶段目标：能在学习过程中积极思考，主动探究，发现并尝试使用多种策略解决语言学习中的问题，积极进行拓展性运用。 5. 理解性技能：建立语篇与语篇、语篇与个人、语篇与世界的关联，探究和发现语篇的现实意义。 6. 引导学生通过实践与探究，综合运用英语和其他课程所学知识解决问题，拓展并加深学生对自我、社会和自然的认知与体验。 7. 引导学生在探究主题意义的活动中，利用多种工具和手段，如思维导图、信息结构图等，学会在零散的信息和新旧知识之间建立关联，自主建构基于语篇的结构化新知。 8. 在英语综合实践活动中，确立并引导学生围绕复杂的、来自真实情境的主题，自主、合作参与实践和探究。 9. 定期反思学习情况，调整学习计划，学会自主探究，主动与他人合作，共同完成学习任务。 10. 引导学生基于对各语篇内容的学习和主题意义的探究，逐步建构和生成围绕单元主题的深层认知、态度和价值判断，促进其核心素养综合表现的达成。 11. 要引导学生围绕主题学习语言、获取新知、探究意义、解决问题，逐步从基于语篇的学习走向深入语篇和超越语篇的学习。 12. 教师要有意识地为学生创设主动参与和探究主题意义的情境和空间。 13. 使学生获得积极的学习体验，成为意义探究的主体和积极主动的知识建构者。 14. 突出试题的基础性、代表性、综合性、探究性和开放性。 15. 英语教材要引导学生开展自主学习，要便于教师指导学生开展合作和探究式学习。	29

续 表

维度编码	例证	数量
探究学习	16. 核心素养学段特征：在学习活动中主动探究，与他人合作，共同完成学习任务。 17. 核心素养学段特征：能进行自主学习、合作学习和探究学习。 18. 学习能力学段分项特征：能主动利用图书馆和其他资源进行拓展学习，初步具备自主学习、合作学习、探究学习的能力，养成良好的学习习惯。 19. 语言学习渗透在对语篇主题意义的探究中，学习活动由浅入深，理解性技能与表达性技能协同发展，有效帮助学生形成基于主题的结构化知识。 20. 单元整体教学设计注重引导学生从单元视角展开对单元内各语篇主题意义的探究，指向预期的核心素养综合表现。 21. 从"家庭—社区—社会"三个层面，探究意义、学习语言、建构新知、解决问题。 22. 为学生基于主题意义探究开展结构化的语言学习、参与结构化的语言表达奠定了良好的基础。 23. 引导学生通过体验、参与、自主发现、合作探究等方式，最终独立解决问题。 24. 设计了体现主题意义探究、逻辑连贯、可操作、可检测的教学目标。 25. 在意义探究的过程中，教师在英语学习活动观的指导下，使学生通过学习理解、应用实践和迁移创新等循环递进的学习活动，不断加深对主题意义的认识和对核心语言的内化。 26. 根据语篇表层结构的主线探究和深入理解作者的隐含信息。 27. 启发深度思考，探究深层意义，为进一步提炼和概括信息做好铺垫。 28. 实现探究语篇的内涵价值与意义的目的，促进学生逻辑思维和辩证思维的发展，同时引领主流价值，塑造品格。 29. 本课的教学目标设计紧紧围绕主题探究展开，凸显了以学生为主体的教学理念。	29

附录 2　《义务教育英语课程标准（2011 年版）》中
关于"学习"的编码

维度编码	例证	数量
自主学习	"自主"16 个，其中自主学习 15 个： 1. ……发展自主学习能力。 2. ……促进学生的自主学习能力、思维能力、跨文化意识和健康人格的发展。 3. 有效的学习策略有利于提高学习效率和发展自主学习能力。 4. ……有助于他们形成自主学习的能力，为终身可持续性学习奠定基础。 5. ……培养学生的自主学习能力，为学生的可持续发展奠定基础。 6. 因材施教，鼓励创新，为学生提供更加广阔的思维空间和自主发展空间。 7. ……引导他们学会自主学习和合作学习。 8. 有计划、有步骤地指导学生发展具体的学习策略，把学生培养成为自主的学习者。 9. ……帮助学生不断尝试各种学习策略，指导学生自我监控使用策略的情况和效果，并根据需要及时调整，以提高他们的自主学习能力。 10. 利用广播电视、英语报刊、图书馆等多种资源，提供充足的条件，拓展学生自主学习的渠道和空间。 11. 英语课外活动是学生英语学习的重要组成部分，能为学生的语言实践和自主学习提供更大的平台。 12. 教师要充分发挥学生的自主性，尊重他们的策划和选择并给予恰当的引导和辅导，要关注活动的过程，关注学生在活动中的表现…… 13. ……教师……逐步提炼适合个人特点的、有利于促进学生自主学习，提高学生学习效果的教学方式和方法。 14. ……应尽可能创造条件，设置视听室等，向学生开放，为学生的自主学习创造条件。 15. 计算机和网络技术为学生个性化学习和自主学习创造了有利条件，为学生提供了适应信息时代需要的新的学习模式。	15
差异化学习	"差异"10 个，其中差异化学习 7 个；"不同"30 个，其中差异化学习 9 个： 1. 面向全体学生，关注语言学习者的不同特点和个体差异。 2. 由于学生在年龄、性格、认知方式、生活环境等方面存在差异，他们具有不同的学习需求和学习特点。	16

续　表

维度编码	例证	数量
差异化学习	3. 在教学中，教师应当坚持以学生为本，面向全体学生，关注个体差异，优化课堂教学…… 4. 由于客观条件的差异、学生现有水平的差异以及具体教学实际情况的差异，教师还可以对教材做其他方面的调整。 5. 教材的缩写应注意考虑城乡和地区差异…… 6. 教师应充分了解学生不同的学习经历、学习水平和学习风格，尊重学生的个体特点，充分发掘学生的不同潜能…… 7. 在满足课程标准基本要求的前提下，教材应尽可能灵活多样，满足不同学生的需要。 8. 英语教材的编写要依据语言学习的规律，充分体现不同年龄段和不同语言水平学生的学习特点和学习需要。 9. 对教材进行合理的开发与利用……，以满足不同学生的学习需求。 10. 还应注意开发其他类型的英语课程资源，如社会资源、教师资源、家长资源等……满足不同层次学生的需求。	10
个性化学习	"个性化" 3 个，其中个性化学习 3 个；"个人" 12 个，其中个性化学习 1 个： 1. 英语课程应成为学生在教师的指导下构建知识、发展技能、拓宽视野、活跃思维、展现个性的过程。 2. 计算机和网络技术为学生个性化学习和自主学习创造了有利条件…… 3. 每个学生也应学会建立和利用自己个性化的学习资源。 4. 促进学生逐步形成符合个人学习风格和需要并能有效提高学习效率的英语学习策略。	4
定制化学习	无	0
合作学习	"合作" 16 个，其中合作学习 13 个： 1. 鼓励学生在教师的指导下，通过体验、实践、参与、探究和合作等方式，发现语言规律，逐步掌握语言知识和技能…… 2. …… 在学习中乐于参与、积极合作、主动请教，初步形成对英语的感知能力和良好的学习习惯。 3. ……能合作起草和修改简短的叙述、说明、指令、规则等。 4. ……能与他人合作，解决问题并报告结果，共同完成学习任务。 5. 能与他人沟通信息，合作完成任务。 6. 情感态度指兴趣、动机、自信、意志和合作精神等影响学生学习过程和学习效果的相关因素…… 7. ……认识自己学习的优势与不足，乐于与他人合作，养成和谐和健康向上的品格。 8. 在小组活动中能与其他同学积极配合和合作。 9. 能在小组活动中积极与他人合作，相互帮助，共同完成学习任务。 10.积极与他人合作，共同完成学习任务。 11. ……尽可能多地为他们创造语言实践机会，引导他们学会自主学习和合作学习。	13

维度编码	例证	数量
合作学习	12. ……使学生能够在个体和合作的实践活动中发展语言与思维能力，并能在展示活动中感受成功。 13. 在各类评价活动中，学生都应该是积极的参与者和主动的合作者。	13
任务学习	任务学习1个： 1.……各种强调过程与结果并重的教学选径和方法，如任务型语言教学途径等，培养学生用英语做事情的能力。	1
项目学习	无	0
探究学习	"探究"4个，其中探究学习4个： 1. 鼓励学生在教师的指导下，通过体验、实践、参与、探究和合作等方式，发现语言规律，逐步掌握语言知识和技能…… 2. 在生话中接触英语时，乐于探究其含义并尝试模仿。 3 . 在学习中积极思考，主动探究，善于发现语言的规律…… 4. ……鼓励学生通过观察、模仿、体验、探究、展示等方式学习和运用英语……	4

附录3 《上海市中小学英语课程标准》中
关于"学习"的编码

维度编码	例证	数量
自主学习	"自主"4个，均为自主学习： 1. 具有较好的自主学习能力；具有评价自己学习效果，总结有效学习方法的能力。 2. 具有较强的自主学习能力；具有较强的评价自己学习效果，总结有效学习方法的能力。 3. 对学生方法的指导十分重要。我们要求学生在探究过程中，有计划有条理地做好数据的统计和事实的记录，进行必要的分析对比或归纳，为今后的自主学习和进一步的探究研究打下基础。 4. 要尊重学生的个体差异，重视学习方法指导，培养良好的学习习惯和自主学习的能力。	4
差异化学习	"差异"7个，其中差异化学习3个；"不同"21个，其中差异化学习5个： 1. 英语必须正视学生外语学习基础和发展要求的差异…… 2. 教学要强调以学生为主体，既要面向全体学生的基础目标，又要尊重个体差异…… 3. 要尊重学生的个体差异，重视学习方法指导，培养良好的学习习惯和自主学习的能力。 4. 为不同学生的发展需要设计有选择性的英语课程…… 5. 使课程具有一定的选择性，以利于不同学生的英语能力都有相应的提高…… 6. 从学生对英语学习不同发展要求的实际出发，实施有层次性的评价制度，激发每一位学生的学习积极性。 7. 每个阶段设置共同性的基础型课程，以及满足不同学生发展需要的拓展型课程。 8. 不同学段的研究（探究）型课程实施，……必须尊重学生对英语学习的兴趣与爱好，顾及学生的不同基础。	8
个性化学习	"个性（化）"1个，其中个性化学习1个；"个人"11个，其中个性化学习0个： 1. 学生通过英语学习和语言实践活动，……而且拓宽视野，汲取知识，发展个性和提高人文素养，为他们的终身学习和终身发展打下良好的基础。	1

维度编码	例证	数量
定制化学习	无	0
合作学习	"合作"9个，均为合作学习： 1. 科学探究的学习方法和团队合作的意识。 2. 乐意参与实践，与他人合作，能比较顺利地完成学习任务。 3. 乐于参与，积极合作，主动沟通，克服困难，能较好地完成学习任务。 4. 能与他人合作共同完成学习任务。 5. 能与他人合作，完成学习任务。 6. 具有较强的合作意识，…… 7. 乐于与他人合作完成学习任务；了解中外生活方式的异同，尊重异国文化，具有民族自尊心。 8. 具有良好的合作精神，善于与他人协作完成学习任务。 9. 英语教学承担开发学生智力，……培养学生的创新意识，实践能力和合作精神。	9
任务学习	"任务学习"1个： 1. 教学方法应注意……教学任务和真实生活任务相结合。	1
项目学习	"项目"14个，其中项目学习8个： 1. 根据教材的相关内容引发研究。结合各学段、各年级学生的实际情况，可以适当选取教材的有关项目，转变为学生进行研究(探究)的课题。 2. 初中和高中可以考虑：收集感兴趣项目(如体育运动中诸如足球、乒乓球等项目)的相关资料。 3. 在"物价比较""选购新居"等任务型项目的研究过程中…… 4. 根据"学习内容"中语言知识的项目要求，进行英语语言、文字要素方面的探究。 5. 在中学阶段，可以结合不同年级学生的实际情况，适当选取有关项目，作为学生进行研究(探究)的课题。 6. 根据学生接触的学习内容，时政新闻，社会动态和学校生活的具体项目，如"英语专题表演会""英语节(周)""英语报"等。 7. 开展一些项目设计。 8. 具体的项目或课题内容，主要由学生自己提出或选定，也可以由教师与学生一同确定。	8
探究学习	"探究"23个，其中探究学习21个，上海市课标专设一节对探究型学习进行说明和要求： 1. 提出研究(探究)型课程的总体指导意见。 2. "课程设置"简述小学、初中和高中三个学段的基本任务和基础性课程、拓展型课程内容和研究(探究)型课程内容的课时配比。 3. 对研究(探究)型课程，则提出总体性的指导意见…… 4. 科学探究的学习方法和团队合作的意识。 5. 初中为英语学习的基础和发展阶段，除基础型课程外，还应有拓展性和探究性的学习内容…… 6. 在拓展型和探究型总课时中，保证每周英语兴趣活动的一定比例。	21

续　表

维度编码	例证	数量
探究学习	7. 在拓展型和探究型总课时中，保证每周英语学科的拓展性与研究性学习内容的一定比例。 8. 初中阶段和高中阶段除基础型课程外，还应有拓展性和探究性的学习内容。 9. 关于研究（探究）型课程的要求。 10. 结合各学段，各年级学生的实际情况，可以适当选取教材的有关项目，转变为学生进行研究（探究）的课题。 11. 初中和高中可以考虑：收集感兴趣项目（如体育运动中诸如足球、乒乓球等项目）的相关资料，进行溯源性的探究和比较研究。 12. 根据"学习内容"中语言知识的项目要求，进行英语语言、文字要素方面的探究。 13. 尤其在中学阶段，可以结合不同年级学生的实际情况，适当选取有关项目，作为学生进行研究（探究）的课题…… 14. ……例如，初中学生探究单词的拼读规律…… 15. ……（例如，）探究星期和月份的来历。 16. 不同学段的研究（探究）型课程实施，均应突出培养学生发现问题和解决问题的能力，必须尊重学生对英语学习的兴趣与爱好，顾及学生的不同基础。 17. 初中学生的探究性学习不同于科学家的科研。 18. 由于学生的基础、知识面和阅历等因素的有限，决定了他们的探究性学习是一种学习的过程和体验，是一种实践，因此教师在思考设计教学时，要尽可能从学生的实际出发也需要教师做必要的指导。 19. 初中学生的探究性学习……操作步骤如下：设计研究课题，确定任务，调查研究，形成书面研究材料，展示，评价。 20. 例如，在探究"How are dumplings made（如何包汤圆）"的过程中…… 21. 我们要求学生在探究过程中，有计划有条理地做好数据的统计和事实的记录，进行必要的分析对比或归纳，为今后的自主学习和进一步的探究研究打下基础。	21

附录 4　韩国《英语课程标准》中关于"学习"的编码

维度编码	例证	数量
自主学习	以"自我主导学习""自我管理学习"对"通用课程"进行检索，自主学习共15个： 1. 教育应使学习者对英语产生兴趣和关注，并以此为基础能自主、持续地学习英语。 2. 英语核心能力可以进一步细化为英语沟通能力、自我管理能力、共同体公民能力和知识信息处理能力。 3. "自我管理能力"是以对英语的兴趣和关注为基础，学习者能够自主、持续地进行英语学习的能力，包括对英语的兴趣、学习动机、维持对英语能力的自信、学习战略、自我管理及评价。 4. 学生可以通过听有关个人生活、日常生活和学校生活中所接触的各种主题，对象的讲话或对话，识别主题，要旨和细节信息等活动，来培养知识信息处理能力，自我管理能力，共同体力量等。 5. 此外，通过针对各种情况和目的的英语写作活动，培养学习者的自我管理能力，以自主、持续进行英语学习。 6. 学习者通过对个人生活的经验和计划的写作，培养学生自我管理能力，例如自我反省和职业规划。 7. 参加各种活动来理解可在实际交流中使用的语言表达，从而通过保持对英语的兴趣、关心和动机，来增强自主、持续地学习英语学习的能力。 8. 适当使用沟通策略来了解情况，并指导自我主导的学习。 9. 通过共同指导交流策略来自信地表达自己的观点和感受，从而发展自我管理能力。 10. 通过以任务为基础的以学习者为中心的活动，可以诱发对英语阅读的兴趣和学习动机，提高自我主导的学习能力，还可以提高对英语表达的多种信息的理解和分析的知识信息处理能力。 11. 指导学生使用多种阅读策略，使学生能进行自我主导学习。 12. 指导学生使用多种写作策略，使学生能进行自我主导学习。 13. 通过以学习者为中心的任务和体验式学习，制订用于自主学习的教学计划。 14. 建立教学学习规划，以体现沟通能力、自我管理能力、共同体能力、知识信息处理能力。	15

续 表

维度编码	例证	数量
自主学习	15. 适当运用个别学习和小组学习，培养自我主导的学习态度和分享、关怀的共同体意识。	15
差异化学习	差异化学习5个： 1. 通过诊断评价，确认学习者的水平，然后应用教学方法。3~4年级学生的口语能力表现出不同学习者不同班级的不同水平，正确判断学习者的能力对规划指导内容，决定指导方法，对有效的教学学习活动起着重要作用。 2. 制订教学计划，考虑到学习者使用英语的能力以及认知和情感特征的个体差异。 3. 通过考虑学习者因素（英语学习背景、英语水平等），学习环境因素（学习者数量、教室规模和结构、教与学材料等）来制订教学计划。 4. 通过考虑学习者的能力和水平，为他们提供各种学习机会和方法。 5. 用英语上课时，应根据学习者的水平和学习内容的特点来调整英语的用法、水平、速度等。	5
个性化学习	个性化学习5个： 1. 通过设计各种评估方法来计划评估，以帮助发展创造性思维和发展个性。 2. 评价结果应反映到以后的评价计划的制订上，用于教师教学的改善、激励学习者的学习动机以及个别指导上。	2
定制化学习	无	0
合作学习	collaborat-11个，其中合作学习5个；cooperat-47个，其中合作学习9个，不重复计数： 1. 指导文章阅读时……可以活用查找句子、查找正确的图片、使用基于计算机的阅读游戏以及小组协作活动。 2. 玩耍和游戏对增加学习参与度和保持兴趣具有积极作用，因此请使用各种活动，例如纸牌和计算机游戏。但是，过度竞争的游戏可能适得其反，因此要谨慎行事，并允许协作活动，而不是竞争性游戏。 3. 通过成员合作和努力来完成任务的写作学习，考虑了对学习者情感领域的评估，例如学习者的参与程度和动机，以及对小组活动中的人际交往能力的评估，例如考虑和宽容。 4. 通过多种写作任务和协作写作活动，引导对写作的兴趣和关心以及学习者之间的相互合作，并引导学生能够享受作为结果的写作和作为过程的写作。 5. 协作学习，例如基于小组的写作活动和同伴修改活动，有助于减少写作焦虑并培养良好的品格。 6. 以正确理解外国文化为基础，了解韩国文化的价值，并通过相互的价值认知，培养国际性眼界作为世界公民的基本礼节、协同心及素养也是英语课程的目标。 7. 鼓励学习者通过合作学习来参与介绍活动，例如制作小纸娃娃，在动物图片上贴上姓名标签并将其作为小组活动展示。另外，介绍您的名字，喜欢的物体，颜色或食物，运动或家庭。 8. 选择适合小学生感兴趣的表格、图片、经验或计划、熟悉的主题等内容，进行协作学习、任务执行、项目学习等活动，比如预订火车票或飞机票，和家人一起计划旅行，通过提问和回答能自然地表达。	14

维度编码	例证	数量
合作学习	9. 通过提出需要学习者相互合作的各种任务，指导学生发展人际交往能力以及对他人的考虑和宽容。 10. 考虑到学习者的水平，指导进行需要学生之间合作的各种活动，比如同伴编辑（peer editing）、校对（proofreading）等。 11. 通过合作学习活动，提高学习者的自发性参与，提高创造性和批判性思考能力。 12. 适当地使用合作学习和协作学习、解决问题学习、小组活动以及基于任务的活动，这些活动会引起教师与学习者，学习者与学习者之间的积极互动。 13. 考虑通过学习者共同解决问题的任务来加强品格教育的教学方法，例如对他人的考虑和宽容。 14. 适当运用个别学习和小组学习，培养自我主导的学习态度和分享、关怀的共同体意识。	14
任务学习	Task based 2 个： 1. 创建实际的听力情况，例如基于任务的学习活动，以增加学习者的自愿参与。 2. 适当地使用合作学习和协作学习，解决问题和小组活动以及基于任务的活动，这些活动会引起教师与学习者、学习者与学习者之间的积极互动。	2
项目式学习	Project 1 个： 1. 选择适合小学生感兴趣的表格、图片、经验或计划、熟悉的主题等内容，进行协作学习、任务执行、项目学习等活动，比如预订火车票或飞机票，和家人一起计划旅行，通过提问和回答能自然地表达。	1
探究学习	Inquiry 1 个，知识信息处理能力 1 个： 1. 能力：学生在课堂上所能或期待的能力，包括针对特定课程的探究过程和思维能力。 2. 英语核心能力可以进一步细化为英语沟通能力、自我管理能力、共同体市民能力和知识信息处理能力。	2

附录5　英语数字教材分析框架专家验证

各位从事（数字）教材研究和实践的专家学者：

您好！

研究者正在进行"课程一致性视角下中韩初中英语数字教材编制比较研究"。数字教材指面向中小学师生，依据国家课程标准，以传统纸质教材为蓝本，针对信息化环境中教与学的新需求，以提高教学和学习效果，发展学生核心素养为目标，利用互联网、数字媒体、大数据等技术手段，融数字教学内容、教学评工具、技术应用于一体的立体化教材。下面的数字教材分析框架是本研究者通过对中韩英语课程标准进行编码分析，并辅以中韩数字教材技术标准而开发，将用作本研究数字教材比较的分析框架。现诚挚邀请您对本分析框架的适宜度进行评分。

评分采取李克特五级评分：非常适宜 =5，适宜 =4，一般 =3，不适宜 =2，非常不适宜 =1。请将分数直接输入表格中，另烦请您对适宜度低于 4 分的维度给予简要说明与建议，以方便框架修订。感谢您对本次数字教材分析框架专家验证的支持！

感谢！

一级维度	二级维度	三级维度	说明	适宜度	说明与建议
1. 内容	1.1 纸质教材内容	1.1.1 语言技能	听、说、读、写、看		
		1.1.2 语言知识	语音、话题、功能、词汇、语法、语篇		
		1.1.3 非语言知识	情感态度、学习策略、文化意识、信息素养		
	1.2 内嵌资源	1.2.1 多媒体资源	音频、视频、动画		
		1.2.2 补充学习资源	答案、翻译、讲解、补充练习、补充单元评价、游戏、词典		
2. 工具	2.1 教学工具	2.1.1 备课工具	创作工具、课件导入导出、课件共享		
		2.1.2 授课工具	屏幕控制、练习提问、互动工具、课件演示		
		2.1.3 管理工具	作业管理、班级管理、课堂管理、资源管理		
	2.2 学习工具	2.2.1 自主学习	目标自主、内容自主、过程自主		
		2.2.2 合作学习	合作内容、合作形式、合作支架		
		2.2.3 探究学习	探究内容、探究形式、探究支架		
	2.3 评价工具	2.3.1 评价类型	诊断性、形成性、终结性、内嵌		
		2.3.2 评价内容	认知能力、非认知能力		
		2.3.3 评价主体	自评、互评、教师评价		
		2.3.4 反馈形式	答案、解析、练习推送、成绩、评语		
3. 技术	3.1 界面技术	3.1.1 交互功能	画笔、荧光笔、笔记本、书签、收藏夹、录音		
		3.1.2 导航功能	检索、链接、页面跳转		
		3.1.3 教材可及性	上传、下载、打印、复制、同步		
		3.1.4 界面呈现	布局/按钮一致性、单双页、页面缩放、页面输入、自定义界面、按钮说明		

附录 6　中韩 15 个版本初中英语数字教材的框架结构

名称	前页	目录	主体内容	附录
C1	封面、内封页、前言	一个目录。单元名、话题、功能、结构、目标语言、词汇、复习	三个衔接单元（Starter Unit）、九个常规单元	课文注释、听力文本、语音、语法、分课词汇表、词汇索引、专有名词
C2	封面	一个目录。模块名、单元名、读、听与说、写、语言（语法）、听力、英语策略、单元评价	三个模块（Module），第一个模块包括三个单元，第二个模块包括四个单元，第三个模块包括三个单元和一个拓展性学习内容	总词汇表
C3	封面、内封页、前言	一个目录。模块名、主题、功能、结构、技能（听、说、读、写）、环游世界、任务	10 个学习模块（Module）和两个复习模块，每个学习模块包括三个单元（Unit），第一、二单元是新语言内容，第三单元是练习与活动	课文注释、语法运用指导、分课词汇表、专有名词、总词汇索引、语音指导、英文歌曲
C4	封面、内封页、前言、	一个目录。单元名、技能（听、说、读、写）、功能、词汇、语法、发音	五个衔接单元（Get Ready），四个常规单元（Unit）。每个衔接单元包括两部分 Part I 和 Part II，每个常规单元包括三课（Lesson）	文学现场、项目一、项目二、练习册、语法总结、课文注释、听力文本、图片词典、单元词汇、总词汇索引、英语人名
K1	封面、版权页、教材传承记录表、内封页、前言、教材结构与特点	一个目录。单元名、课文名、页码	八个常规单元；两个特别单元(Special Lesson)，两个单词练习（Word Practice），两个特别项目(Special Project)	听力文本、参考答案、参考资料版权来源、活动材料
K2	封面、版权页、内封页、前言、教材结构与特点	两个目录。目录 1：单元名、页码；目录 2：听 & 说、读、写作的要点信息	八个常规单元，两个特别单元	听力文本、参考答案、分课词汇表、活动材料、参考资料版权来源

名称	前页	目录	主体内容	附录
K3	封面、版权页、内封页、前言、教材结构与特点	两个目录。目录1：单元名、课文名、页码；目录2：听＆说、读、语法＆写作、团队项目的要点信息	八个常规单元，一个特别单元。	听力文本、参考答案、分课词汇表、参考资料版权来源、活动材料
K4	封面、版权页、内封页、前言、教材结构与特点	两个目录。目录1：单元名、页码；目录2：听＆说、口语档案袋、聚焦语法、写作档案袋、阅读与思考、趣味活动、单元评价	四个常规单元，每个单元包括两课、一个项目和一个趣味阅读(Reading for Fun)	听力文本、参考答案、活动材料、参考资料版权来源
K5	封面、版权页、内封页、前言、教材结构与特点	一个目录。听＆说、阅读、语法＆写作、项目、连接世界＆歌曲	八个常规单元，两个特别单元	听力文本、参考答案、参考资料版权来源、活动材料
K6	封面、版权页、内封页、前言、教材结构与特点	两个目录。目录1：单元名、课文名、页码；目录2：听＆说、阅读、连接（Link）、语法使用、写作、文化项目	八个常规单元，一个特别单元、	听力文本、参考答案、活动材料、参考资料版权来源
K7	封面、版权页、教材结构与特点	一个目录。单元名、页码	八个常规单元、一个特别单元	听力文本、参考答案、活动材料、参考资料版权来源
K8	封面、版权页、内封页、教材结构与特点（树图要点）	两个目录。目录1：单元名、页码；目录2：听＆说、文化、读、写、项目	八个常规单元，两个复习单元	听力文本、参考答案、活动材料、字谜游戏、参考资料版权来源
K9	封面、版权页、内封页、前言、教材结构与特点	两个目录。目录1：单元名、页码；目录2：听＆说、读、语法＆写作、文化＆项目	七个常规单元、一个项目	听力文本、参考答案
K10	封面、版权页、内封页、前言、教材结构与特点	两个目录。目录1：单元名、页码；目录2：交流、读、语法＆写作、文化＆项目	七个常规单元、三个表现单元（Performance Builder）、一个特别单元	练习册、听力文本、参考答案、单词索引
K11	封面、版权页、内封页、前言、教材结构与特点	一个目录。单元名、页码	八个常规单元、两个特别单元	作业纸(work sheet)、听力文本、参考答案、游戏指导、活动工具、学习计划、新生词、参考资料版权来源

附录 7　中韩 15 个版本初中英语数字教材的单元结构

教材名称	单元结构
C1	"单元＋章节"模式，以下为一个单元的内容结构： Section A:（听说）、（对话）、语法（Grammar Focus） Section B:（听说）（短文）、（写作）、自我检查（Self Check）
C2	"模块＋单元"组合模式，以下为一个模块的内容结构： Unit 1: 听 & 说（Listening and Speaking）、阅读（Reading）、写作（Writing）、生词表（Word Box） Unit 2:（同上） Unit 3:（同上） 听力（Now Listen） 英语策略（Use English） 单元练习（More Practice）
C3	"模块＋单元"组合模式，以下为一个模块的内容结构： Unit 1：听与词汇（Listening and Vocabulary） 发音与说（Pronunciation and Speaking） Unit 2：阅读与词汇（Reading and Vocabulary） 写（Writing） Unit 3：语法（Language in Use） 模块任务（Module）
C4	"单元＋课"组合模式，以下为一个单元的内容结构： 导入（Getting Ready） Lesson 1：热身（Warm-up）、阅读（Reading）、说（Speaking）、词汇（Vocabulary）、语法（Grammar）、说（Speaking）、发音（Pronunciation） Lesson 2：热身（Warm-up）、阅读（Reading）、词汇（Vocabulary）、语法（Grammar）、说（Speaking）、发音（Pronunciation） Lesson 3：热身（Warm-up）、听（Listening）、词汇（Vocabulary）、功能（Function）、说（Speaking）、发音（Pronunciation） 交际工作坊（Communication Workshop）：阅读（Reading）、写（Writing）、说（Speaking） 检测进展（Check Your Progress） 跨文化（Across Cultures） 学习帮助（Study Help） 单元日记（Unit Diary）

教材名称	单元结构
K1	单元目标（My Study Plan） 听与说（Listen & Speak） 会话（Conversation） 交流任务（Communication Task） 阅读（Reading） 世界文化（Click the World） 语法（Language in Use） 写作（Enjoy Writing） 项目（Project） 单元评价（Wrap Up） 自我反思（Self-check）
K2	单元目标（Study Points） 热身练习（Warm Up） 听与说 1&2（Listen and Speak） 真实生活交谈（Real Life Talk） 阅读（Reading） 语法（Language in Use） 思考与写作（Think and Write） 文化（Culture to Culture） 跨学科项目（Project） 单元评价（Check Up）
K3	单元目标（Big Idea） 热身练习（Before You Begin） 听与说（Listen and Talk） 说与玩（Listen and Play） 阅读（Reading） 环游世界（Around the World） 语法（Language in Use） 思考与写作（Think and Write） 团队项目（Team Project） 复习练习（Review） 自我反思（Check Yourself）
K4	我的计划（Plan Ahead） 热身练习（Warm Up） 交流：听（Communication: Listen） 交流：说（Communication: Speak） 我的口语档案袋（My Speaking Portfolio） 阅读与思考（Read and Think） 我的写作档案袋（My Writing Portfolio） 聚焦语法（Focus on Language） 趣味活动（Have Fun Together） 单元评价（Wrap Up） 自我反思（Self Yourself）

续 表

教材名称	单元结构
K5	导入（Intro）：单元目标（We'll Learn）、热身练习（Watch and Think） 开始（Star Off）：听 & 说（Listen and Talk）、说（Speak Up） 提高(Step Up)：真实生活场景(Real Life Scene)、正确地说(Say It Right)、活动时间(Fun Time) 阅读（Reading） 增强（Build Up）：语法（Focus In）；学习策略指导（Self Study Guide） 表达自己（Express Yourself） 项目（Project）：自己做项目（Do It Yourself）、连接世界（Link to World） 学习日记（Learning Diary）：单元评价（Check Yourself）、自我反思（Think Back）、唱歌（Let's Sing Along）
K6	单元目标（I'll Learn） 热身练习（Zoom In） 听 & 说 1/2（Listen and Speak） 交流（Communication） 合作学习（Work Together） 阅读（Reading） 跨学科连接（MusicLink） 语法使用（Language Use） 写作（Write） 文化项目（Culture Project） 进度评价（Progress Check） 我的学习要点（My Study Notes）
K7	热身练习（Warm Up） 听 & 说 1/2（Listen and Speak） 综合交际（Piece It Together） 阅读（Reading） 文化世界（Into the World） 语法（Focus On Form） 思考与写作（Think and Write） 项目沟通（Project in Communication） 单元评价（Make It Yourself）
K8	单元目标（My Goals） 听 & 说 1/2（Listening & Speaking） 会话（Conversation） 真实对话（Real Life Talk） 跨文化任务（Mission Cross Cultures） 阅读（Reading） 语法（Language Detective） 写作（Let's Write） 跨学科项目（Project Across Subjects） 单元评价（Check My Progress） 自我反思（My Learning Diary）

教材名称	单元结构
K9	单元目标（Study Points） 热身练习（Big Question） 听 & 说 1/2（Listen & Talk） 交流（Let's Communicate） 展示时间（Presentation Time） 语法（Language Focus） 思考与写作（Think & Write） 文化连接（Culture Link） 项目连接（Project Link） 单元评价（Do It Yourself） 学习日记（Learning Diary）
K10	单元目标 热身练习（Warm Up） 听 & 说 1/2（Listen & Speak） 真实生活交流（Real Life Communication） 阅读（Reading） 语法（Language In Use） 写作（Let's Write） 单元评价（Let's Check） 文化与生活（Culture &Life） 项目（Project） 自我反思（Learning Mirror）
K11	单元目标（Look Ahead And Make a Plan） 热身练习（Warm Up） 听 & 说 1/2（Listen & Speak） 交流（Communication） 阅读与思考（Read & Think） 趣味语法（Fun Grammar） 思考与写作（Think & Write） 单元评价（Wrap Up） 自我反思（Self-check）